*Rohacher 90* 198,

Antifaschistische Literatur und Exilliteratur - Studien und Texte
Band 1

Gerhard Scheit

30

# Theater und revolutionärer Humanismus
## Eine Studie zu Jura Soyfer

D1719481

Herausgegeben vom Verein zur Förderung und Erforschung der antifaschistischen Literatur

EL

*für Leo Kofler -*

*der, ohne Jura zu kennen, ihm doch sehr nahe stand*

*Jura Soyfer* (1912-1939), geboren in Charkow, kam als Kind russischer Emigranten nach Wien, schloß sich den sozialistischen Mittelschülern an. Schon früh wurde seine eminente lyrische und satirische Begabung manifest. Er schrieb Sketchs für sozialistische Agitprop-Gruppen und Gedichte für die „Arbeiter-Zeitung". Nach dem Februar 1934 wurde er zum wichtigsten und produktivsten Autor der Wiener Kleinkunstszene. 1938 wurde er bei dem Versuch, illegal die Schweizer Grenze zu überschreiten, festgenommen. Er starb ein Jahr später im KZ Buchenwald.

Die Studie versucht sein Werk in größere Zusammenhänge zu stellen: In welchem Verhältnis steht Jura Soyfer zu den Volksfront-Konzeptionen, der Humanismusfrage und den Realismusdebatten des antifaschistischen Exils? Wo finden sich Spuren einer Auseinandersetzung mit den Agitprop-Formen und den Avantgardebewegungen? Die von germanistischem Faktenwissen weitgehend verdeckten Bezüge zu Karl Kraus, Horváth und Canetti werden freigelegt, um das Verhältnis von Satire und Volkstheater-Komik in der modernen österreichischen Dramatik neu zu bestimmen. Andererseits erscheint Soyfers Rückgriff auf die Volkstheater-Tradition auch als bewußte Antithese zur Blut- und Boden-Literatur des Faschismus. Schließlich geht es um Soyfers Verhältnis zur Ideologie des „habsburgischen Mythos" als dem falschen Begriff der österreichischen Sonderentwicklung, wie er nicht nur bei Musil und Kraus, sondern eben auch bei Soyfer aufgelöst wird.

Insgesamt wäre Soyfers Werk wohl als Beitrag zur Ästhetik des Widerstands zu lesen, der das Selbstbewußtsein des antifaschistischen Kampfes stärker wachzurufen vermag als so manche feierliche Gedenkstunde.

*Gerhard Scheit* ist freiberuflicher wissenschaftlicher Schriftsteller in Wien mit den Schwerpunkten Literaturkritik, Ästhetik und Theaterwissenschaft.

Antifaschistische Literatur und Exilliteratur · Studien und Texte 1

Gerhard Scheit

# Theater und revolutionärer Humanismus

## Eine Studie zu Jura Soyfer

Verlag für Gesellschaftskritik

Gedruckt mit Unterstützung durch den Fonds zur Förderung der wissenschaftlichen Forschung

CIP-Titelaufnahme der Deutschen Bibliothek

Scheit, Gerhard:
Theater und revolutionärer Humanismus: eine Studie zu Jura Soyfer /
Gerhard Scheit. - Wien: Verl. für Gesellschaftskritik 1988

(Antifaschistische Literatur und Exilliteratur - Studien und Texte; Bd. 1)
ISBN 3-900351-98-8
NE: GT

ISBN 3-900351-98-8

© 1988. Verlag für Gesellschaftskritik Ges. m. b. H. Kaiserstraße 91,
1070 Wien. Alle Rechte vorbehalten

Umschlagentwurf: Andrea Zeitlhuber
Druck: rema print, Neulerchenfelder Straße 35, 1160 Wien

*Vorbemerkung*

Die vorliegenden Essays entstanden im Zusammenhang mit den Aktivitäten von Siglinde Bolbecher und Konstantin Kaiser zur Förderung und Erforschung der antifaschistischen Literatur Österreichs. Sie verdanken darum wesentliche Anregungen diesem Diskussionszusammenhang. Stimulierenden Einfluß übte auch der Förderungspreis der Theodor-Körner-Stiftung aus, den ich 1985 für einen ersten Entwurf erhielt. Weiters sei an dieser Stelle Horst Jarka, Julius Mende, Alfred Pfabigan und Reinhard Sieder gedankt, die in je verschiedener Weise die Arbeit oder ihre Publikation förderten. Besonderen Dank schulde ich Primus-Heinz Kucher für viele Hinweise und die sorgfältige kritische Lektüre des Manuskripts und Solveig Dolejsi für die aufmerksame Arbeit am Satz.

Die drei Aufsätze im Anhang sind bereits an verstreuten Orten erschienen; es handelt sich mehr oder weniger um Vorstudien, die in manchem über die Fragestellungen der Essays hinausweisen könnten.

Vielleicht sollte noch erwähnt werden, daß dieses Manuskript bereits vor dem Erscheinen der umfangreichen Soyfer-Biographie Horst Jarkas (Wien 1987) abgeschlossen wurde.

Wien, im Oktober 1987                                                    G. S.

# Inhalt

## Statt einer Einleitung:
## ‚Wir sind sehr sparsam mit dem Glorienschein ...‘

Im März 1937 besuchte Jura Soyfer eine Generalprobe von Mozarts „Figaros Hochzeit" - nicht in der Wiener Staatsoper sondern im Volksbildungshaus Stöbergasse. Die Diskrepanz zwischen dem großen Werk und den geringen Mitteln, die er dabei empfindet, rührt an die Besonderheit seines eigenen Schaffens - „Primitiv? Gewiß! Es war ein primitives Publikum in einem primitiven Theater. Und wer das Theater wirklich liebt, der weiß: wenn es nicht im prunkenden Gewande erscheint, sondern ärmlich, halbnackt - dann erst merkt man vollends, wie tief sein Zauber in uns steckt."[1]

Den Zauber versuchte Soyfer selbst mit seinem ärmlichen Theater zu wecken; das Theater mit dem prunkenden Gewand jedoch - das wußte er - konnte nur mehr einen entleerten, eben zum Gewand veräußerten Zauber vermitteln. Für diese kulturelle Krise, die das Theater erfaßt hatte, galt ihm schon damals der monotone Rhythmus der Salzburger ‚Jedermann‘-Aufführungen als geradezu ironisches Symbol. „Außer dem Tod dieses reichen Mannes aber gibt es derzeit leider nichts Lebendiges in unserer Theaterwelt. Sie ist von einer schweren Krankheit heimgesucht. Die großen, mächtigen Bühnen der inneren Stadtbezirke verbergen ihre Krankheit hinter prunkvollen Kleidern und einem virtuosen Spiel. Was der Reiche sich leisten kann, bleibt dem Bettler versagt."[2] Vom Bettler erwartet sich Soyfer darum die Erneuerung der dramatischen Kunst. Mit Almosen allerdings wollte er sich deshalb nicht zufrieden geben. Wenn auch der Zauber der Kunst in den Menschen selbst steckt, so kann er sich dennoch nicht in ihrem Alltag entfalten. Jura Soyfer kritisiert zwar den leeren Prunk der großen Theater - er stellt ihm als Alternative jedoch nicht den grauen Alltag der ‚kleinen Leute‘ entgegen. Gegen den Begriff der ‚Hochkultur‘ - wie er heute figuriert - hätte er sich vermutlich gesträubt. Denn darin verschwindet ja doch auch die befreiende Wirkung und der Zauber von Mozarts Musik hinter dem prunkenden Gewand der bürgerlichen Institution. Was Jura Soyfer als den Sinn dieser Musik jenseits ihrer Institutionalisierung begreift, geht weder in diesem Begriff noch eben in jenem der Alltagskultur auf. „Kein Reinhardt war zugegen, um Mozarts Musik zu inszenieren; kein Toscanini, um sie zu dirigieren. Mit dem Notdürftigsten versehen, auf sich selbst gestellt, hat sie dreihundert Menschen ergriffen und erhoben. Dies war das Erlebnis, das uns ‚Figaro‘ im Volksheim gab. Als die Zuschauer den Saal verließen, gingen sie in auffälligem Schweigen. Erst auf der Straße begannen wieder die Gespräche des kleinen Alltags."[3]

Daß die Musik über den kleinen Alltag ‚erhebt' - mag vielen altertümlich und sogar bildungsbürgerlich klingen, sie werden es als Residuum von Soyfers ‚humanistischer' Bildung gern verzeihen.

Doch in dieser Formulierung verbirgt sich tatsächlich eine grundsätzliche Frage seines eigenen Schaffens: wie ist es möglich, das Fragmentarische und Beschränkte des Alltagsdenkens, die Restriktionen der Phantasie im Alltag zu überwinden - und es ist der ‚Zauber', der sie überwinden soll, um die großen epochalen Zusammenhänge sichtbar zu machen -, zugleich aber den Alltag der Massen, seine Entfremdungsformen und den individuellen wie kollektiven Kampf gegen sie, als Gegenstand und eigentlichen Inhalt von Literatur und Theater zu behaupten. Darum auch Soyfers Rückbezug auf jene Tradition, die schon immer in einem besonderen Nahverhältnis zu diesem kleinen Alltag stand, auf den ‚Zauber' aber nicht verzichtete: das Alt-Wiener-Volkstheater. Hier schienen ihm Mittel und Wege zu liegen, für ein tertium datur zwischen dem leer gewordenen Prunk des großen Theaters und dem engen Horizont des isolierten Alltags - eher jedenfalls als in jenem ‚plebejischen Naturalismus', der diesen Alltagshorizont - weil er ihn aus dem Gesamtzusammenhang der Gesellschaft herauslöst - immer nur verdoppeln kann.

Das tertium datur hat in der Rahmenhandlung von „Broadway-Melodie 1492" Gestalt angenommen in einer Art szenischer Selbstreflexion von Soyfers Schaffen. Bekanntlich dringt darin ein Regisseur der ‚Avantgardebühne' bis in die Portiersloge des Burgtheaters vor, um dort - vom energischen Portier aufgehalten - seine Ideen von der Inszenierung eines neuen Stücks nicht nur vorzustellen, sondern mit seinem Ensemble vor dem verdutzt-verzweifelten Portier auch noch zu realisieren. Der Portier - als Herr des Hauses - verkörpert satirisch jene kulturelle Krise des Theater- und Kulturlebens, auf die Soyfer in seinen Rezensionen immer wieder zu sprechen kam. Er belehrt in diesem Sinn den jungen Regisseur: „Alstern passen S' auf: Für ein historisches Stück braucht man drei Dinge: an Fundus, a Traditiaun und a Subventiaun. Durch'n Fundus entsteht die Traditiaun, durch die Traditiaun entsteht das Defizit, durch das Defizit entsteht die Subventiaun, durch die Subventiaun entsteht a neicher Fundus, durch'n neichen Fundus entsteht a neiche Traditiaun, a neiches Defizit, a neiche Subventiaun, und so weiter bis ins Metaphysische."[4] Die Rolle, die dabei der Literatur- und Theaterwissenschaft zukommt, wird hinlänglich bestimmt durch die Erwähnung Professor (Joseph) Gregors, an den man sich wenden solle „wegen die Renaissanceknöpf".[5] Der unbelehrbare Regisseur jedoch setzt dem ins Metaphysische gesteigerten Ausstattungstheater die Prinzipien von Soyfers eigenem, ärmlichem Theater entgegen: „Sehen Sie, wir haben uns das alles gerade umgekehrt gedacht. In den Details wollen wir ganz respektlos sein, aber das Wesentliche, der Sinn des Ganzen, soll historisch stimmen."[6]

Bis heute ist Jura Soyfer nicht über die Portiersloge des Theaterlebens vorgedrungen. Solange der Wert eines Dramatikers von den echten Portieren der Theater, den Dramaturgen, nur gemessen wird an formalistischen Details der Stücke - etwa wieviele Personen auftreten, wie lange ein Stück dauert etc. - und nicht an der dramatischen Substanz, an dem Sinn des Ganzen, solange wird Soyfer weiterhin eine Randfigur der österreichischen Dramatik bleiben.

Damit wäre auch das Motiv der vorliegenden Essays ausgesprochen. Sie wollen den Sinn des Ganzen, das Wesentliche von Soyfers Dramatik zur Erkenntnis herausarbeiten. Sie versuchen gewissermaßen, die kleinen Mittelstücke auf der großen Bühne der ästhetischen Kategorien aufzuführen. Neben den dramatischen Einheiten werden die Allegorie, die Satire, die Ironie und vor allem die Komik auftreten. Als Nebenfiguren der Handlung bieten sich Vergleiche mit Horváth, Canetti, Karl Kraus und anderen an. Hintergrundprospekt ist freilich das Alt-Wiener-Volkstheater, aus dem verdunkelten Orchestergraben hoffen wir etwas von der österreichischen Besonderheit herauszuhören. Die Katharsis sollte bei der Literatur- und Theaterwissenschaft, bei Kritikern und Dramaturgen nicht ausbleiben.

*Anmerkungen*

Das Zitat im Titel entstammt dem Stück „Broadway-Melodie 1492" - Jura Soyfer: Das Gesamtwerk. Hrsg. v. Horst Jarka. Wien, München, Zürich 1980, S. 651.

[1] Soyfer, Gesamtwerk, S. 480/481.
[2] Ebd. S. 478/479.
[3] Ebd. S. 481.
[4] Ebd. S. 649/650.
[5] Ebd. 650. Joseph Gregor (1888-1960), Theaterhistoriker.
[6] Ebd.

# Der Gewinn des konkreten Humanismus zwischen Agitprop und Avantgarde-Bewegungen
## Zur Entwicklung von Jura Soyfers Dramatik

> *andrerseits kann unmenschlichkeit nicht dargestellt werden, ohne daß*
> *eine vorstellung von menschlichkeit da ist.*
> Bert Brecht, Arbeitsjournal 25. 7. 1938

Wäre der Humanismus nur eine Taktik gegen den Faschismus, Werke wie „Mutter Courage und ihre Kinder" oder „Henri Quatre" wären wohl nie entstanden. Brechts Fall ist dabei am signifikantesten: betrachtete er selbst doch den Volksfront-Gedanken immer nur - und sehr kritisch - als bloße Taktik; seine Wende zum Humanismus vollzog sich eher unterirdisch, in seinen großen Exil-Stücken und in einem gewissen Widerspruch zu seinem politischen und theoretischen Denken. Umso deutlicher verweist dieser Widerspruch zwischen Theorie und Praxis bei Brecht aber auf die prinzipiellen Möglichkeiten, die durch die Volksfront-Konzeption und durch den Antifaschismus freigesetzt wurden. Für die der Arbeiterbewegung verpflichteten antifaschistischen Schriftsteller und Theoretiker war der Impuls gegeben für die Erkenntnis, wie wenig sich Poesie - bei Strafe ihres Untergangs - als Politik mit anderen Mitteln verstehen darf. Damit eng zusammenhängend, rückten für viele die Fragen nach dem Menschenbild in den Mittelpunkt ihrer Arbeiten. Der Humanismus - so könnte man sagen - tauchte hier, vom Faschismus erzwungen, als Dimension des Klassenkampfs auf. (Während umgekehrt für viele bürgerlich humanistische Schriftsteller, die sich der antifaschistischen Front annäherten, - vom Faschismus erzwungen - der Klassenkampf als Problem ihres Humanismus erkennbar wurde.) In dieser Bewußtheit und Konsequenz sind dabei die Fragen des Humanismus vielleicht erstmals wieder seit den frühen Schriften von Marx im Umfeld der Arbeiterbewegung aufgeworfen worden. Nicht zufällig erlangte die Kenntnis gerade dieser Marx'schen Schriften eine gewisse Bedeutung in der Entwicklung des antifaschistischen Humanismus - namentlich bei Georg Lukács.

Es handelt sich um ein Grundproblem dieser Epoche: die Volksfront-*taktik* warf neue oder schon vergessene Fragen für die marxistische Theorie auf - Fragen des Humanismus, der Demokratie und der Ästhetik. Die Taktik aber, die diese Fragen aufwarf, fiel in die Stalinsche Periode, die Periode also eines Niedergangs marxistischen Denkens, der gerade durch das Zusammenfallen taktischer und theoretischer Fragen, durch die Auflösung der Wechselbeziehungen zwischen Theorie und

Taktik zugunsten der letzteren, wesentlich gekennzeichnet ist.[1] So standen die Schriftsteller und Theoretiker im antifaschistischen Kampf prinzipiell vor folgender Alternative: entweder alle Fragen des Antifaschismus auf dem Niveau der Taktik zu behandeln - oder die durch die Taktik bloß aufgeworfenen Fragen als historische Faktoren einer Weiterentwicklung ästhetischer und theoretischer Arbeit anzunehmen. (Brecht entschied sich als Theoretiker für die erste Möglichkeit - als Dramatiker aber für die zweite.)

Auch Jura Soyfers Arbeiten nach 1934 - der Roman, die Mittelstücke und deren Lyrik - widersprechen der Auffassung des Humanismus als bloßer taktischer Kategorie vor dem Hintergrund einer prinzipiell antihumanistischen Theorie und Weltanschauung.[2]

Nach dem Bruch mit der sozialdemokratischen Partei wurde der Schriftsteller Soyfer weder zum ‚Ingenieur der Seele' (wie es Stalin forderte) noch zum Soldaten seiner neuen Partei. Er entwickelte sich vielmehr zu ihrem Partisanen auf dem Gebiet der ästhetischen Praxis - die einzige Position wohl, die in dieser Periode eine ästhetische und theoretisch-weltanschauliche Weiterentwicklung innerhalb der kommunistischen Bewegung erlaubte. In der relativen Unabhängigkeit von rein taktischen und tagespolitischen Fragen, die sich der Kommunist Soyfer als Schriftsteller erringt, kann er jenen Humanismus konkretisieren, der in seiner frühen literarischen Produktion so abstrakt blieb - als leere Anklage oder unausgesprochener Hintergrund für die Aufforderung zum Klassenkampf. (Nur dann gelang es Soyfer, diesem abstrakten Humanismus doch Sprengkraft zu verleihen, wenn gerade seine *reale* Abstraktheit zum lyrischen Ausdruck gebracht werden konnte und darin im Negativ schon ein konkreter Humanismus sich abzeichnete, etwa in dem Vers „Zwei Menschensorten hat es stets gegeben ..."; hier konnte dann auch die Lyrik der Mittelstücke unmittelbar, wenn auch vertieft, anknüpfen - „Ihr nennt uns Menschen, wartet noch damit".[3]) Verschwand der individuelle einzelne Mensch in den früheren Texten in der soziologischen Kategorie der Klasse, so gewinnt nun erst die Besonderheit und Individualität des einzelnen eine Bedeutung. Freilich nicht in der Weise, daß nun wieder die Bestimmung seiner Klassenlage hinter seiner Individualität verschwände. Vielmehr werden Individuum und Klasse in genuin künstlerischer Weise konkretisiert, indem die Klasse nicht als Begriff sondern als Bestimmung einzelner, besonderer Individuen auf der Kleinkunstbühne erscheint.

Daneben aber finden nun auch andere Bestimmungen Platz - etwa die der österreichischen Besonderheit; eben diese Anreicherung mit Bestimmungen aus verschiedenen Bereichen des individuellen und gesellschaftlichen Lebens konkretisiert ja Figuren und Handlung. Dabei nun wird die Tradition des Alt-Wiener-Volkstheaters wirksam. Nicht zuletzt ist sie es, die Jura Soyfer die Mittel zur Hand gibt, den konkreten Humanismus auf der Kleinkunstbühne spielbar zu machen, d. h. gewisse Momente des

Dramas stark verkürzen zu können, ohne auf die Größe und Tiefe des Themas verzichten zu müssen.

Gerade darin liegt wohl die einfache Schönheit und die Faszination, die diese Stücke ausstrahlen: Auf einer durch alle nur vorstellbaren Mängel und Nöte (Zeit, Raum, Geld, Schauspieler, Ausstattung etc.) gezeichneten Bühne bescheidet sich ein Dramatiker nicht bei leichter kabarettistischer Aktualität, wirft vielmehr die großen und, man kann sagen, epochalen Fragen des menschlichen Seins auf - von der Entfremdung in der bürgerlichen Gesellschaft über die faschistische Bedrohung bis hin zu möglich erscheinenden sozialistischen Perspektiven. Die ganze Eigenart und Einzigartigkeit Jura Soyfers liegt wohl in diesem von ihm gemeisterten Widerspruch.

Um diese Eigenart ausloten zu können, ist es nötig, den Horizont zu erweitern, in dem Soyfers Texte bis heute betrachtet werden. Die österreichische Zeitgeschichte der zwanziger und dreißiger Jahre bildet oft das einzige Bezugssystem zu ihrer Interpretation. Man bleibt dabei gewissermaßen dem Standpunkt von Soyfers früher Produktion verhaftet, die noch einzig von ihrem unmittelbaren politisch-propagandistischen Bezug lebte. So geschieht es, daß auch der Roman und die Mittelstücke als bloße historische Dokumente, quasi als Varianten von oral history, gelesen werden; ihre spezifisch poetische Dimension hingegen - die uns subjektive historische Erfahrung als gesellschaftliche ins Bewußtsein zu rufen vermag, ohne uns mit Partikularitäten zu belasten - verblaßt. Nur über diese Dimension aber läßt sich Soyfers wahre Parteilichkeit bestimmen.

Horst Jarka hatte noch vor dem eigentlichen Einsetzen einer gewissen Renaissance Soyfers davor gewarnt, seine Mittelstücke „bloß als Dokumente der dreißiger Jahre aufzufassen",[4] und hob dagegen ihre tiefere dramatische Substanz hervor. Bei der Analyse dieser Substanz wird erkennbar werden, daß in Soyfers Werk und Entwicklung die großen Auseinandersetzungen der modernen Kunst in unserem Jahrhundert - um die Avantgarde-Bewegungen, um proletarische Kunstformen und um die Politisierung der Kunst - Widerhall finden und in gewisser Weise ausgekämpft werden. Darin liegt, wie ich glaube, Soyfers Aktualität für heutiges Literatur- und Kunstschaffen.

Die Aktualität wäre dann aber in einem durchaus kritischen Sinn der österreichischen Nachkriegsliteratur gegenüber zu verstehen. Heute wird weltanschaulich kaum mehr ein wirklicher Widerspruch empfunden zwischen Jura Soyfer und den Texten von Ernst Jandl oder Thomas Bernhard. Gegebenenfalls wird die Mehrzahl verstörender oder unerfreulicher Phänomene der österreichischen Literatur der ‚Tradition' von Karl Kraus subsumiert, ungeachtet, ob sie das Niveau satirischer Gestaltung überhaupt erreicht. Oder sie werden einfach im Namen eines wahrhaft phantastischen Realismusbegriffs der Seite der Gesellschaftskritik zugeschlagen. Der Frage des Humanismus kommt in jedem Fall keinerlei Bedeutung zu. Humanistisch ist entweder ein Gymnasium oder eine bürgerliche Ideologie. Die Zeiten, da ein Ernst Fischer mit diesem Begriff noch etwas anfangen konnte, sind lange vorbei. Inzwischen hat der Humanismus sich im Nicht-Identischen einer Negativen Dialektik und Ästhetik verborgen - oder verloren, und ist nun seit einiger Zeit schon das erklärte Feindbild strukturalistischen und poststrukturalistischen Denkens. Wie eine Stimme aus einer anderen Welt fast mutet unter diesen Bedingungen Leo Koflers unermüdliche und konsequente Parteinahme für einen revolutionären Humanismus an.

Ergänzt wird diese Situation durch eine Literaturwissenschaft und -kritik, die sowieso auf ästhetische Normen und Kritik im eigentlichen Sinn gerne verzichten, um nur ja nicht die Vollständigkeit der Fakten zu gefährden. Man muß schon bis zu Konrad Bayer selbst zurückgehen, um den Widerspruch noch herauszuhören aus dem eintönigen Hymnus heutiger Germanistik und Literaturkritik.

*„vineta ist von jura soifer (glaube österreichischer jude) und nicht sehr extravagant. befürchte: gar nicht. du kennst diese tour der halbmodernität. humanismus etc. schlecht, bemüht sich aber um das gute. beachte: das gute. das ist ja nicht das schlechteste. aber wenn man das wirklich auf klasse baut, wahrscheinlich unerträglich langweilig und mesalliant."*[5]

Gewöhnlich wird die österreichische Nachkriegsliteratur, soweit sie sich eines neoavantgardistischen Formenarsenals bedient, als eine Art Nachholbedarf rezipiert, und zwar jenen internationalen Avantgardebewegungen gegenüber, die der Faschismus in Deutschland und Österreich gewaltsam unterdrückt hatte. Doch das allgemeine ,Altern der Neuen Musik', Literatur und Kunst ließ im vereinzelten Akt des Nachholens in den durch den Faschismus kulturell zurückgebliebenen Ländern sich nicht aufheben.

*„Die Wiederaufnahme der avantgardistischen Intentionen mit den Mitteln des Avantgardismus kann in einem veränderten Kontext nicht einmal mehr die begrenzte Wirkung der historischen Avantgarden erreichen. Insofern die Mittel, mit deren Hilfe die Avantgardisten die Aufhebung der Kunst zu bewirken hofften, inzwischen Kunstwerkstatus erlangt haben, kann mit ihrer Anwendung der Anspruch einer Erneuerung der Lebenspraxis legitimerweise nicht mehr verbunden werden. Pointiert formuliert: Die Neoavantgarde institutionalisiert die Avantgarde als Kunst und negiert damit die genuin avantgardistischen Intentionen. Das gilt unabhängig von dem Bewußtsein, das die Künstler von ihrem Tun haben und das sehr wohl avantgardistisch sein kann."*[6]

Mit größerem Pathos als Peter Bürger und mehr auf den Wahrheitsgehalt von Kunst als auf deren Institutionalisierung abzielend, kommentierte Adorno diesen Vorgang:

*„Die Klänge sind dieselben. Aber das Moment der Angst, das ihre großen Urphänomene prägte, hat man verdrängt. Vielleicht ist die Angst in der Realität so überwältigend geworden, daß ihr unverhülltes Bild sich kaum mehr ertragen ließe: das Altern der Neuen Musik konstatieren, heißt nicht, es als zufällig verkennen. Aber Kunst, die solcher Verdrängung bewußtlos gehorcht und sich zum Spiel macht, weil sie zu schwach wurde zum Ernst, begibt eben damit sich der Wahrheit, die einzig ihr noch Daseinsrecht verliehe."*[7]*

Rückführung der Kunst in die Lebenspraxis (etwa als Intention des Proletarischen Theaters) und expressiver Ausdruck der Angst des spätbürgerlichen Individuums (etwa im französischen Surrealismus) - diese beiden sinnstiftenden Bestimmungen der heroischen und authentischen Phase der Avantgarde-Bewegungen gehen zu gleichen Teilen im Neoavantgardismus unter. Umso wichtiger scheint heute der Rückbezug nicht nur auf die heroische Phase des Avantgardismus (auf die die Nachfolge allerdings einigen Schatten wirft, wie selbst Adorno konstatieren mußte)[8], den theoretisch etwa Peter Bürger, literarisch Peter Weiss herzustellen versuchten, sondern auch auf jene frühen, gewissermaßen an den Quellen des Avantgardismus angesiedelten künstlerischen Lösungsversuche der von ihm aufgeworfenen Antinomien; Versuche, zu denen - bei aller Bescheidenheit der Mittel - auch Jura Soyfers Werk zu zählen wäre. Und diese historische Position Soyfers läßt sich wie im Negativ noch an Konrad Bayers Invektive ablesen: Soyfer ist gar nicht extravagant - er sucht hingegen nach einer anderen - der bloßen Brüskierung entgegengesetzten - Unmittelbarkeit in der Beziehung zum Publikum, zu den Rezipienten (und findet dabei verschüttete Formen der Volkstheater-Komik). Was Bayer als Halbmodernität moniert, sind die Merkmale einer auf dieser Basis fußenden ernsthaften Auseinandersetzung mit den proletarischen Kunstformen einerseits und der Modernität des französischen Surrealismus andererseits. Und schließlich: Jura Soyfer baut wirklich seinen Humanismus auf eine Klasse.

*Allegorie und Satire -
die frühen dramatischen Versuche*

In Soyfers Rote-Spieler-Szene (für eine Sylvesterfeier) „König 1933 ist tot - Es lebe König 1934"[9] beruht die satirische Wirkung ganz auf der *Allegorisierung* von gesellschaftlichen Verhältnissen und Mächten. Wenn „Herr Kapital", „Frau Gesellschaftsordnung" und „General Faschismus" als Personen auf die Bühne treten, so liegt der satirische Effekt zunächst einmal darin, daß die in der unmittelbaren Wirklichkeit nicht unmittelbar gegebenen Mächte plötzlich greifbar und zur Lächerlichkeit verkleinert - als bloße Personen eben - erscheinen und im wienerischen Tonfall ihr Regiment ausüben, wie etwa Herr Kapital: „Und machen S' keine Spompanadeln".[10] Das Lachen entzündet sich, wie immer, am Kontrast zwischen Wesen und Erscheinung: diese szenische Erscheinungsform nämlich steht im offensichtlichen Widerspruch zur realen, dem Zuschauer wohl bewußten Macht und Erscheinungsform der sozialen Verhältnisse. Die Kardinalfrage jeder Satire aber ist: Kann die Verkleidung nicht nur Lachen erzeugen, sondern durch den bewußten Kontrast Licht auf das wirkliche Wesen und auf den realen, aber verzerrenden Zusammenhang von Wesen und Erscheinung werden?

In Soyfers Rote-Spieler-Szene (für eine Sylversterfeier) „König 1933 ist tot - Es lebe König 1934"[9] beruht die satirische Wirkung ganz auf der *Allegorisierung* von gesellschaftlichen Verhältnissen und Mächten. Wenn „Herr Kapital", „Frau Gesellschaftsordnung" und „General Faschismus" als Personen auf die Bühne treten, so liegt der satirische Effekt zunächst einmal darin, daß die in der unmittelbaren Wirklichkeit nicht unmittelbar gegebenen Mächte plötzlich greifbar und zur Lächerlichkeit verkleinert - als bloße Personen eben - erscheinen und im wienerischen Tonfall ihr Regiment ausüben, wie etwa Herr Kapital: „Und machen S' keine Spompanadeln".[10] Das Lachen entzündet sich, wie immer, am Kontrast zwischen Wesen und Erscheinung: diese szenische Erscheinungsform nämlich steht im offensichtlichen Widerspruch zur realen, dem Zuschauer wohl bewußten Macht und Erscheinungsform der sozialen Verhältnisse. Die Kardinalfrage jeder Satire aber ist: Kann die Verkleidung nicht nur Lachen erzeugen, sondern durch den bewußten Kontrast Licht auf das wirkliche Wesen und auf den realen, aber verzerrenden Zusammenhang von Wesen und Erscheinung werfen?

Hier wäre zunächst anzumerken, daß es sich bei Soyfers Szene um eine mehrfache Allegorisierung handelt, die sich gerade darum für eine Erörterung des Verhältnisses von Allegorie und Satire eignet. (Weil sie gewisse Tendenzen der Allegorie anschaulich verschärft, ihre Problematik zuspitzt, wird diese Szene im folgenden näher untersucht - nicht deshalb, weil sie besondere ästhetische Qualität hätte; in dieser Hinsicht unterscheidet sie sich kaum von anderen Szenen der Roten Spieler.) Es werden nämlich nicht nur gesellschaftliche Verhältnisse personifiziert, das Kapital tritt nicht bloß als „Herr Kapital" auf die Bühne; für eine szenische Darstellung dürfte diese Bestimmung allein sich als zu schwach erweisen: was soll Herr Kapital zu Frau Gesellschaftsordnung schon sagen? (Sie bleiben ja auch in der Wirklichkeit stumm, weil sie nicht zueinander stehen wie ein Mensch zum anderen.)

So wird Herr Kapital noch zusätzlich zum Finanzminister eines feudalabsolutistischen Hofes gemacht. Um überhaupt ein Verhältnis zwischen den Personen herzustellen, um ihnen ein Sein zu verleihen - abgesehen von dem, welches sie personifizieren - ein *dramatisches* Sein also, macht Soyfer die Figuren zu Repräsentanten eines feudal-absolutistischen Hofes: Frau Gesellschaftsordnung ist die Hofzeremoniendame, Herr Kapital hochdero Finanzminister und General Faschismus eine Art Musketier. Soyfer transponiert also die kapitalistische Wirklichkeit in eine feudale Ordnung offenbar mit dem Ziel, Herrschaftsverhältnisse besser durchschaubar zu machen. Zweifellos waren sie das im Feudalismus auch: Personen und Machtstrukturen fielen unmittelbarer zusammen als in den komplizierteren, weitverzweigteren Verhältnissen der bürgerlichen Gesellschaft. (Auch Brecht griff ja aus diesem Grund oftmals - aber mit durchaus wechselndem Erfolg - zu feudalen Strukturen, um darin die kapitalistischen zu spiegeln.) Die entscheidende Frage aber ist, *wie* die Beziehung zwischen feudalen und bürgerlichen Verhältnissen hergestellt wird. Weil dies bei Soyfer aber über die Allegorien von Kapital, Gesellschaftsordnung und Faschismus geschieht, werden die eigentlich satirischen Möglichkeiten einer solchen Beziehung letztlich unterbunden. Zunächst haben Allegorie und Satire deutlich sichtbare Gemeinsamkeiten: beide zerstören bewußt den realen Zusammenhang von Wesen und Erscheinung. Die Allegorie jedoch faßt das Wesen als Begriff im Sinne eines ideell Vorherbestimmten und sucht sodann für den Begriff ein - meist menschliches - Kleid. Die Art und Beschaffenheit dieses Kleids ist aber nur lose und zufällig mit dem Inhalt des Begriffs verknüpft - etwa durch einzelne Attribute und Requisiten.[11] Die Satire sucht ebenfalls nach einer neuen Erscheinungswelt für das Wesen, doch bleibt sie dabei ganz eng an das wirkliche Verhältnis von Wesen und Erscheinung gebunden. Sie benötigt gewissermaßen ein *Feld der Besonderheit* - mag dieses nun ganz phantastisch oder bloß aus einem anderen Wirklichkeitsbereich ‚weit hergeholt' sein -, das durch Reichtum und Differenziertheit der Beziehungen und Bestimmungen in der Lage ist, den Strukturen der unmittelbar erscheinenden Wirklichkeit zu entsprechen wie ein Negativ der positiven Vorlage. Nur so wird die ‚verkehrte Welt' der Satire zur *konkreten* Negation, die die Konturen des Realen bewahrt.

Der Gegensatz zwischen Allegorie und Satire läßt sich an der Frage zuspitzen, welcher Stellenwert den Erscheinungen als Vermittler des Wesens zugemessen wird: bei der Allegorie tendieren die Erscheinungen prinzipiell dazu, gleichgültig gegenüber dem Wesen zu werden; lediglich Embleme sichern letztlich ihre Existenz als Erscheinungen eines bestimmten Begriffs. Für die Satire hingegen entscheidet es sich in der Welt der Erscheinungen und nicht in jener der Begriffe, ob die Entlarvung des Wesens gelingt. Unter diesem Gesichtspunkt wäre es eventuell denkbar, daß auch gewisse feudale Strukturen ein solches Feld der Besonderheit bilden könnten, das Konturen der bürgerlichen Gesellschaft, bzw. eines ihrer Teilbereiche, aufnehmen und - satirisch gewendet - reflektieren würde. Gerade dies ist aber nicht der Fall in der vorliegenden Szene:

hier wird das feudale Verhältnis den Beziehungen der bürgerlichen Gesellschaft übergestülpt - und es verdeckt recht eigentlich deren wirkliche Strukturen. Gesellschaftliche Beziehungen, die in der unmittelbaren Wirklichkeit als undurchschaubare schicksalhafte Mächte auftreten, werden nicht durchsichtig gemacht auf den zwischenmenschlichen Bezug, sondern geraten durch die Allegorisierung zu selbständigen Entitäten, die über Geschichte und Menschen herrschen. Und unter diesem Aspekt wird es fast gleichgültig, ob es sich dabei um den „Mammon" handelt, den Hofmannsthal aus Jedermanns Schatztruhe springen läßt, oder um den „Koloß Kapital" des sozialistischen Stadionspiels von Robert Ehrenzweig.

Freilich geht Soyfer über andere Formen ‚proletarisch-revolutionärer' Allegorien - wie man sie mit einem Seitenblick auf Piscator bezeichnen könnte - insofern noch hinaus, als hier nicht bloß Klassen personifiziert werden, sondern sogar ihr Verhältnis zueinander. (Mit Kapital, Gesellschaftsordnung und Faschismus wird ja jeweils ein unter verschiedenen Gesichtspunkten betrachtetes Klassenverhältnis ausgedrückt). Keine Kollision ist allerdings mehr denkbar, wenn die kollidierenden Mächte derart in den Personen aufgehoben sind. Doch darüber hinaus findet sogar noch eine weitere Allegorisierung statt: Der König dieses feudal-absolutistischen Hofs soll das „neue Jahr" werden. Das Spiel aber will zeigen, daß dieses „neue Jahr" nicht wirklich zum Herrschen kommen kann, sondern von den drei'n - Kapital, Gesellschaftsordnung und Faschismus - ganz beherrscht wird; eine Allegorie also vermutlich des Volks, oder der von ihm gewählten Politiker. Der Träger dieser Allegorie - was immer sie genau bedeuten soll - ist aber in dem Fall eine Einheit der Zeit. Diese Allegorisierung betrifft mithin das Verhältnis von Raum und Zeit - und das hat wohl die schwerwiegendsten Folgen: die Mächte Kapital, Gesellschaftsordnung und Faschismus stehen damit tatsächlich außerhalb der Zeit - als ewige, jenseitige Instanzen des in Jahren ablaufenden Lebens. Sie sind wahrhaft zu transzendenten Mächten des menschlichen Seins geworden.

Die Komik dieser Silvesterfeier ist von Zynismus geprägt. Wobei durchaus einsehbar ist, daß der Jahreswechsel 1933-1934 eine solche Sichtweise begünstigte. Doch das Pendel der allegorischen Satire kann auch in die entgegengesetzte Richtung ausschlagen, weniger freilich bei Soyfer, der die reale Macht und Gefahr von Reaktion und Faschismus kaum je unterschätzte. Der Spaß, mit dem man sich aber über die Reaktionäre aller Schattierungen - vom Kleinbürger bis zum Diktator - hermachte, droht in manchen anderen Szenen der Roten Spieler umzuschlagen in Verharmlosung; etwa in der „Traumrevue" (aus dem Programm „Hallo, hier Klassenharmonie") von 1929, wo die Diktatoren Europas (Mussolini, Horthy, Alexander von Jugoslawien) und ihre Anhänger in Österreicher (Großdeutsche, Vaugoin, Schober, ...) - als allegorische Charaktermasken ihrer politischen Funktionen - in folgenden Schlußgesang einstimmen:

*Diktatur, Diktatur,*
*Unseres Handelns Richtschnur,*
*Unsere Sehnsucht erstand im Traum,*
*Fällt zusammen wie Seifenschaum,*
*Diktatur, Monarchie,*
*Wie ein Traum in der Früh, verfliegen sie.*[12]

Natürlich bilden Verharmlosung und Dämonisierung ganz allgemein jene beiden Abgründe, zwischen denen sich die Satire ihren Weg bahnen muß. Die Allegorie - so könnte man vielleicht sagen - treibt sie dabei jedoch stets in eine der beiden Richtungen.

Wie leicht dabei Monsieur le Capital oder den anderen Charaktermasken eine gebogene Nase aufgesetzt werden könnte, mag eindringlich veranschaulichen, bis zu welchem Grade instrumentell und fungibel solche allegorischen Darstellungsweisen bleiben, wie wenig Widerstand sie gegen reaktionäre Indienstnahme aufbieten können im Vergleich zu anderen, die Inhalte reicher und tiefer bestimmenden, konkreteren Gestaltungsformen, für die Sartres Diktum, man könne keinen guten Roman zum Lob des Antisemitismus schreiben,[13] in vollem Sinn gültig ist. Diese Manipulierbarkeit der allegorischen Darstellungsmittel hängt wohl eng damit zusammen, daß sie im wesentlichen - und bei allen ihren Möglichkeiten der Aufklärung und Lehrhaftigkeit - doch nicht über die unmittelbare, spontane Alltagserfahrung hinausführen können; und nicht zufällig erinnert darum die ironische Beschreibung dieser Erfahrung bei Marx ein wenig an das Agitprop-Theater: „(...) die verzauberte, verkehrte und auf den Kopf gestellte Welt, wo Monsieur le Capital und Madame la Terre als soziale Charaktere und zugleich unmittelbar als bloße Dinge ihren Spuk treiben: Es ist das große Verdienst der klassischen Ökonomie, diesen falschen Schein und Trug, diese Verselbständigung und Verknöcherung der verschiednen gesellschaftlichen Elemente des Reichtums gegeneinander, diese Personifizierung der Sachen und Versachlichung der Produktionsverhältnisse, diese Religion des Alltagslebens aufgelöst zu haben."[14] Auch die Schriftsteller der Arbeiterbewegung mußten sich erst auf ihre „klassischen" bürgerlichen Vorfahren besinnen, um diese spontane Religion des Alltagslebens überwinden zu können zugunsten einer tieferen und reicheren Aneignung der Wirklichkeit. Bei Soyfer waren diese Klassiker sehr plebejisch: die Dramatiker des Alt-Wiener Volkstheaters.

In den späteren Mittelstücken für die Wiener Kleinbühnen gelang es Jura Soyfer gerade mit der Zauberdramaturgie des Alt-Wiener Volkstheaters, ein solches Feld der Besonderheit - wie es hier als Notwendigkeit der gelungenen Satire bezeichnet wurde - anzulegen. Man vergleiche etwa die Gestaltung des astorischen Staats mit der oben analysierten Roten-

Spieler-Szene, die ja beide eine ähnliche Thematik (Verhältnis Kapital-Staat-Faschismus) behandeln. Wie reich bestimmt und mannigfaltig ausgeführt tritt uns Astoria entgegen - als vollständige, *eigene* Welt. Von der monarchistisch dekadenten Atmosphäre des alten, senilen Grafen bis zum amerikanischen Flair seiner eingeheirateten Millionärin Gwendolyn spannt sich ein Feld der Besonderheit, in dem sich das allgemeine Verhältnis zwischen Staat und Kapital mit der lächerlichen Einzelheit einer ungleichen Ehe zur politischen Satire vereinen kann, ohne daß die Einzelheit zum bloß zufälligen Vehikel der Allgemeinheit reduziert würde.

Freilich sollen dabei dem sogenannten Agit-Prop mit seinen verschiedenen Darstellungsformen - zu denen namentlich die Allegorie gehört - keinesfalls bestimmte wertvolle Aufgaben abgesprochen werden. Diese liegen vor allem im Gebiet politischer Erziehung und Aufklärung. Hier zeigt sich, insbesondere was den satirischen Aspekt betrifft, eine enge Verwandtschaft mit der Karikatur. Solche satirische Gestaltungsformen sind gewissermaßen auf eine unmittelbare politische Führung und Anleitung angewiesen. Falsche politische Thesen und Strategien müssen sie daher unwiderstehlich in die Unwahrheit führen, ihre Gestaltungsprinzipien lassen keinen „Triumph des Realismus" (im Engelsschen Sinn) über ‚falsche' politische Weltanschauungen zu.

Das vielfach konstatierte Pendeln der österreichischen Sozialdemokratie zwischen Verbalradikalismus und opportunistischer Realpolitik, also zwischen Verharmlosung und Dämonisierung der reaktionären Kräfte, konnte daher seinen direkten Ausdruck in den angedeuteten Abgründen der politischen Satire der Roten Spieler finden.[15]

Die Abgründe aber vertiefen sich noch und die Unwahrheit wird universell, wenn diese kulturellen Formen ihren Geltungsanspruch über reine politische Aufklärung und Pädagogik hinaus ausdehnen und sich an die Stelle der Kunst setzen wollen, wie es in proletarisch-revolutionären Kunsttheorien mitunter anklingt. Solchen Tendenzen gegenüber ist es notwendig, den Erkenntnisanspruch und Geltungsbereich kultureller Formen wie Agit-Prop-Satire und Karikatur einzugrenzen, ihr grundsätzliches Defizit sichtbar zu machen, indem man die kategorielle Eigenart des Ästhetischen an konkreten Beispielen herausarbeitet.

Die besonderen Grenzen sind dabei - wie immer - fließend und müssen auch in der Analyse flüssig bleiben: Wie Daumier sich über die bloße Karikatur erhoben hatte, so entwickelte sich - wenn der Vergleich gestattet ist - Jura Soyfer mit den Mittelstücken erst zum eigentlichen Dramatiker.

## Katharsis auf der Kleinkunstbühne -
## zur Dramaturgie der Mittelstücke

Es kennzeichnet die großen satirischen Werke, daß sie den Gegensatz zwischen Wesen und Erscheinung - von dem sie prinzipiell ausgehen - bis hin zum unmittelbaren Ausdruck im individuellen Sein des Menschen verfolgen. Sie gewinnen meist aus der Zerstörung menschlicher Identität, aus den verschiedenen Entfremdungserscheinungen, ihre schärfsten gestalterischen Waffen gegen die verhaßten gesellschaftlichen Verhältnisse und Mächte. Deshalb erfüllen in Satiren Verkleidung und Verstellung, Rollen und Masken etc. eine so bedeutende Aufgabe.[16] Man könnte sagen, daß darin die verschiedenen Formen menschlicher Entfremdung eine *positive* künstlerische Funktion bei der Entlarvung der entfremdenden Zustände erhalten - und dies im unmittelbaren Sinn ästhetischer Formen und Gestaltungsmittel. Die wirkliche Entfremdung des Menschen - als *negative*, zu überwindende Tatsache - bleibt dabei immer der unausgesprochene Hintergrund satirischen Gestaltens. Walter Benjamin hat ihn ausgesprochen:
*Nackt wie es auf die Nachwelt gelangen wird, tritt das Menschliche aus ihnen* (den Verhältnissen, G. S.) *heraus. Leider wirkt es entmenscht. Aber das ist nicht dem Satiriker zuzuschreiben. Den Mitbürger zu entkleiden ist seine Aufgabe. Wenn er ihn seinerseits neu ausstaffiert, ihn wie Cervantes im Hund Berganza, wie Swift in der Pferdegestalt der Houyhnhnms, wie Hoffmann in einem Kater vorstellt, so kommt es ihm im Grunde dabei doch nur auf die Positur an, wo derselbe nackt zwischen seinen Kostümen steht. Der Satiriker hält sich an seine Blöße, die er ihm im Spiegel vor Augen führt. Darüber geht sein Amt nicht hinaus.*[17]
Es unterscheidet also die satirische Methode von anderen künstlerischen Gestaltungsweisen, daß sie die Entfremdung als ‚fertige‘ Tatsache quasi akzeptiert und unmittelbar in ein künstlerisches Mittel umsetzt; während ja sonst für die Literatur geradezu als allgemeines Gesetz gelten kann, nicht nur das *Resultat* zu geben, um mit Hegel zu sprechen, sondern das Resultat *mit seinem Werden.*. Dieses Werden der Entfremdung zu gestalten, ist der *reinen* Satire verwehrt; es scheint der Preis zu sein, den sie für ihren Angriffscharakter und für ihre operative gesellschaftliche Wirksamkeit zu zahlen hat. (Wenn in letzter Zeit so viel von „operativen Kunstformen" die Rede ist - zumal in der Literaturgeschichtsschreibung der zwanziger Jahre[18] -, so wäre dem hier entgegenzuhalten, daß die Satire wohl die einzige wirklich in ihrem Innersten operative Gestaltungsweise bildet.)
Jura Soyfer nun geht in seinen Mittelstücken einerseits diesen gewohnten Weg der Satire, d. h. er greift die Formen der Entfremdung als Resultat (ohne sein Werden) auf und macht sie zum Instrument der

Selbstenthüllung; man denke an die großartige Szene der „Alten Jungfer mit Papagei" aus dem „Weltuntergang": Der Papagei, der als Gesprächspartner ein grotesker Ausdruck der Vereinzelung ist, entlarvt mit seinen Gesprächsfetzen, die er zurückwirft, das ‚falsche' Bewußtsein der Vereinzelung.[19]

Überhaupt scheint „Weltuntergang" - abgesehen von der Rahmenhandlung (worüber noch zu sprechen sein wird) - das satirische Mittelstück par excellence zu sein. Im allgemeinen bildet jedoch die Satire in den Mittelstücken nur eine von mehreren Dimensionen der Handlung. Zerfiel die frühere ‚proletarische' literarische Produktion Soyfers in einen allegorisch-satirischen und in einen ernsten pathetisch-anklagenden Ton - die unvermittelt nacheinander angestimmt wurden -, so erweisen sich die Mittelstücke durchwegs als synchrone Synthese verschiedener komischer und ‚ernster' Darstellungsweisen. Vor allem tritt darin der Satire die spezifische Komik des Alt-Wiener Volkstheaters zur Seite. Durch sie zumal erhalten Soyfers Hauptfiguren eine gewisse Unabhängigkeit gegenüber einer satirischen Perspektive, die oft in der Zauberhandlung das Geschehen beherrscht. Sie verwickeln sich mitunter in satirische Zusammenhänge, können aber im Prinzip auch wieder aus ihnen heraustreten oder herausgehoben werden. Der Spielraum, der hier zwischen den Figuren und der herbeigezauberten Welt entsteht, erlaubt Jura Soyfer, was der reinen Satire nicht erlaubt ist: das Werden der Entfremdung und den Kampf des Individuums mit ihr - innerhalb gewisser Grenzen - in die Darstellung aufzunehmen.

Die Figuren, die da auf die Reise durch ein satirisches Land geschickt werden, zeichnen sich zunächst vor allem durch das aus, was man gemeinhin gesunden Menschenverstand nennt; durch ein solides, spontan materialistisches *Alltagsdenken*, wie man es vor allem an Nestroys Figuren so schätzt. Ein guter Teil von Nestroys Komik beruht ja gerade auf der Kritik jedweder idealistischen Vorstellung durch einen naiven, spontanen - aber eben auch bornierten - Materialismus. Häufig werden gerade deklassierte Intellektuelle bei Nestroy zum Sprachrohr dieses volkstümlichen Alltagsmaterialismus. Titus Feuerfuchs („Der Talisman") hat - dank seiner Haarfarbe - das Leid und die Weisheit der kleinen Leute sehr gut kennengelernt - und weiß dies auch mit den ‚großen' Ideen, etwa der romantischen Weltflucht, zu kontrastieren:

*Ja - ich haß dich, du inhumane Menschheit, ich will dich fliehen, eine Einöde nehme mich auf, ganz eseliert will ich sein! - Halt, kühner Geist, solcher Entschluß ziemt den Gesättigten, der Hungrige führt ihn nicht aus. Nein, Menschheit, du sollst mich nicht verlieren. Appetit is das zarte Band, welches mich mit dir verkettet, welches mich alle Tag' drei - vier Mal mahnt, daß ich mich der Gesellschaft nicht entreißen darf.*[20]

Gefahr droht der Qualität dieser Volksstücke zuweilen dort, wo die Grenzen des Alltagsdenkens nicht überwunden werden und beim starren

Gegensatz ‚große Ideen - kleine Leute' haltgemacht wird. (Dies bezieht sich freilich nicht auf das Bewußtsein der dramatis personae sondern auf die ‚Aussage' des ganzen Stücks!) Gerade die ‚Revolutionsstücke' Nestroys - „Freiheit in Krähwinkel", „Höllenangst", „Der alte Mann und die junge Frau" ... - ringen ja mit der plötzlich entstandenen Einheit zwischen großen revolutionären Ideen und kleinen revolutionären Leuten; gerade sie bringen aber damit in prägnantester Weise die Antinomien des Volkstheater-Genres zum Ausdruck. Die Qualität der einzelnen Nestroyschen Stücke scheint nicht zuletzt damit zusammenzuhängen, inwieweit es ihnen jeweils gelingt, über die unmittelbaren Lösungen des Alltagsdenkens hinaus zu den großen gesellschaftlichen Widersprüchen vorzudringen. Darum wird eine bloße Dokumentation des „antiidealistischen Zugs" des österreichischen Volkstheaters, wie sie Roger Bauer unternimmt, dessen gesellschaftlich-ästhetischer Relevanz kaum gerecht.[21] Denn jedes Alltagsdenken trägt in seiner notwendig unmittelbaren Einheit von Theorie und Praxis diesen antiidealistischen Zug. Für die Bewertung des Volkstheaters aber scheint es darauf anzukommen, ob darin die Schranken des Alltagsdenkens - unter Beibehaltung der Idealismus-Kritik - überwunden werden können.

In der Literatur des antifaschistischen Widerstands gab es vergleichbare Bestrebungen, mit der Alltagswirklichkeit der kleinen Leute die faschistische Ideologie zu kritisieren.[22] Trotz des radikal geänderten Verhältnisses, das zwischen dem kleinen Alltag und den ‚großen Ideen' des Faschismus besteht, entscheidet sich auch hier der ästhetische Wert - freilich nicht der unmittelbar moralische oder politische - an der Frage, inwieweit diese Werke dabei über den Horizont des fragmentarischen Alltagsdenkens hinauszublicken vermögen.

Jura Soyfer läßt in seinen Mittelstücken nicht nur den Zuschauer über diesen Horizont hinausblicken: auch bei seinen Hauptfiguren selbst - die er durch eine lustige oder satirisch *ver-rückte* Zauberwelt hindurchführt - erkrankt der gesunde Menschenverstand (um eine Formulierung Walter Benjamins aufzugreifen). Die Erkrankung soll freilich hier zu einer neuen Form der Gesundheit führen - zur Weltanschauung. Nicht nur die Rezipienten, auch die Hauptfiguren erleben damit, was man Katharsis nennt.

Freilich, der Lechner-Edi hat es - im Vergleich zu Hupka („Astoria"), Guck („Weltuntergang") oder Jonny („Vineta") - wesentlich leichter mit der Welt, in die er hineingezaubert wird. Selbst handelnd, kommt er zur wichtigsten Erkenntnis: „Auf uns kommt's an".[23] Um ihn zur Vernunft seiner eigenen Handlungsfähigkeit zu bringen, wird der ganze Zauber herbeigerufen.

Anders in „Astoria": Hupka muß durch sein Handeln erkennen, wie wenig es auf ihn noch ankommt, wie wenig er am Sieg des faschistischen Staats Astoria noch ändern kann. Die Erkenntnisse, die er am Ende macht, beziehen sich auf seine eigene schuldhafte Handlung und auf den

Charakter jenes Staats, dem er eine Zeitlang die Treue gehalten hat. Trat im „Lechner-Edi" die Zauberwelt noch ganz in den Dienst des Subjekts und blieb dadurch in einer wunderbaren Leichtigkeit ohne jede satirische Schärfe, so bekommt sie hier ein wesentliches Eigengewicht dem Subjekt gegenüber als schmerzhaft-selbständige Realität; hier erst wird der Zauber zur Satire. Diese Verschiebung im Subjekt-Objekt-Verhältnis macht es möglich, konkrete gesellschaftliche und politische Probleme - wie das Verhältnis Kapital, Staat und Faschismus - in die satirische Dartellung aufzunehmen. Hupka und seine plebejischen Freunde können sich zuletzt immerhin noch ins Vagabunden-Dasein zurückziehen, ihr Menschsein auf diese Weise vor dem Zugriff der entfremdenden Mächte bewahren.

Jonny hingegen lernt in Vineta nur mehr, wieviel es zu verlieren gibt - und zwar gerade für das menschliche Sein als solches. Die Handlungsstruktur gleicht in vielem noch der „Astorias": Am Schluß versucht in beiden Fällen die Hauptfigur noch alles zu retten, indem sie das Volk schlagartig mit der Wahrheit konfrontiert: „Astoria existiert nicht!" - „Vineta ist tot!"[24] Beides rettet die Welt nicht mehr. In „Astoria" kann Hupka als Vagabund überwintern - aus Vineta aber kann man nur wie aus einem bösen Traum, nach Luft ringend, erwachen.

In „Astoria" konzentriert sich die Satire auf den Staat und seine Stützen; in aller Schärfe treten deren Konturen in der Überzeichnung hervor. In „Vineta" ist die ganze Einwohnerschaft grotesk entstellt, die Entfremdung des Menschen scheint zum unmittelbaren Gegenstand der Satire geworden. Jedenfalls fällt das Lachen *darüber* schon schwerer. Die Distanz, zum lächerlichen, gleichwohl unheimlichen Objekt, die dem Zuschauer bei „Astoria" noch das Lachen sicherte, ist deutlich zusammengeschrumpft.

In „Astoria" sind die Hoffnungen der kleinen Leute realistisch und utopistisch in einem; die Bettler von „Vineta" aber haben Hoffnungen, die überhaupt keine mehr sind und sie wissen das selbst.

Daß im „lichten Traum der Armen" die Straßen Astorias im Winter geheizt sind, Bananen im Schanigärten wachsen, jeder aber eine Arbeit in der Fabrik hat,[25] zeigt deutlich jenes Spannungsverhältnis, in dem die besten der Soyferschen Figuren sich bewegen: zwischen einem stark ideologisch geprägten Alltagsdenken und der, über die eigene Partikularität hinausreichenden Erkenntnis ihrer Lage und Chancen. Dieser Widerspruch bewegt die kleinen Leute „Astorias" und des „Lechner-Edi". In ihm findet ihr Kampf gegen die Entfremdung seinen Ausdruck - ein Kampf, den die Bettler Vinetas bereits verloren haben. Der lichte Traum der Armen wird erst hier zum düsteren.[26]

„Weltuntergang" bildet zur hier herausgearbeiteten Struktur der Mittelstücke in mancher Hinsicht eine Ausnahme. Zwar bewegt sich auch in diesem Fall eine ,normale' Hauptfigur (der Wissenschafter Guck) durch eine satirisch ver-rückte Welt und gelangt so auch zu Einsichten über ihr Wesen, ohne wirklich eingreifen zu können: Guck überwindet den naiven Alltagsverstand des Naturwissenschaftlers hinsichtlich der Gesellschaftlichkeit seiner Arbeit und lernt, daß „Wahr ist, was die Kurse stützt / Falsch, was keiner Aktie nützt".[27] Doch er wird in diese Welt nicht gezaubert und kann ihr und ihrem Untergang infolgedessen nicht entkommen. Die Zauberhandlung ist nämlich hier nicht der Boden der politischen Satire - sondern umgekehrt ihr Rahmen und mit ihr nur sehr locker verbunden. Gerade die Komik dieser Rahmenhandlung wird dadurch ziemlich *gehaltlos*. Und dennoch wird in der Rahmenhandlung das Schicksal der Erde entschieden - und nicht mehr auf der Erde selbst. Dieser Widerspruch, daß in der Sphäre des kleinlichen Spaßes der lächerlichen Planeten das Schicksal der Erde bestimmt wird, verschafft der Harmlosigkeit etwas eigenartig Beklemmendes, das an manche ‚tragikomische‘ Versuche in der modernen Literatur erinnert (z. B. Dürrenmatt).

Während die Satire auf der Erde immer ‚todernster‘ wird und nahezu auf jeden Zauber verzichten kann, da die unmittelbare Wirklichkeit genügend satirische Wirkungen hergibt, verflüchtigt sich die leichte Komik ganz in den luftleeren Raum des Planetenjuxes. Am auffallendsten tritt dieser Widerspruch, diese Aufspaltung von Komik und Satire, in der dramaturgischen Klippe des Schlusses zutage: vom Planteng'spaß soll hier plötzlich zum tiefen Ernst des „Lieds von der Erde" herabgestiegen werden.[28]

In „Vineta" erst taucht die Absurdität der gesellschaftlichen Wirklichkeit als unmittelbares Problem der künstlerischen Gestaltung auf, das von der satirischen Methode nicht mehr restlos absorbiert werden kann. Der ‚reine‘ Spaß hört dabei ganz auf, in der Rahmenhandlung wird es ernster denn je - besonders am Ende: Die beklemmende Zauberhandlung von der versunkenen Stadt ist zum unmittelbar bewußten Spiegel für die Wirklichkeit der Rahmenhandlung geworden. Die Verbindung der beiden Handlungsebenen ist wieder gegeben.

In der Stadt Vineta aber hat der Weltuntergang wahrhaftig schon stattgefunden. Die Entfremdung des Menschen wurde zwar von Guck (in „Weltuntergang") bereits diagnostiziert:

*Die Menschen müssen sich offenbar so viel mit dem Leben herumschlagen, daß sie gar nicht dazu kommen, an den Tod zu denken. Da rennen sie und hasten (...) Warum die alle nichts hören und sehen ... Das ist ja zum irrsinnig werden!*[29]

In der künstlerischen Gestaltung jedoch wendete Soyfer in „Weltuntergang" diese Inhalte meist ins rein Satirische, weil der unmittelbare Bezug zur aktuellen politischen Wirklichkeit stets aufrecht blieb - etwa durch die zahlreichen Anspielungen auf politische Ereignisse und Personen. Erst in „Vineta" schlägt dieser Inhalt vollständig in eine neue Form um: Die Entfremdung des Menschen wird zum zentralen Gegenstand. Der unmittelbare politisch-satirische Bezug zur zeitgeschichtlichen Wirklichkeit der dreißiger Jahre muß dabei mit einiger Notwendigkeit in den Hintergrund rücken. Andere treten an seine Stelle.

## Jura Soyfer und die Aporien der Avantgarde - „Vineta"

Bisher wurde versucht, Jura Soyfers Mittelstücke durchwegs *immanent* zu beschreiben, d. h. durch ihre Gegenüberstellung und wechselseitige Erhellung gewisse Grundzüge in dieser Dramatik herauszuarbeiten. Um die Bedeutung von „Vineta" richtig erfassen zu können, scheint es jedoch notwendig, die bisher weitgehend durchgehaltene Immanenz in der Betrachtung zu sprengen. Zwischen den übrigen Stücken und „Vineta" liegt nämlich - so meine These - Soyfers Auseinandersetzung mit den sogenannten Avantgarde-Bewegungen. Aus seiner Kritik eines Stücks des französischen Surrealisten Armand Salacrou „Die Unbekannte von Arras" kann man unmittelbar etwas von dieser Auseinandersetzung heraushören.

*In den ersten Jahren nach dem Weltkrieg haben breite Schichten des französischen Publikums und an ihrer Spitze eine Reihe prachtvoll begabter junger Schriftsteller gegen die bestehenden Kunstformen revoltiert. Eine Welt neuer Probleme war stürmisch zutage getreten. Die hergebrachten Formen schienen keine geeignete Ausdrucksmöglichkeit mehr zu bieten. In dieser Zeit haben die Surrealisten, kühn experimentierend, Neues zu schaffen versucht. Was ihnen gelang, war viel und zu wenig. Nämlich - was Theater betrifft - nur die Befreiung von starren, formalen Gesetzen der Dramaturgie. (...) Aber weiter kamen sie nicht. Nach einer Etappe wirklichen Fortschrittes trat Stillstand ein: es werde nur mehr um des Experimentes willen experimentiert, es wurde mit Formen gespielt, was man sagte, wurde sekundär gegenüber der Manier, wie man es sagte.".*[30]

Zuvor hatte Soyfer Salacrous Zerstörung der Einheit von Zeit und Raum präzis beschrieben, die in dem absoluten Gegenüber einer „verschlungenen Vielheit der Zeiten" und „der vollständigen Einheit des Ortes" zum Ausdruck kommt.[31] Soyfer deutet dabei aber auch eine ideologische Tendenz bei diesem Eingriff in die Raum-Zeit-Einheit an: der Schein einer totalen Determination des Subjekts, seiner Ohnmacht gegenüber einem vorgezeichneten Schicksal, entsteht dabei quasi spontan.[32]

Vielleicht sollte man sich an dieser Stelle auch ins Bewußtsein rufen, zu welchem Zeitpunkt Soyfer diese Kritik schrieb; und damit ist ausnahmsweise nicht bloß ein Zeitpunkt in der Biographie Soyfers oder in der österreichischen Zeitgeschichte gemeint, sondern der Ort seiner Überlegungen im internationalen Kontext der Realismusdebatten. Die Kritik wurde im Februar 1937 im „Wiener Tag" („Der Sonntag") publiziert - d. h. drei Jahre nach Lukács' Essay „Größe und Verfall des Expressionismus" und kurz vor dem eigentlichen Einsetzen der sogenannten Expressionismusdebatte des Exils im September 1937.[33] Als Abbreviatur gewissermaßen wird man in Soyfers Kritik das ganze Spektrum der Fragestellungen dieser Debatte vorweggenommen finden. (Freilich deuteten sich die Positionen und Fronten bereits in verschiedenen „Linkskurve"-Aufsätzen der frühen dreißiger Jahre und in dem erwähnten Essay von Lukács an, die Soyfer gekannt haben mag. Dennoch handelt es sich hierbei weniger um oberflächliche ‚geistesgeschichtliche Einflüsse' für Philologen, vielmehr um Gestaltungsprobleme, die unmittelbar aus der künstlerischen Arbeit emporwachsen, sofern sich freilich die Künstler den großen drängenden Fragen einer Epoche stellen.)

Auf welcher Seite der Debatten man Soyfer auch immer einordnen möchte - er scheint dabei eher zwischen manchen falschen Frontstellungen zu vermitteln -, klar ist, daß er an der *Dialektik von Inhalt und Form* festhält: die künstlerische Form kann für ihn immer nur als Form eines bestimmten Inhalts existieren - umgekehrt der Inhalt nur als Inhalt einer bestimmten Form. So kann es für Soyfer auch keine Weiterentwicklung der Formen jenseits der Inhalte geben - und vice versa. Wenn er bei Salacrou andeutet, daß dieser den Zufall aus dem Zusammenhang mit der Notwendigkeit eliminieren wolle, damit aber den einzelnen Menschen der blinden Notwendigkeit eines „vorgezeichneten Erdenschicksals" ausliefere, so tut er nichts anderes, als die inhaltlichen Konsequenzen gewisser neuer Formen auszuloten und konkret auszusprechen.

Doch wie die Besten der Debattenteilnehmer sucht auch Soyfer einen Ausweg aus den Antinomien der Avantgarde-Bewegungen - und findet ihn in der Forderung nach Volkstümlichkeit der Literatur:

*Heute gibt es in Frankreich eine breite Bewegung von Schriftstellern, die sich in Lyrik, Epik und Drama der ewigen Quelle aller Kunst zugewandt haben: dem Volk, mit seinen tausendfältigen lebendigen Lebensproblemen. Und eines, worüber Lyriker sowie Epiker untereinander noch diskutieren mögen, kann für Theatermenschen doch kaum mehr fraglich sein: nämlich daß in allen Zeiten der Geschichte das Theater nur dort, nur dann groß und fruchtbar war, wo seine Leidenschaften die von Hunderttausenden waren.*[34]

Wenn Soyfer hier auf die Schriftsteller der französischen Volksfront anspielt, so wird wohl deutlich, welche Art von Volkstümlichkeit gemeint ist - eine demokratische, antifaschistische Literatur, die zwar vom lebendigen Alltag der Massen immer wieder ausgeht und in ihn schließlich mündet, dessen entfremdete Lebensformen aber dennoch nicht fetischisiert.

Soyfer lenkt schließlich - indem er von französischen Avantgardisten und Volksfrontkünstlern wieder heruntersteigt zur öden Wiener Theatersituation - den Blick auf jene Unternehmungen, die sich tatsächlich dem Volk schon eifrig zuwenden und es auch erreichen, wenn sie nämlich dessen tausendfältige lebendige Lebensprobleme in einfältige tote Träume verwandeln: das Unterhaltungstheater des geistlosen Amüsements und des reinen Kitsches, das besonders in Wien eine Konjunktur nach der anderen erlebt. Und mit einer erstaunlichen Folgerichtigkeit beendet Soyfer seine Kritik mit einer Frage, die, indem sie alle Konsequenzen aus seiner Einschätzung zieht, wohl noch heute als Programm fortschrittlicher Kunst gelten könnte:

*Gibt es zwischen dem Happy-End eines Singspieltenors und dem doppelten Selbstmord eines avantgardistischen Ulysses wirklich keine Möglichkeit, die ein Experiment lohnen könnte?*[35]

Genau auf diese Frage versucht Soyfer selbst mit „Vineta" zu antworten. Gegenüber „Astoria" und „Weltuntergang" bemerkt man darin einen gewissen Verlust, was die konkrete satirische Kritik gesellschaftlicher Institutionen und Verhältnisse wie etwa Staat und Kapital betrifft. Damit gewinnt Soyfer aber neues Terrain bei der Darstellung der Herrschaft der bürgerlichen Gesellschaft *in* den Menschen.

In anderer Weise als bei „Lechner-Edi" wird das Gewicht auf die Seite des Subjekts und seines historischen Zustands verlagert. Konnte sich Lechner-Edi nämlich noch von einer leichtfüßigen Objektivität über seinen entfremdeten Alltagsverstand hinaus zur Erkenntnis seines gesellschaftlichen Wesens tragen lassen, so versteinert in „Vineta" gerade die Entfremdung des Subjekts zur Objektivität der untergegangenen Stadt.

Bei der Gestaltung der Bürger Vinetas greift nun Soyfer ganz offensichtlich zu jenen Formen, die er von der avantgardistischen Kunst her kannte, etwa die Auflösung der Raum-Zeit-Einheit.

Natürlich könnte man hier einwenden, dies sei ja schon in „Lechner-Edi" etwa der Fall. Wie jede Zauberdramaturgie das Raum-Zeit-Verhältnis vorübergehend umstürzt, so verweist die Behandlung der Zeit in den früheren Mittelstücken eher zurück auf die Tradition des Alt-Wiener-Volkstheaters als auf die Avantgarde-Bewegungen.[36] Dieser Unterschied zeigt sich, wenn man die Aufhebung der Zeit in „Lechner-Edi" und in „Vineta" miteinander vergleicht: Für Lechner-Edi und seine Freundin wird eine einmalige Ausnahme von dem Grundgesetz des Daseins gemacht; für die anderen ‚historischen' Personen bleibt die Raum-Zeit-Einheit jedoch vollständig gewahrt. Lechner-Edi darf sich sozusagen diese Einheit einmal ‚von außen' ansehen und neben ihr auf- und abgehen. So wird auch von der formalen Seite der Zeitbehandlung der Gedanke des geschichtlichen Fortschritts nicht gefährdet. In „Vineta-" aber schlägt die Gestaltung der Zeit tatsächlich die entgegengesetzte Richtung ein: die Zeit selbst wird stillgestellt und einzig die Hauptfigur ist es, die an der Raum-Zeit-Einheit festhält.

Sieht man einmal bewußt von der Figur des Jonny ab und versucht nur die Welt Vinetas zu betrachten, so erhält Vineta einen deutlich *allegorischen* Zug. Natürlich handelt es sich bei dieser Allegorie der untergegangenen Stadt nicht um eine unmittelbare Verkörperung von (wissenschaftlichen) Begriffen wie bei den Allegorien des Agitprop. Im selben Maße fehlt hier auch der komische oder lehrhafte Charakter allegorischer Darstellung. Aber Vinetas ‚Wirklichkeit‘ tritt insofern in eine allegorische Beziehung zur Wirklichkeit, als die Aufhebung der Zeit, der lebendige Tod einer ganzen Stadt, - das grundlegende Prinzip, nach dem alle Bürger Vinetas leben - nicht für sich selbst sprechen kann, sondern auf etwas *Anderes* verweist. Daß dieses Andere jedoch auch begrifflich unbestimmbar bleibt, unterscheidet diese Form der Allegorie von der gewöhnlichen Personifikation der Begriffe (im proletarischen Theater etwa). Die verkehrte Welt der Satire wiederum spricht für sich selbst; in ihrer auf einem Feld der Besonderheit aufgebauten Negation ist die Bedeutung - wenn auch nicht die abstrakte eines Begriffs - scharf umrissen. Daß Vineta (ohne Jonny) nicht diese verkehrte Welt der Satire ist, könnte vielleicht ein Vergleich mit Astoria, vorgestellt ohne Hupka, veranschaulichen.

Über diese Andere, das Vineta bedeuten solle, könnte viel gerätselt werden: bedeutet es das ‚Nichts‘, die Sinnlosigkeit der menschlichen Existenz (Stadtschreiber oder Händler sind historisch schwer zu konkretisieren) oder die Entfremdung im entwickelten Kapitalismus? - also in dem Stil, in dem über das sogenannte absurde Theater etwa gerätselt wird. In der proletarisch-revolutionären Literatur verschwand das konkrete Individuum unter der Herrschaft abstrakter ökonomischer Kategorien, es wurde darauf reduziert, wozu es die kapitalistische Entwicklung sowieso machen möchte: auf eine widerspruchslose Charaktermaske ökonomischer Funktionen. Bei der Allegorisierung der avantgardistischen Dramatik geschieht in dieser Hinsicht ähnliches: auch hier wird nur das Resultat gezeigt, das Resultat der Entfremdung und Verdinglichung - und nicht das Resultat *mit seinem Werden*. Dieses Werden aber müßte die widersprüchliche Durchsetzung der Entfremdung beim einzelnen besonderen Menschen offenlegen, nicht nur die dauernden Widerstandskämpfe des Individuums gegen seine Entfremdung sondern auch die uneingelöst gebliebenen Hoffnungen, Möglichkeiten und Perspektiven, die ein solch widersprüchlicher Prozeß birgt. Dieses Werden kann der modernen Kunst die Spur legen zur *Besonderheit* des einzelnen gestalteten Geschehens, die ihr in den *Real-Abstraktionen* der entwickelten bürgerlichen Herrschaftsformen immer wieder verloren zu gehen droht. Wird aber nur das Resultat - die Herrschaft der Real-Abstraktionen - gegeben, und nicht seine künstlerische Ableitung aus konkreten einzelnen menschlichen Beziehungen (und geschieht dies nicht in einem ausgesprochen satirischen Funktionszusammenhang), dann entsteht mit einiger Not-

wendigkeit der Schein der Zeitlosigkeit und Ewigkeit des Entfremdungs-
phänomens. Und hierbei ist es unmittelbar gleichgültig, wie immer diese
Geschichtslosigkeit, dieses Jenseits interpretiert werden mag - ob theolo-
gisch, existentialistisch oder als Ausdruck dafür, daß die Geschichte
selbst sich stillgestellt hätte.

Freilich wollte Jura Soyfer gerade nicht bei diesem Resultat und bei
einer seiner Interpretationen stehenbleiben. Und alle eben gemachten
Reflexionen beruhen auf einer provisorischen Abstraktion, die sofort
wieder aufzuheben ist - nämlich die Abstraktion: Vineta ohne Jonny. Es
kann sich ja nur um eine quasi arbeitstechnische Hypothese handeln,
erlebt doch der Zuschauer bzw. der Leser nicht Vineta und Jonny,
sondern Vineta *durch* Jonny. Diese Figur ist daher ein *episches Subjekt* in
viel strengerem Sinn als etwa der Lechner-Edi. Während dieser nämlich
von der ihn umgebenden Zauberwelt nur gestoßen wurde, sich selbst zu
entwickeln, hat die Figur des Jonny ihre Hauptfunktion in der bloßen
Wiedergabe des Zustands der untergegangenen Stadt. Dies hat vor allem
Konsequenzen für die Darstellung des Resultats - der Zustände in Vineta.
Sie können sich etwa nicht zur vollständigen Zufälligkeit, zur abstrakten
Unmittelbarkeit der beliebig austauschbaren Erscheinungen hinent-
wickeln. (Oft geschieht dies in der modernen Dramatik und Kunst bis zur
letzten Konsequenz, indem das abstrakte ‚Nichts' - als letzte Idee des
bürgerlichen Zeitalters - durch die völlig abstrakte Unmittelbarkeit - die
obligaten Mülltonnen als letzte Einzelheiten dieses Zeitalters - sinnfällig
gemacht wird.) Die Welt Vinetas bleibt gewissermaßen an den Kontrast
zu Jonny, als ihrem Gegenbild, eng und unaufhebbar gebunden. Jonny
ist es daher, der Vineta wieder aus dem Zeitlosen befreit, so wie er selbst
den Alptraum des absurden Theaters nur träumt. Durch ihn wird der
historische Charakter der menschlichen Entfremdung gerettet[37] - emphatisch in der Schlußszene, wo er davor warnt, daß der Alptraum wahr
werden könnte (und der Zuschauer ahnt, daß der Bordellbesucher „Herr
Dietje" etwas damit zu tun hat.)[38]

Nicht zufällig entstehen in diesem Stück die komischen Wirkungen
meist erst in der Konfrontation der Bürger Vinetas mit Jonny. Er ist es,
der die grotesken Entstellungen ihres Daseins zu satirischem Leben
erweckt, während etwa in „Astoria" Graf Luitpold Buckelburg-
Marasquino an sich schon satirisch wirken konnte. Dies hängt unter
anderem damit zusammen, daß in der Satire Astorias nur einige politische Realitäten überzeichnet sind, oder anders ausgedrückt: einige
Zusammenhänge und Gesetzmäßigkeiten der politischen Wirklichkeit
sind satirisch eliminiert, so vor allem in dem grundsätzlichen Gedanken
eines Staats ohne Volk. In „Vineta" aber ist es die zentrale Kategorie allen
Seins, die bewußt ausgeschaltet wird, die Zeit, und mit ihr die grundle-
gendsten Bestimmungen des menschlichen Lebens.

Freilich ist es unmöglich, dies bis zur letzten Konsequenz in der künstlerischen Gestaltung durchzuführen, zumal das dramatische Genre wie kein anderes an die Zeit als dem konstituierenden Faktor seines homogenen Mediums gebunden bleibt. Es muß gewissermaßen alles in Zeit, in die Gegenwärtigkeit einer Handlung auflösen; selbst ein Zustand muß - soll er in diesem Medium erscheinen - in Handlung umgesetzt werden.

Würde Soyfer wirklich die Zeit eliminieren, so dürften sich seine Personen weder bewegen, noch dürften sie sprechen - Jonny befände sich in einem realen Wachsfigurenkabinett. Die eigentümliche Wirkung des Stücks besteht nun darin, daß es sich eine eigene Zeit schafft, um den Verlust der Zeit ausdrücken zu können. Und diese künstliche dramatische Zeit ist freilich mehr als ein bloßer dramaturgisch-formaler Trick. Viemehr deutet diese Verdoppelung der Zeit inhaltlich an, in welchem Grade es sich um ein Problem des subjektiven Bewußtseins handelt. Realität und Bewußtsein bleiben in der untergegangenen Stadt nicht wirklich getrennt: ihre Bürger altern im Gegensatz zu Jonny tatsächlich nicht. Die Spannung, die hier zwischen der formal aufrechterhaltenen, dramatischen Zeit und der im Inhalt behaupteten Aufhebung der Zeit entsteht, bewirkt letztendlich das Traumhafte und Unwirkliche des Geschehens in Vineta - und legt so auch von der innersten Ebene der Gestaltung jene rationale Interpretationen nahe, die in der Rahmenhandlung gegeben wird: daß Vineta nur ein Traum war, hervorgerufen durch Sauerstoffmangel im Gehirn. Die Schlußszene aber, die den Traum auf die Wirklichkeit bezieht, gibt klar zu erkennen, wie wenig es sich dabei um ein realitätsfremdes Hirngespinst handelt.

Weil in Vineta die grundlegensten Bestimmungen des menschlichen Gattungslebens außer Kraft gesetzt sind - eben durch die Ausschaltung der Zeit - kann die allgemeinste Beschreibung dieses Gattungslebens, wie sie Jonny Vineta immer wieder entgegenhält, bereits unsere ganze Sehnsucht wecken.

*Jonny: Hör mir jetzt zu, Mensch! Es gibt eine Welt, die anders ist. Dort wechseln Tag und Nacht, und es wird Frühling und Winter und wieder Frühling; Stürme ziehen, Sonne scheint; Korn wird gesät, geerntet und neu gesät - ohne Ende. Menschen werden geboren, wachsen wie das Korn. Weil sie ein unruhiges Herz mitgekriegt haben, müssen sie lieben und hassen, solange sie da sind, und sie werden alt und sterben. Und neue Menschen werden geboren zum Hassen, zum Lieben, zum Altwerden, zum Sterben - ohne Ende. Und dies alles hat keinen anderen Sinn als sich selbst. Aber das ist ein großer Sinn, denn er heißt: Leben. Verstehst du?*[39]

Daß diese Worte auch unsere Sehnsucht wecken können - die wir doch noch glauben, lebendig zu sein - zeigt vielleicht, wie groß wir unbewußt die Gefahr empfinden, dieses Leben selbst in seiner allgemeinsten Form (zu der auch der individuelle Tod gehört) durch die innere und äußere Entfremdung - von der individuellen Vereinzelung bis zum atomaren

Selbstmord der Gattung reichend - zu verlieren. Im selben Maß ist aus dieser Sehnsucht freilich herauszuhören, wie weit wir uns noch entfernt fühlen, vom vollständigen und dauerhaften Ausleben und Entwickeln unserer nur abstrakt, als Möglichkeiten vorgegebenen, gattungsmäßigen Eigenschaften, wie weit wir uns also entfernt wissen von der Verwirklichung des Wesens des Menschen - im Sinne von Soyfers „Ihr nennt uns Menschen? Wartet noch damit."[40]

Deshalb benötigt Soyfer im Angesicht der toten Stadt keine konkrete Utopie einer besseren, gerechteren Gesellschaft - allein die allgemeinsten, ‚natürlichen' Bedingungen des menschlichen Lebens - Geburt, Tod,· Stoffwechsel mit der Natur, menschliche Konflikte und Beziehungen - genügen, um die Welt Vinetas, als dem Sinnbild völliger Entfremdung, zu kritisieren. Ohne Utopie und ohne Transzendenz - aber auch ohne jede geschichtliche Entwicklung erweist sich jenes Leben, das Jonny aus der Erinnerung sich ausmalt. Indem es aber Vineta entgegengesetzt wird, bekommt es doch einen wesentlich geschichtlichen Sinn: weder ist es ein auf ewig gesichertes, unverlierbares Gut, noch ist es wirklich in seinen Möglichkeiten und in seinem Reichtum ausgeschöpft. Gerade die Sparsamkeit des Ausdrucks und die Einfachheit der Worte, die Jonny findet, vermögen diesen doppelten geschichtlichen Sinn - fast nur als ein undeutliches Gefühl - zu vermitteln. Demgegenüber konnte in „Astoria" unsere Sehnsucht noch auf ein konkreteres Ziel gelenkt werden.

*Hupka: Was ihr gewollt habt, was ihr erträumt habt, wie euch der Magen geknurrt hat ... das ist eine Heimat, die uns gehört, verstehts ihr? Unser Feld, unser Haus, unsere Berge ... unser Stückel Welt ... Ja, unsere Heimat, die wollen wir lieben, die wollen wir auch schützen, verstehts ihr? So redets doch was!(...)*[41]

Der Gegensatz zwischen ‚richtigem' und ‚falschem' Bewußtsein, der in „Astoria" und „Lechner-Edi" *in* den Figuren lebte und sie gleichsam bewegte, ist in „Vineta" (ansatzweise vielleicht auch im „Weltuntergang") aus den Individuen herausgetreten und hat sich zur strikten Gegenüberstellung von verkehrter Welt und richtigem Individuum verselbständigt. (In dieser Konstellation hat die oben vorgenommene provisorische Abstraktion - Vineta ohne Jonny - ihre relative Berechtigung.)

Hatten schon die früheren Hauptfiguren vor allem formale Funktionen eines *epischen Subjekts*, so wurde dies doch immer wieder aufgehoben durch ihre inhaltliche Verwicklung in das Geschehen; in ihrem widersprüchlichen Handeln gingen Subjekt und Objekt doch immer wieder ineinander über. Jonny hingegen ist, wie angedeutet wurde, ein episches Subjekt in einem viel strengeren Sinn: er ist wie durch eine Wand getrennt von seinem Objekt, von Vineta und seinen Einwohnern. Er lebt nach völlig anderen Gesetzen als diese - und zwar *Lebensgesetzen.* Hupka hingegen lebt nach anderen *sozialen* und *moralischen* Gesetzen als die in der Zaubersatire dargestellte Welt Astorias, er kann sie infolgedessen durchaus an jene Astorias anpassen und ringt sich erst zuletzt, kraft der Konfrontation mit Astoria, zu einer neuen politischen Haltung durch. Eine solche Subjekt-Objekt-Beziehung ist für Jonny gar nicht möglich: er bleibt im gewissen Sinn immer der lebende Jonny, Vineta immer die tote Stadt. Hermetisch voneinander abgeschlossen, kann er prinzipiell sowenig voller Bürger dieser Stadt werden, wie die Stadt durch ihn zum Leben erweckt werden könnte.

Ein solches Auseinanderfallen von Subjekt und Objekt - so viel es auch auf der Seite des Objekts beiträgt zur Darstellung der Entfremdungserscheinungen - muß notwendig das Subjekt selbst aushöhlen. Und wirklich besitzt Jonny weniger vom inneren Reichtum und der inneren Widersprüchlichkeit anderer Hauptfiguren. Es fehlt ihm ein wenig von dem, was in der letzten Szene des „Lechner-Edi" bei der Erschaffung des Menschen als entscheidender ‚Konstruktionsvorschlag' *vom Menschen selbst* eingebracht wird. Der Portier des Paradieses erklärt:

*Wir ham a Gemisch aus nein und ja gmacht, a Patzerl Lehm rundum gepickt, und auf ja und nein war der Mensch da.*

*Motor: Ja und nein, das ist a Gegensatz. Da muß do wer logischerweise die Entscheidung ham?*

*Portier: Die is dem Menschen in die Hand gelegt worden. Und von dem Moment an war er lebendig.*[42]

Die Gefahr, gerade diese Lebendigkeit zu verlieren, bildet das eigentliche *Thema* von „Vineta". Die Eigenart des Stücks aber besteht darin, daß diese Gefahr dem Stück auch zur *Form* wird. Die Gefahr - nicht aber die *verlorene* Lebendigkeit, nicht das *Resultat* des Verlustes der Lebendigkeit - ist Thema und Form des ‚modernsten', am meisten ‚avantgardistischen' Mittelstücks Soyfers.

Gegenüber der komischen Selbstverständlichkeit, mit der Lechner-Edi seine Handlungskompetenz sich ins Bewußtsein ruft, und gegenüber ihrer harten äußeren Bedrohung durch die satirisch dargestellten Mächte in „Astoria" und „Weltuntergang", die gleichwohl einen gewissen Raum noch übrig ließ für selbständiges individuelles Denken, Entscheiden und Handeln, erscheint mit „Vineta" eine neue Dimension der Gefährdung menschlicher Handlungsfähigkeit: ihre innere Selbstpreisgabe. Mit tiefem künstlerischem Verstand hat Jura Soyfer in allen diesen Fällen erkannt, daß Drama und Theater - in höherem Maß als andere Kunstformen - die individuelle Handlungsfähigkeit zur formalen Voraussetzung haben. Das Schwinden dieser Voraussetzung deutlich fühlend, hat er sie selbst in den Inhalt gehoben und zur zentralen Thematik letztlich aller seiner Stücke gemacht. Auch auf der Kleinkunstbühne wird also das Drama im Zuge seiner Krise sich der eigenen Voraussetzungen bewußt. Natürlich spielt die individuelle Handlungsfähigkeit auch im Roman allgemein und eben auch in Soyfers Fragment „So starb eine Partei" eine gewisse Rolle. Es zeigt sich aber auch hier die tiefe Einsicht Soyfers in die jeweilige Eigenart des ästhetischen Mediums, wenn er im Roman nicht die Handlungsfähigkeit des Subjekts an sich, des einzelnen Individuums in den Mittelpunkt stellt, sondern die einer gesellschaftlichen Macht und Institution: der Partei. Im eigentlichen Sinn freilich geht es Soyfer im Roman um den Vorgang, wie aus den individuellen Standpunkten und Handlungen der einzelnen Menschen quer durch die Parteihierarchie das kollektive Handeln der gesellschaftlichen Macht der Partei sich synthetisiert.

Jura Soyfer hat die humanistische Dimension des Theaters, die sonst gleichsam schweigend in seinen dramatischen Formen ruht, nicht nur erkannt, angesichts der faschistischen Bedrohung alles Menschlichen, hat er sie stets in die Bewußtheit der Themen zu heben versucht. „Vineta" läßt ahnen, zu welcher Vielfalt und Größe Soyfers Beitrag zur Erneuerung der österreichischen Literatur sich entwickelt hätte, wäre er selbst nicht dieser Bedrohung zum Opfer gefallen.


*Anmerkungen*

Motto: Bert Brecht: Arbeitsjournal 1. Bd. Hg. v. Werner Hecht. Frankfurt / Main 1973. S. 16

[1] Vgl. hierzu die Stalinismus Kritik von G. Lukács - z. B. in: G. L.: Demokratisierung heute und morgen. Budapest 1985.

[2] Diese Auffassung bewirkt auch die Verkennung der Möglichkeiten und Grenzen des bürgerlichen Humanismus. So hat sich Scharang jüngst zu der Behauptung verstiegen, der bürgerliche Humanismus bereite „ob er das will oder nicht, dem bürgerlichen Faschismus den Weg" (Michael Scharang: Die List der Kunst. Darmstadt, Neuwied 1986. S. 62). Wenn die historische Erfahrung des Faschismus und die Lehren des antifaschistischen Kampfes derart in Vergessenheit zurücksinken, droht, scheint's, der Linksradikalismus von der Kinderkrankheit übergangslos in Siechtum zu münden. Vgl. hierzu die kurze aber sehr prägnante Kritik Konstantin Kaisers an Scharangs Essay: K. K.: Trommler hintenach. In: Wiener Tagebuch. (1986) Nr. 12, S. 26.

[3] Soyfer, Gesamtwerk S. 42 und 214.

[4] Horst Jarka: Politik und Zauberei: Die Stücke Jura Soyfers. Zur oppositionellen ‚Kleinkunst' im Wien der dreißiger Jahre. In Modern Austrian Literature Bd. 5 (1972) Nr. 1/2, S. 96-143; hier: S. 130.
Die folgenden Überlegungen bauen in gewissem Sinn auf Jarkas Aufsätzen (Vgl. auch H. J.: Jura Soyfer: Ein Nestroy im Keller. Zum Einfluß Nestroys auf das oppositionelle Theater im Ständestaat. In: Maske und Kothurn. 24. Jg. (1978), Heft 3, S. 191-212.) und auf die grundlegende Arbeit Fritz Hermanns (Jura Soyfer: Die Anfänge eines volksverbundenen österreichischen Dichters. Diss. Wien 1949.) auf.

Jedenfalls wird der Inhalt der einzelnen Stücke im wesentlichen als bekannt vorausgesetzt.

Selbst in einer neueren Arbeit, wie der Peter Langmanns (Wirklichkeitserfahrung, Wirklichkeitsbewältigung und soziales Engagement bei Jura Soyfer. Untersuchungen über einen sozialistischen österreichischen Schriftsteller der dreißiger Jahre. Diss. Graz 1983 - publiziert unter den Titel: Sozialismus und Literatur. Jura Soyfer. Frankfurt 1986) werden ästhetische Fragen im strengen Sinn kaum berührt; die genaue Textanalyse erschöpft sich letztlich in der ideologiekritischen Inhaltsanalyse (Vgl. die Interpretation der Mittelstücke S. 128-165). Damit hängt der Fehlschluß dieser Arbeit - Soyfer nähere sich den Positionen des französischen Existentialismus an (etwa S. 275) - aufs engste zusammen. Langmann entdeckt gewisse Motive, die im Existentialismus eine große Rolle spielen. Soyfer hatte die Entfremdung ebenso tief gefühlt wie die Existentialisten. Doch bleibt entscheidend, wie die Motive verarbeitet werden im spezifischen Medium des Dramas. Und hier zeigt sich der große Unterschied - man vergleiche nur „Vineta" mit Sartres „Huis Clos", wo kein Jonny, keine epische Figur, das Geschehen vor der totalen Allegorie des sinnlosen, höllischen Daseins bewahrt.

Mit der Vernachlässigung der ästhetischen Dimension setzt sich bei Langmann eine weitere Tendenz der Soyfer-Rezeption fort: die Entwicklung nach 1934 zu vertieftem Realismus und Humanismus wird in ihrer prinzipiellen Bedeutung unterschätzt. Langmann stimmt sie herab auf den bloßen Wechsel der Kommunikationsstrukturen (Vgl. S. 93 f. u. S. 199 f.). Natürlich war der Wechsel von den sozialdemokratischen Organisationen zur Kleinbühne wichtig, aber doch nur als ein äußerer Anstoß, dem nicht logisch der tiefe Realismus der Mittelstücke folgen müßte. Denkbar wäre eben auch die Verflachung der Arbeit Soyfers zu mittelmäßigen, belanglosen Kabarettexten.

5  Konrad Bayer: Brief an Ida. In: Manuskripte 37/38 (1973) S. 301.

6  Peter Bürger: Theorie der Avantgarde. 2. Aufl. Frankfurt/Main 1980, S. 80.

7  Theodor W. Adorno: Das Altern der neuen Musik. Gesammelte Schriften Bd. 14. 2. Aufl. Frankfurt/Main 1980, S. 145.

8  Ebenda S. 152.

9  Soyfer, Gesamtwerk, S. 508 ff.

10  Ebenda S. 509.

11  Es können hier natürlich nur allgemeinste Bestimmungen des vielschichtigen Allegorie-Begriffs angedeutet werden. Der kritische Akzent, den er dabei erhält, bewahrt ihn unter anderem vor jener Beliebigkeit, mit der er heute auf ästhetische Phänomene angewendet wird.

12  Zit. nach Friedrich Scheu: Humor als Waffe. Politisches Kabarett in der Ersten Republik. Wien, München, Zürich 1977, S. 164.

13  Jean-Paul Sartre: Was ist Literatur. Hg. v. Traugott König. Reinbek 1986, S. 53.

14  Karl Marx: Das Kapital Bd. III. Berlin/DDR 1979 (= MEW Bd. 25), S. 838.

15  Zur politischen Dimension dieser Problematik vgl. Alfred Pfoser: Sozialistisches Kabarett in Österreich. In: Kabarett und Satire im Widerstand 1933-1945. Mitteilungen des Instituts für Wissenschaft und Kunst 40 (1985) Nr. 1/2, S. 15-19.

[16] Vgl. hierzu Uwe Naumann: Zwischen Tränen und Gelächter. Satirische Faschismuskritik 1933-1945. Köln 1983, S. 28 ff.

[17] Walter Benjamin: Brechts Dreigroschenroman. In: W. B. Gesammelte Schriften Bd. III (Werksausgabe Bd. 9) Frankfurt/Main 1980, S. 440-449; hier S. 448.

[18] Z. B. Manfred Nössig, Johanna Rosenberg, Bärbel Schrader: Literaturdebatten in der Weimarer Republik. Zur Entwicklung des marxistischen literaturtheoretischen Denkens 1918-1933. Berlin u. Weimar 1980.

[19] Soyfer, Gesamtwerk, S. 543 f.

[20] Johann Nestroy: Der Talisman. In: J. N. Komödien. Hg. v. Franz H. Mautner. 3. Bd. Frankfurt/Main 1979, S. 283.

[21] Roger Bauer: Laßt sie koaxen, Die kritischen Frösch' in Preußen und Sachsen! Zwei Jahrhunderte Literatur in Österreich. Wien 1977, S. 103-166.

[22] Vgl. hierzu Konstantin Kaiser: Die Karrieren des kleinen Mannes - Hirnschal, Seicherl, Schwejk und Bockerer im Zweiten Weltkrieg. In: Kabarett und Satire im Widerstand (s. Anm. 5), S. 7-14.

[23] Soyfer, Gesamtwerk, S. 587.

[24] Ebd. S. 625 u. S. 646.

[25] Ebd. S. 604 ff.

[26] Fritz Herrmann hat jüngst (F. H.: Jura Soyfer. Eine politische Einschätzung. In: Exil 5 (1985) Nr. 1, S. 5-21) die sinnlosen Hoffnungen der Bettler Vinetas bereits in den Utopien der kleinen Leute Astorias wahrzunehmen geglaubt. Doch beim „lichten Traum der Armen" handelt es sich nicht um bloß „rührende, fatal konservative Phantasien", für die Blochs Charakteristik der bürgerlichen Wünsche gelten könnte - daß sie nämlich „aus dem vorhandenen Kuchen, bei unveränderter Bäckerei, sich auch ihr Teil schneiden wollen" (ebd. S. 9). Die Armen von Astoria wissen doch ganz gut, daß und wie die Bäckerei sich ändern muß: „Weil die Erde uns gehört, verstehst? Die Felder, die Palmen, die Häuser, die Fabriken." - (Soyfer, Gesamtwerk, S. 607) - so begründet Paul den paradiesischen Zustand im Zukunftstraum. Fabriken, daneben Bananen im Schanigarten und im Winter geheizte Straßen - erscheint im übrigen als ein sehr schöner, volkstümlich-poetischer Ausdruck dafür, daß wir unsere Zukunft nur abstrakt entwerfen, in den allgemeinsten Bestimmungen fassen können, niemals aber in ihrer Konkretheit und in ihrem Reichtum voraussehen können, ohne wieder naiv zu werden wie die Kinder. Der Gegensatz, den Herrmann zwischen Soyfers „kraftvollem Flugblatt-Volk" (gemeint ist die Darstellung des Volks in dem politischen Aufruf „Der Mord in Rodaun" (Soyfer, Gesamtwerk, S. 298) und dem „schwächlichen Volk der Theaterstücke" (Hermann, Jura Soyfer, Eine politische Einschätzung (1985), S. 10) zu sehen glaubt, scheint aus unserer Perspektive in den kleinen Leuten des „Lechner-Edi" und „Astorias" selbst vorhanden zu sein und diese Figuren zu bewegen als der fundamentale Widerspruch ihrer Existenz.

[27] Soyfer, Gesamtwerk, S. 559.

[28] Ebd. S. 560.

[29] Ebd. S. 551 f.

[30] Ebd. S. 475.

[31] Ebd. S. 474.

[32]  Vgl. ebd. S. 475.
[33]  Vgl. hierzu Hans-Jürgen Schmitt (Hrsg.): Die Expressionismusdebatte. Materialien zu einer marxistischen Realismuskonzeption. Frankfurt/Main 1973. Zum genauen chronologischen Ablauf der Debatte vgl. insbesondere die Einleitung von Schmitt.
[34]  Soyfer, Gesamtwerk, S. 475.
[35]  Ebd. S. 476.
[36]  G. E. Wellwarths Behauptung, daß im „Lechner-Edi" bereits die Zeitgestaltung von Max Frischs „Chinesischer Mauer" vorgebildet sei (G. E. Wellwarth: Jura Soyfer - An Attempt at Rehabilitation. In: American-German Review 35,2 (1969), S. 22-26), hat Horst Jarka in diesem Sinn überzeugend relativiert - „gerade ein wesentlicher Aspekt der Zeitbehandlung in der ‚Chinesischen Mauer', das die Chronologie auslöschende gleichzeitige Auftreten aller historischen Figuren, fehlt bei Soyfer. Auch ist Soyfers Stück trotz aller Bitterkeit letzten Endes keine Absage an den Fortschrittsgedanken [...]. Während Soyfers Lechner-Edi im neu gewonnenen Bewußtsein seiner eigenen Kraft der Zukunft entgegensieht, muß Max Frischs Heutiger am Ende seine Ohnmacht eingestehen und erkennen, daß die ganze Farce soeben von vorn beginnt'. So werden gerade in der Zeitgestaltung neben oberflächlichen Ähnlichkeiten ganz wesentliche Unterschiede zwischen den beiden Stücken sichtbar." (H. J., Politik und Zauberei, S. 107-108).
Jarka ist übrigens auch der Hinweis zu danken, wo tatsächlich Herkunft und Verwandtschaft dieser Gestaltung der Zeit zu suchen wären - in einem der „Märchen des Steinklopferhanns" von Anzengruber, „D'Gschicht von der Maschin", gewährt eine phantastische Maschine der Hauptfigur einen Blick in eine bessere Zukunft. (Ludwig Anzengruber: Gesammelte Werke in 10 Bänden. Stuttgart 1897-1898. 5. Bd., S. 129-134).
[37]  Diese Überlegungen über „Vineta" verstehen sich daher als eine auf die dramatische Form und Gestaltung konzentrierte Konkretion von Jarkas allgemeiner Einschätzung der Aussage des Stücks. Nachdem dieser nämlich eine gewisse Ähnlichkeit von Soyfers Stück mit dem absurden Theater der Nachkriegsjahre festgestellt hatte, fährt er fort: „[...] selbst in ‚Vineta' schreibt er kein absurdes Stück, sondern ein satirisches Warnstück, in dem die drohende Gefahr als sinnlose Welt des Absurden dargestellt wird; es geht ihm nicht darum, die Sinnlosigkeit des menschlichen Daseins selbst zu zeigen [...]. Mit den warnenden Worten des Schlusses holt er uns aus einem entfremdeten Dasein zurück in die reale Welt, die es zu retten gilt." (Jarka, Politik und Zauberei, S. 124).
[38]  Soyfer, Gesamtwerk, S. 647.
[39]  Ebd. S. 645.
[40]  Ebd. S. 214.
[41]  Ebd. S. 625.
[42]  Ebd. S. 587.

# Das komische Erbe des Volkstheaters
## Satire und Ironie bei Soyfer, Horváth und Canetti

*Zu Raimund. Das Ernste ist Ihnen bloß bildlose Melancholie; wie Sie es nach außen darzustellen suchen, zerfließt es in unkörperliche Luft. Im Komischen haben Sie mehr Freiheit und gewinnen Gestalten. Dahin sollte Ihre Tätigkeit gehen.*

Franz Grillparzer 1834

Viel wird gesprochen vom Einfluß des Alt-Wiener-Volkstheaters auf die moderne österreichische Literatur. Ob es sich nun um Karl Kraus, Ödön von Horváth, Elias Canetti oder selbst die sog. Wiener Gruppe handelt - der Hinweis auf Nestroy und Raimund ist schnell wie ein Schlagwort zur Hand. Doch einer solchen Literaturgeschichte der Schlagworte wäre auch im Falle der österreichischen Literatur eine der Begriffe entgegenzusetzen. Daß dies bisher kaum geschehen ist, hängt wohl allgemein mit dem niedrigen Stellenwert zusammen, der in Österreich Ästhetik und Literaturtheorie beigemessen wird. „Der Teufel hole alle Theorien"[1] schrieb nicht zufällig der repräsentativste österreichische Autor des 19. Jahrhunderts - Franz Grillparzer, dessen eigene, dazu im Widerspruch stehenden Überlegungen noch einen Höhepunkt in der österreichischen Ästhetik und Theoriebildung darstellen. Sonst stimmt hier die Literaturwissenschaft mit ihrem Gegenstand in durchaus verkehrter Weise überein: sie gleitet fortwährend ab ins Feuilleton. In gewissem Sinn ist es daher nötig, im Widerspruch zum österreichischen Denken sich zu bewegen, um seine künstlerischen Objektivationen auf den Begriff bringen zu können.

Unter diesen Voraussetzungen - daß ästhetische Kategorien mehr bedeuten als Vorurteile des subjektiven Geschmacks oder Schubladen des bürokratischen Denkens - wäre jedoch der Einfluß des Alt-Wiener-Volkstheaters auf die moderne Literatur sinnvoll nur als Problem des *Komischen* zu diskutieren.

Darum wird in den folgenden Überlegungen diesem allgemeinen Problem gegenüber das spezifisch *Österreichische*, die österreichische Besonderheit dieser Beziehungen eher in den Hintergrund treten.Dies mag viele überraschen - und tatsächlich verbirgt sich noch hinter dem Ausblenden des ‚typisch Österreichischen‘ eine Polemik mit dem heute offenbar vorherrschenden Ton in der österreichischen Literaturgeschichtsschreibung. Denn gerade der besondere Charakter der österreichischen Literatur- und Kunstentwicklung wird sehr oft in ein Ghetto des allmächtigen Barocks, oder des habsburgischen Mythos oder des ewigwährenden Josephinismus verwandelt, das von keinen allgemeinen Zusammenhängen, seien es weltliterarische oder ästhetische, - ja von keiner historischen Bewegung überhaupt - tangiert scheint. Demgegenüber mag es also gerechtfertigt sein, einmal von der österreichischen Besonderheit vorübergehend abzusehen zugunsten allgemeiner künstlerischer Probleme bei besonderen österreichischen Schriftstellern - etwa des Verhältnisses von Komik, Satire und Ironie bei Soyfer, Horváth und Canetti vor dem Hintergrund einer der entwickelten bürgerlichen Gesellschaft zum Opfer gefallenen Volkstheatertradition. Letztlich freilich müßte diese Vorgehensweise doch wieder hinführen zur Frage nach der spezifisch österreichischen Dimension des Komischen bei diesen Autoren. Im Rahmen dieses Essays allerdings wird dies nur perspektivisch angedeutet werden können.

Ebenso Andeutung bleiben muß der einleitende kleine Exkurs zur Komik des Volkstheaters, der gewisse historische und kategorielle Voraussetzungen für die späteren exemplarischen Analysen schaffen soll. Warum sich die Komik beständig zur vorherrschenden Kategorie des volkstümlichen Theaters bzw. der plebejischen Theaterformen entwickelte, sobald diese sich vom kultischen Ritual emanzipiert hatten, müßte immerhin die zentrale Fragestellung einer Volkstheater-Geschichte bilden, der am Begriff ihres Gegenstands mehr liegt als eine Kostümgeschichte des immergleichen Hanswurst. Die bemerkenswerte Kontinuität der komischen Figur müßte auch dabei freilich im Mittelpunkt stehen - nur eben in anderer Weise; denn auch das wiederkehrende Immergleiche muß historisch bestimmt, aus dem geschichtlichen Wandel abgeleitet werden können. Im theatralischen Kontinuum der sog. komischen Figur liegen Komik, Satire und Ironie noch völlig undifferenziert nebeneinander. Bei ihren frühesten Ausprägungen kann überhaupt vom Komischen kaum schon die Rede sein. Nicht die Komik, sondern, wie Walter Benjamin im Trauerspielbuch sich richtig korrigierte, „der reine Spaß - ist die obligate Innenseite der Trauer"[2], wenn anders diese Trauer selbst nur die mythische Vorform oder die remythisierende Kontrafaktur jener wahren Tragik sein soll, die mit dem Mythos endgültig gebrochen hatte. Die Herausbildung der Komik als eigenständiger Kategorie des theatralischen Spiels - ihre Scheidung von Trauer und Tragik einbegriffen - kann wohl als Indikator gelten für die Emanzipation des Theaters von den ursprünglichen kultisch-rituellen Funktionen. Noch bei Stranitzky etwa, wo der Hanswurst ebenso lustig wie grausam sein kann - und dies oft in einem Atemzug -, ist diese Emanzipation im eigentlichen Sinn nicht wirklich vollzogen.[2] Warum diese ‚Komik' oder besser: diese Vorform der Komik, den engen Zusammenhang mit den Volksmassen nie verlor, liegt auf der Hand: weil dieser Zusammenhang selbst hinter der Differenzierung, Arbeitsteilung und Klassenspaltung der modernen Gesellschaftsformationen zurückblieb. Demnach ist der Schritt zur wirklichen Komik bereits ein Bruch dieser Kontinuität, und jene Figuren vom antiken Mimus bis zum frühen Hanswurst, die diesen Schritt - der immer auch einer *hinter* die Rampe ist - nicht getan haben, erweisen sich einerseits als bloße Vorfahren der Komik wie sie andererseits schon Regression bedeuteten, als die aristophanische Komödie mit ihrer Grundlage - der antiken Polis - untergegangen war. In ihnen scheint als Erinnerung aufbewahrt - aber nicht aufgehoben - der Zustand einer völlig undifferenzierten, vorarbeitsteiligen, klassenlosen, aber eben auch bornierten Gesellschaft - in der das Abbild vom Abgebildeten noch weit weniger sich trennen ließ als der ‚Schauspieler' des Hanswurst vom. Hanswurst. Es handelt sich also um eine bornierte *rückwärtsgewandte* Volkstümlichkeit; sie stand nicht umsonst quer zu den Konzepten der Aufklärung. Die Gründe für die permanenten Konflikte zwischen Hanswurst und den Aufklärern wären also nicht nur in gewissen antiplebejischen Tendenzen der letzteren zu suchen. Und es wäre verfehlt, diese bornierte regressive Volkstümlichkeit als Volkstümlichkeit schlechthin zu betrachten - und, mit der Gloriole des sozialen Fortschritts umgeben, den antiplebejischen Tendenzen der bürgerlichen Aufklärung mechanisch gegenüberzustellen.[4] Vielmehr gilt es, dort einzuhaken, wo versucht wurde, die rückwärtsgewandte Volkstümlichkeit in eine vorwärtsgewandte umzukehren, d. h. statt den Hanswurst zu verbrennen - was ihn doch nur zum Phönix machen kann - ihn in Handlung, Charakteren und zwischenmenschlichen Bezug aufzulösen. Die kritischen und künstlerischen Bemühungen Lessings - der ebenso über Gottsched spottete wie er Sonnenfels warnte, das plebejische „Burlesce" bürokratisch zu unterdrücken[3] - wären hier als wesentlicher Ansatzpunkt auf der Seite der Aufklärer zu beachten. Nicht zufällig heftete Lessing dabei seinen Blick auf jenes große Vorbild, dem schon einmal - an der Wende zur Neuzeit - gelang, die burleske sich immer gleichbleibende Figur in dramatischer Handlung aufzuheben, Volkstümlichkeit und großen Realismus zu verschmelzen - Shakespeare.[4]

Aber ebenso gab es immer wieder Bewegungen in die gleiche Richtung, die unmittelbar von ‚unten', vom Volkstheater selbst, ausgingen. Man muß sich nur die Entwicklung des Alt-Wiener-Volkstheaters von Stranitzky bis Nestroy ansehen, um jene Bewegung zu begreifen, die die *weltlose* Komik des Hanswurst allmählich zu einem Raum dramatischer Handlung ausdehnt, der mit Wirklichkeit durchdrungen werden kann und in dem die sozialen Widersprüche zu Bewußtsein kommen können. Man kann in dieser Entwicklung mit einigem Recht eine kontinuierliche Annäherung an eine Komik vom Typ der aristophanischen Komödie sehen. Denn bis Nestroy erhält sich eine gewisse *Identität von Subjekt und Objekt* der Komik. Gleichzeitig aber wird die primitive Identität von Subjekt und Objekt in Gestalt der alten Hanswurst Figur schrittweise überwunden zugunsten einer gesellschaftlich vermittelten, ähnlich wie Aristophanes die ursprüngliche primitive Subjekt-Objekt-Einheit des Kults in jene der Polis überführen konnte. Das plebejische Wiener Vorstadtpublikum kann über sich selber lachen und gleicht darin ein wenig dem aristophanischen Gelächter der Polis. Doch die plebejische ‚Polis‘ des Vorstadttheaters zerfiel in den aufbrechenden neuen Klassengegensatz fast so rasch wie die Polis-Illusionen des aufsteigenden Bürgertums. Damit wurde auch das Ende dieser Annäherung an die ‚aristophanische Komik“[4] absehbar. Dem neuen Riß der Gesellschaft verdankt sich allerdings das neue satirische Element bei Nestroy. Bei ihm noch war der Riß klein genug, um jenes spezifische Gleichgewicht von aristophanischer Komik und Satire zu ermöglichen, das seine Stücke einzigartig macht. Die Bewahrung einer gewissen Einheit von Subjekt und Objekt der Komik, bei allen satirischen Momenten, verhinderte bei Nestroy selbst weniger den völligen Durchbruch der Satire - Nestroy bezog ja nicht einen eindeutigen moralischen oder politischen Standpunkt, wie es die reine Satire erfordern würde. Vielmehr bewahrte die fortbestehende soziale und rezeptionsgeschichtliche Basis des Alt-Wiener-Volkstheaters noch Nestroy vor dem Umschlagen eines bestimmten Zynismus, der sich an der durch die Kapitalisierung forcierten Auflösung traditioneller Werte und Ordnungen entzündet hatte, in eine allgemeine Menschenverachtung. Gerade dieses Umschlagen sollte später zur konformistischen Figur einer freigesetzten nonkonformistischen Intelligenz werden, die weder in den alten bürgerlichen Polis-Illusionen noch in plebejischen Demokratie- und Kulturformen Halt finden konnte. Wenn Nestroy aber später oft als reiner Satiriker rezipiert wurde (Karl Kraus), oder wenn sein spezifisch volkstümlicher Zynismus bereits als antihumanistischer Habitus empfunden wurde (Elias Canetti), so zeichnet sich darin nur umso schärfer der neue historische Standpunkt der Interpreten selbst ab, die Nestroys Verbundenheit mit der Komik des Volkstheaters und ihrer plebejischen sozialen Basis nicht mehr nachvollziehen konnten.

Die Alternative von Humanismus und Antihumanismus stellte sich gewissermaßen erst bei Einbruch der Dämmerung des Volkstheaters und seiner genuinen Komik. Ähnlich verhält es sich wohl auch mit jener von Aufklärung und Irrationalismus. Wenn die sog. Heimatkunst, die alle Komik aus den Motiven, Figuren und Gegenständen des Volkstheaters entfernte, diese Alternativen - zeitgemäß im Zeitalter des Imperialismus - zugunsten von Irrationalismus und Antihumanismus entschied, so blieben einer Beerbung der Volkstheater-Komik offenbar einzig Ironie und Satire: Die Figuren und Themen des Volkstheaters - der ‚kleine‘ Mann, seine Sprache und sein Alltag, die Gegensätze Reichtum-Armut, Stadt-Land etc. - rücken in eindeutig ironische oder satirische Perspektive. Im Zusammenhang betrachtet mit dem Verfall der sozialen Basis des alten Volkstheaters bedeutet diese Wende zu Satire und Ironie den ‚komischen‘ Ausdruck jener, alle Lebensbereiche durchdringenden Entfremdung des Subjekts von seiner - gleichwohl gesteigerten - Gesellschaftlichkeit, wie etwa der immer tiefer greifenden Aufspaltung des gesellschaftlichen Seins in öffentliches und privates Leben. Aristophanisches Lachen über sich selber fällt unter diesen Bedingungen jedenfalls immer schwerer. (In gewissem Sinn können Satire und Ironie ganz allgemein als Komik der Entfremdung gelten. Dies sind sie für die historisch bestimmten Entfremdungsformen bereits seit der römischen Antike. Hier geht es natürlich nur um das Schicksal der Volkstheater-Komik.)

Die erwähnten Alternativen stellen sich freilich auch hier. Erlaubt die Ironie noch ein gewisses Mitleben mit ihren Figuren und vermag sie noch die Widersprüche im Subjekt zu verinnerlichen - wenn auch nicht wie der Humor zu versöhnen, so vollzieht die Satire die Trennung von Subjekt und Objekt der Komik vollständig. Wenn Subjekt und Objekt der Komik, Lachender und Verlachter derart auseinanderfallen, wird zur entscheidenden Frage, von welchem Standpunkt, Welt- und Menschenbild aus, jemand oder etwas dem Gelächter preisgegeben wird. Nicht mehr nur der Gehalt dessen, was zerstört wird, sondern auch was diesem entgegengesetzt werden kann, das *moralische* Recht und die *politische* Position des Negierenden, bestimmen damit den Wert dieser Komik.

Einen gewissen Ausweg aus diesen Konsequenzen der modernen bürgerlichen Gesellschaft bietet allerdings ein bestimmter authentischer Humor Raabescher Prägung - wie er sich etwa auch in Anzengrubers Werk findet. Hier gelingt in Sonderlingen und Randfiguren der Gesellschaft ein letztes Mal die verinnerlichte Versöhnung von Subjekt und Objekt des Lachens - die untergegangene plebejisch-demokratische Polis wird gewissermaßen verinnerlicht in der Brust eines Sonderlings, um dort den Verfall des demokratischen Bewußtseins zu überwintern. Die - im Gegensatz zur Heimatkunst - wirkliche Volksverbundenheit bewirkt die Authentizität dieses Humors; sie ist es, die ihn vor versöhnlicher Apologie der schlechten Wirklichkeit ebenso bewahrt wie vor Verzweiflung, im Sinne von Marx' frühem Gedanken - „Kein Volk verzweifelt, und sollt' es auch lange Zeit nur aus Dummheit hoffen, so erfüllt es sich doch nach vielen Jahren einmal aus plötzlicher Klugheit alle seine frommen Wünsche."[5]

Will man nun den vielberufenen Einfluß des Alt-Wiener-Volkstheaters auf die moderne österreichische Literatur, auf Kraus, Horváth, Canetti, Soyfer etc., wirklich begreifen, so müßte von dieser historischen Differenzierung des Komischen, bzw. der volkstümlichen Komik ausgegangen werden. Die Werke nämlich von Kraus und Canetti, Horváth und Soyfer knüpfen in je spezifischer Weise an sie an, ihre jeweilige Eigenart ist gerade in der Ausdifferenzierung von Satire und Ironie dingfest zu machen.

Gemeinsam aber bleibt ihnen allen das Bestreben, den Charakter der Öffentlichkeit, der der alten Volkstheater-Komik eigen war, zu bewahren. Sie versuchen damit nichts weniger, als gegen den Strom der bürgerlichen Gesellschaft zu schwimmen, der - je stärker er wird und alle

Lebensbereiche durchdringt - das einzelne private Schicksal vom allgemeinen öffentlichen umso mehr isoliert. Inwieweit ihnen dabei die Vermittlung des Privaten und des Öffentlichen, des Einzelnen und des Allgemeinen gelingt, inwieweit ihr Theater tatsächlich den Öffentlichkeitscharakter des alten Volkstheaters zuerückzuerobern vermag, entscheidet letztlich auch über die Existenzmöglichkeit und den Gehalt des Komischen in ihren Werken.


## Horváth und Soyfer
## Die Ironie und die Komik des Volkstheaters


In Ödön von Horváths ,Volksstück' „Kasimir und Karoline" erleben wir eine auf den ersten Blick sehr ähnliche Ausgangssituation wie in „Der Lechner-Edi schaut ins Paradies": ein junger Arbeiter - die Hauptperson - ist arbeitslos geworden. Der Dialog mit der Freundin, mit dem die Handlung einsetzt, bildet in beiden Stücken die Exposition des dramatischen Konflikts. Denn der Widerspruch zwischen den alten zwischenmenschlichen Beziehungen und Bedürfnissen und der neu entstandenen sozialen Lage zeigt - insbesondere bei Horváth - bereits seine Schärfe. Bei Soyfer springt der verlebendigte Motor Pepi rechtzeitig zwischen die beiden. In der Zaubersphäre, die damit einsetzt, kann der Konflikt keine tragische Schärfe mehr gewinnen. Als Fritzi mit dem historischen Columbus fremd zu gehen sich anschickt, verzweifelt zwar der Lechner-Edi, doch die ganze private Affäre gibt - von der spektakulären Zauberhandlung an den Rand gespielt - nur mehr den etwas zu komischen Anlaß her, den großen allgemeinen Felsen des Pessimismus in der „Moritat vom Paradies" auftauchen zu lassen: Armut und Krieg.

Doch nicht erst in der Zauberhandlung, die die Protagonisten von der Erdenschwere der irreversiblen Zeit und Geschichte befreit, wird der zwischenmenschliche Konflikt entschärft - dieselbe Leichtigkeit beherrscht bereits den Dialog des Beginns. Seine Komik ist eine Komik im strengen Sinn - und dies unterscheidet nun doch von der ersten Szene an Soyfers von Horváths Dramatik.

Wenn nämlich Lechner-Edi zu Beginn prahlt und übertreibt, um seine wahre Misere vor der Freundin zu überspielen, so lacht oder lächelt man darüber als einer verzeihlichen ,menschlichen' Schwäche - man kann sie gewissermaßen an sich selbst entdecken, ohne sich verletzt zu fühlen. Diese Schwäche stellt nämlich nicht die Individualität des Subjekts ernsthaft in Frage, erscheint vielmehr als deren tilgbare, durch das Lachen aufgehobene *Partikularität*. Es ist genau diese Art von Komik, die sofort an die Alt-Wiener-Volkskomödie erinnert. Und tatsächlich liegt hier die tiefe Verwandtschaft zwischen Soyfer und dieser Tradition, damit auch die vielzitierte zwischen Soyfer und Nestroy, verborgen. Wir nennen diese ‚Komik im strengen Sinn' in Anlehnung an Hegel und im Hinblick auf den einleitenden kleinen Exkurs die *aristophanische*. Sie, die die Figuren - und seien sie noch so schlecht - sozusagen liebenswert erhält, entsteht, indem die Partikularität an den einzelnen Personen bzw. ihren Eigenschaften, *als Partikularität* erkennbar und erlebbar wird; damit nämlich erscheint sie lächerlich. Erkennbar soll dabei aber auch werden - sofern es sich natürlich nicht um bloße Albernheit handelt -, was *nicht partikulär* ist: so etwa in den besten Stücken Nestroys die Gewalt der sozialen Widersprüche und die Substanz menschlicher Individualität, welche durch die Widersprüche bewegt, aber noch nicht zerstört wird.

Bei Nestroy bleibt jedoch dieses Nicht-Partikulare, Allgemeine stets unausgesprochen im Hintergrund der Handlung. Soyfer hingegen will - gemäß seiner Weltanschauung - entschiedener als Nestroy ein *Allgemeines* festhalten, indem er die Partikularitäten von seinen ‚positiven' Figuren in den komischen Kollisionen abstreift. Dieses Allgemeine versucht Soyfer möglichst deutlich anzusprechen:„Auf uns kommt's an" sagt der Lechner-Edi am Ende des Stücks[1]. Wirkt hier dieses Allgemeine der individuellen Handlungsfähigkeit, obwohl ohne Pathos, der Handlung ein wenig aufgesetzt, und erinnert darin an den Tendenzcharakter mancher Anzengruber-Stücke, so feiert Soyfer seine größten Erfolge dort, wo aus der komischen Aufhebung des Partikularen unmittelbar, ‚wie von allein', die Möglichkeit individuellen Handelns und Entscheidens entspringt wie im Falle „Astorias".

Jedenfalls unterscheidet sich diese Art von Komik, die bei der Personenzeichnung der ‚positiven' Figuren Soyfers in Kraft tritt (Lechner-Edi, Hupka, Jonny...) wesentlich von der satirischen, die man ebenso bei Soyfer, vornehmlich in der Zaubersphäre (Gwendolyn in Astoria, Stadtschreiber in Vineta etc. etc.), wird finden können.

Die Differenz zwischen beiden Arten der Komik ließe sich mit Hegel bestimmen; über die aristophanische heißt es bei ihm: „(...) die Wirklichkeit in der Torheit ihres Verderbens selber wird in der Weise zur Darstellung gebracht, daß sie sich in sich selbst zerstört, damit eben in dieser Selbstzerstörung des Nichtigen das Wahre sich als feste, bleibende Macht aus diesem Widerscheine zeigen könne und der Seite der Torheit und Unvernunft nicht die Kraft eines direkten Gegensatzes gegen das in sich Wahrhaftige gelassen werde. Von dieser Art ist die Komik, wie sie Aristophanes unter den Griechen in bezug auf die wesentlichsten Gebiete seiner Zeit zornlos, in reiner, heiterer Lustigkeit gehandhabt hat."[2]

Das Lachen der alten Komödie setzt so die Identität von Subjekt und Objekt der komischen Kritik voraus. Es handelt sich um eine Art vorsatirischer Komik der Selbstreinigung, Selbstkritik und Selbsterkenntnis, wie sie in dieser Konsequenz nur im Rahmen der funktionierenden Polisdemokratie möglich sein kann. Ihre gesellschaftliche Voraussetzung ist das harmonische, nicht-antagonistische Verhältnis zwischen Polisbürger und Polisgemeinschaft. Deshalb könnte man auch im historischen Sinn von einer vor-satirischen Komik sprechen.

In der Satire nämlich fallen Subjekt und Objekt der Komik auseinander und stehen sich unversöhnlich gegenüber. Der Torheit und Unvernunft, um die Hegelsche Formulierung aufzugreifen, wird die ganze, zornige Kraft eines direkten Gegensatzes zu dem in sich Wahrhaftigen gelassen, weil Torheit und Unvernunft auf Kräften beruhen, die eben nicht wesenlos, nichtig oder scheinexistent sind: den Kräften einer Entfremdung und sozialer Widersprüche, von denen Polisbürger nichts spüren konnten. (Gerade dieser direkte Gegensatz, den die bürgerliche Moderne dem realistischen Komiker immer deutlicher abverlangt, ist dem, auf das klassisch-antike Schönheitsideal eingeschworenen Hegel zu „prosaisch"[3].) Die satirisch gestalteten Figuren und Beziehungen müssen darum alles Verzeihlich-Liebenswerte verlieren. Was die Satire im Schnittpunkt von Komik und ‚heiligem Haß' negiert, ist aber auch alles andere als partikulär.

Da die aristophanische Komik die Charakterisierung von Soyfers ‚positiven' Figuren weitgehend dominiert, sinkt in seiner Dramatik tendenziell auch das ganze weite Feld der unmittelbaren zwischenmenschlichen Beziehungen und Konflikte zur bloßen Partikularität herab. Mit anderen Worten: dieses Feld der menschlichen Beziehungen im engsten Sinn, der Innerlichkeit (eine Dimension menschlichen Seins, die zur Zeit des Aristophanes historisch noch nicht existierte) wird in den Mittelstücken weitgehend als unproblematisches bzw. unwesentliches behauptet. Hierin tritt gerade wieder die Verwandtschaft mit dem Alt-Wiener-Volkstheater und insbesondere auch Nestroy zutage; man denke zum Beispiel daran, wie offensichtlich Nestroy in dem späten Stück „Der alte Mann und die junge Frau" an der Gestaltung eines ernsten Ehekonflikts scheiterte. Meist bildet die Darstellung des ‚schönen Geschlechts' einen Indikator für dieses Absinken des unmittelbaren zwischenmenschlichen Bezugs ins Partikulare. Nicht zufällig sind gerade die Frauenfiguren Soyfers wunde Punkte seiner Stücke. Mit „Vineta" allerdings überschreitet er bereits diese Grenze in der Gestaltung menschlicher Beziehungen, und demgemäß ist von aristophanischer Komik hier nicht mehr viel zu spüren.

Bei Horváth scheint es zunächst, als ob dieses weite Feld des unmittelbaren zwischenmenschlichen Bezugs, das bei Soyfer komisch verkleinert wird, in eine ausgesprochen ironische Perspektive rücken würde. Damit könnte die Darstellung der individuellen Entfremdungserscheinungen von den im Volkstheater latenten Gefahren gemütlich-humoristischer

Apologie befreit werden. Dies dürfte im übrigen die explizite Intention Hováths sein, wenn er seine Dramen ironisch „Volksstücke" nennt.

In Horvàths ironischen Volksstücken schlagen die menschlichen Schwächen, auf denen die aristophanische Komik beruht, plötzlich um in allzumenschliche, in unmenschliche. Man vergleiche nur den Fleischhauer Havlitschek aus den „Geschichten aus dem Wiener Wald", um ein besonders krasses Beispiel zu nehmen, mit einer beliebigen Nestroyschen Figur, und man wird die Fallhöhe, die der ‚kleine Mann' hier hinuntergestürzt wird, ermessen können.

Darum auch nimmt die Handlung von „Kasimir und Karoline" sofort eine andere Wendung als die des „Lechner-Edi": Kein wunderbarer Motor und kein Zauber entlasten hier die Schwere des individuellen Schicksals. Konträr: das Schicksal selbst scheint die Gestalt von Automaten anzunehmen. Die Handlung vollzieht nur mechanisch nach, was Schürzinger und Kasimir zu Anfang bereits wissen:

*Schürzinger: Die Menschen sind weder gut noch böse. Allerdings werden sie durch unser heutiges wirtschaftliches System gezwungen, egoistischer zu sein, als sie es eigentlich wären, da sie doch schließlich vegetieren müssen (...) Nehmen wir an, Sie lieben einen Mann. Und nehmen wir weiter an, dieser Mann wird nun arbeitslos. Dann läßt die Liebe nach, und zwar automatisch."*[4]

Wie ein Lehrstück des Naturalismus scheint die nun erst folgende Handlung dieser *These* nur mehr den *Beweis* hinzufügen zu wollen.

An der Liebe zwischen zwei Menschen kann die aristophanische Komik immer nur partikulare Momente auflösen (die Eitelkeit Fritzis, die Prahlerei Edis ...), deren Wesentliches aber nicht berühren, weil es in ihrem Medium gar nicht erscheinen kann. (Man hat bei dieser Komik mitunter das Gefühl, es fehle eine Dimension des menschlichen Seins; bei Aristophanes freilich war diese Dimension selbst noch nicht vorhanden. Erst als sie historisch entwickelt war, konnte die Begrenztheit der aristophanischen Komik zum Problem werden, ein Problem, das sich gerade im Volkstheater kristallisierte.) Horváths Ironie jedoch zielt auf das Wesentliche der zwischenmenschlichen Bindungen und Gefühle als solche, letztlich auf das ganze Spektrum von Moral und Ethik im menschlichen Leben. Die Ironie möchte ihre Nichtigkeit den wirtschaftlichen, materiellen oder auch nur biologischen Interessen gegenüber unter Beweis stellen.

Die Wucht, mit der diese Nichtigkeit ins Bewußtsein tritt und den Zuschauer mit ihrer „Stille" bestürzt, macht das Spezifische der Horváthschen Dramaturgie aus; diese gewaltige Ironie ist es auch, die Horváth vom Naturalismus abhebt. Individualität und subjektive Moral der ‚kleinen Leute' sollen als bloßes Gespinst von Phrasen und Illusionen dramatisch sichtbar gemacht werden; es umhüllt, bemäntelt gleichsam, die abstrakte ökonomische Funktion als bloßer Schein. Das falsche

Bewußtsein ist, so will Horváth offenbar mit Schürzinger sagen, nicht einmal notwendig.

In dieser Hinsicht folgt Horváths ganze Dramaturgie - bis ins Detail von Sprache, Gestus und Szene hinein - einzig der *Intention, den substanzlosen Schein immer wieder aufzulösen*, dem Zuschauer und Leser die wirkliche Leere und Stille um und im Menschen fühlbar zu machen. Denn wenn das falsche Bewußtsein der Menschen über sich selbst nicht einmal Notwendigkeit besitzt, dann bleibt tatsächlich nach der vernichtenden Kritik des falschen Bewußtseins nur noch das ‚Nichts‘ zurück. Die oftmalige „Stille" in Horváths Dramen wäre dann sein dramatischer Ausdruck.

Erschöpft sich aber Horváths Ironie in dieser Intention?

In diesem Fall wäre sie nicht viel mehr als der für die bürgerliche Intelligenz seit dem ausgehenden 19. Jahrhundert charakteristische Gestus einer total gewordenen Ironie - eine Art ästhetisches Äquivalent für den Relativismus ihrer Weltanschauung.[5]

Folgt man lediglich Horváths Absichtserklärungen, so sind gewisse weltanschauliche Konsequenzen dieses Relativismus ziemlich deutlich abzulesen. Unter bestimmten Bedingungen kann er zur Voraussetzung werden für die ‚Umwertung der Werte‘, für die neue ‚Moral‘ des Übermenschen, der blonden Bestie. Nicht zufällig beruht ein gut Teil der Faszination, die Nietzsches Schriften auszuüben vermögen, auf ihrem, zum Stil erhobenen, ironischen Gestus. Manche Selbstkommentare von Horváth scheinen durchaus in diese Richtung zu weisen. In ihnen macht sich der Autor offenbar die Privatphilosophie des Schürzinger zu eigen. In seiner „Randbemerkung" zu „Glaube, Liebe, Hoffnung" schreibt er, daß der Stoff dieses Stücks „nur das Material darstellt, um wieder mal den gigantischen Kampf zwischen Individuum und Gesellschaft zeigen zu können, dieses ewige Schlachten (...) Wie bei allen meinen Stücken habe ich mich auch bei diesem kleinen Totentanz befleißigt, es nicht zu vergessen, daß dieser aussichtslose Kampf des Individuums auf bestialischen Trieben basiert, und daß also die heroische und feige Art des Kampfes nur als ein Formproblem der Bestialität, die bekanntlich weder gut ist noch böse, betrachtet werden darf."[6]

In Schürzingers wie Horváths Ansicht stehen sich demnach Einzelner und Gesellschaft in gleich abstrakter Weise gegenüber: das Individuum folgt bewußtlos und mechanisch seinen bestialischen Trieben, die es jenseits von Gut und Böse handeln lassen (Gut und Böse sind ja nur Bestandteile jenes Gespinstes von Phrasen, das Horváth zerreißen möchte.) Ausgeliefert ist das solchermaßen absolut vereinzelte Individuum einem sog. wirtschaftlichen System.

Kann man in der asozialen Bestialität des Individuums das antihumanistische Menschenbild Nietzsches wiedererkennen, so verweist demgegenüber das ‚wirtschaftliche System‘ auf das Problem der Darstellbarkeit der Lebensverhältnisse der entwickelten bürgerlichen Gesellschaft.

Diese Verhältnisse sind zwar nach wie vor nichts anderes als Beziehungen zwischen Menschen; da sie jedoch über entfremdete Produktion und entfremdete Institutionen vermittelt werden, drohen sie im Bewußtsein der Menschen zu einem ‚System' zu gerinnen, das jenseits ihrer Beziehungen und Handlungen seine transzendente Macht ausübt - ganz in dem Sinn jenes Zeppelins mit den „Wirtschaftskapitänen" drinnen, den Horváth am Beginn von „Kasimir und Karoline" über den Köpfen seiner dramatis personae schweben läßt. Natürlich handelt es sich hierbei um mehr als eine ‚künstlerische Schwäche' Horváths, reflektiert sich doch darin, eine wesentliche Tendenz der entwickelten bürgerlichen Gesellschaft: das reale Abstrakter-Werden der menschlichen Beziehungen und damit die wachsende Anonymität von Herrschaft.

Bisher konzentrierten sich diese Überlegungen mehr auf Horváths Intentionen als auf deren wirkliche Realisation in den einzelnen Dramen. Entscheidend in Literatur und Kunst sind freilich die Werke und nicht die Intentionen. Tatsächlich scheint sich vor allem in den satirischen Momenten der Dramen soetwas wie ein ‚Sieg des Realismus' zu ereignen. Die fetischisierte Anonymität des ‚wirtschaftlichen Systems' etwa wird satirisch durchbrochen in der Gestaltung von Kommerzienrat Rauch und Landgerichtsdirektor Speer. An ihrem Verhalten zu Karoline und zu Schürzinger wird jene scheinbar bloß anonyme Machtausübung schlaglichtartig in ihrer unmittelbar zwischenmenschlichen Dimension illuminiert; und nur diese Dimension ist fürs Drama im strengen Sinn darstellbar. In der Konfrontation der ‚kleinen Leute' (Kasimir, Karoline, Elli, Maria, Erna, ...) mit den beiden Repräsentanten der großen, gelingt es Horváth nun doch, jenen Zeppelin mit den Wirtschaftskapitänen von den verhimmelten Abstraktionen auf die Erde der menschlichen Beziehungen zurückzuholen. Er nutzt dabei geschickt jene Öffentlichkeit des Oktoberfests, um die der Weimarer Republik zu parodieren - und zugleich konfrontiert er satirisch die falsche soziale Harmonie dieses Festes mit der reaktionären Auffassung, die es gerne als Ersatz für wirkliche Demokratie wüßte:

*Rauch: Trotz Krise und Politik - mein altes Oktoberfest (...) Da sitzt doch noch der Dienstmann neben dem Geheimrat, der Kaufmann neben dem Gewerbetreibenden, der Minister neben dem Arbeiter - so lob ich mir die Demokratie!*"[7]

Der Sieg des Realismus geht jedoch über diese rein satirische Dimension noch hinaus. In der dramatischen Kollision wird nämlich bei Schürzinger und Karoline erkennbar, durch welche menschlich-moralischen Eigenschaften auf der Seite der Unterdrückten die Herrschaft dieses wirtschaftlichen Systems so reibungslos funktioniert. Vor allem aber stellt Horváth diesen Verhaltensweisen mit Kasimir und viel deutlicher noch mit dessen neuer Freundin Erna eine ernste ethische Alternative gegenüber. An einigen Stellen werden so hinter den unbeholfenen phrasenhaft-moralisierenden Reden Ernas die Konturen einer konkreten Ethik der kleinen Leute erkennbar, an der die totale Ironie abprallt. Erna auch spricht die konkrete Antithese zur abstrakten These Schürzingers aus, wenn sie scheinbar das gleiche wie dieser sagt:

*Erna: Aber die Menschen wären doch gar nicht schlecht, wenn es ihnen nicht schlecht gehen tät. Es ist das eine himmelschreiende Lüge, daß der Mensch schlecht ist (...) Es gibt überhaupt keine direkt schlechten Menschen.*[8]

In den feinen Nuancen, die Ernas Worte von denen Schürzingers unterscheiden, verbirgt sich die ganze humanistische Perspektive dieser Figur. Im Dialog mit Kasimir tritt diese Perspektive zeitweilig ganz direkt hervor - und das sind jene Stellen der Horváthschen Dramatik, die wirklich etwas mit Soyfer gemein haben.

*Erna: Oft male ich mir eine Revolution aus - dann seh ich die Armen durch das Siegestor ziehen und die Reichen im Zeiserlwagen, weil sie alle miteinander gleich soviel lügen über die armen Leut (...)*[9]

Im selben Tonfall könnte dies wohl auch eine der Figuren „Astorias" in der Szene vom „lichten Traum der Armen"[10] aussprechen.

Kann man hier von Ironie noch reden, so wäre es eine, die zwar das Illusionäre und die Naivität an den spontanen Hoffnungen der kleinen Leute sichtbar macht, den objektiven Wertgehalt dieser Hoffnungen aber dabei keineswegs mitvernichtet. Es hat den Anschein, als ob auch Horváth an diesen Stellen etwas von jener „Dummheit des Volks" gestalten möchte, die - nach dem Wort von Marx - ein Volk hoffen und nicht verzweifeln läßt, bis die Zeiten seiner revolutionären Klugheit wieder kommen.

Daß es sich bei Erna letztlich nicht um leere moralisierende Phrasen und naive Utopien handelt, zeigt sich dort, wo allein konkrete Ethik sich bewähren kann: im Handeln. Erna versucht ihrem brutalen Freund, dem Merkl-Franz, auszureden, Kasimir in die geplante kriminelle Handlung hineinzuziehen. Ihr - nicht ungefährliches - Betreiben beruht dabei auf einer tiefen Menschenkenntnis; ohne sie kann keine konkrete Ethik in den komplizierten Verhältnissen der bürgerlichen Gesellschaft auskommen. Zugleich läßt sich aber Erna auch von der Erkenntnis des anderen leiten, ihr eigenes Leben zu überdenken. Ihre Wertmaßstäbe erweisen sich so als bewegliche, durch die Lebenspraxis ständig überprüfbare. Die Erfahrung mit einem Menschen kann bereits die Forderung an sich selbst: Du mußt dein Leben ändern - auslösen. Man beachte, welche andere Bedeutung hier die ‚Stille' bekommt:

*Erna: Aber ich glaub es nicht, daß der [Kasimir; G. S.] eine robuste Natur ist. Der ist mehr empfindsam.*

*Der Merkl Franz: Du hast ja eine scharfe Beobachtungsgabe. (Stille)*

*Erna: Du Franz - laß ihn doch laufen bitte.*

*Der Merkl Franz: Wen?*

*Erna: Den Kasimir.*
*Der Merkl Franz: Wieso laufenlassen?*
*Erna: Der paßt doch nicht zu uns, das habe ich jetzt direkt im Gefühl.*
*Beeinflusse ihn nicht bitte.*
*Der Merkl Franz: Und warum nicht?*
*Erna: Weil das ist ja auch nichts, was wir da treiben.*
*Der Merkl Franz: Seit wann denn? (Stille)*
*Erna: Geh so tu doch deine Finger aus meinem Bier!*
*Der Merkl Franz: Du hast eine scharfe Beobachtungsgabe.*
*Erna: So tu doch die Finger da raus -*
*Der Merkl Franz: Nein. Das kühlt mich so angenehm. Mein heißes Blut.*
*(Erna reißt plötzlich seine Hand aus ihrem Bierkrug. Der Merkl Franz grinst perplex.)*[11]

Daß Horváth diese tiefgreifenden menschlichen Konflikte hier so feinfühlig in der ,niederen' Komödien-Sphäre des Oktoberfests gestalten kann, macht wohl seine eigentliche Größe als realistischer Dramatiker aus. Soyfers Komik hingegen weicht vor solchen tragischen Konsequenzen im unmittelbarsten zwischenmenschlichen Bezug stets zurück, indem sie nämlich diesen Bezug selbst sofort auflöst in Partikularitäten.

Damit hängt wohl auch zusammen - Soyfers männlicher Gesichtspunkt eingerechnet -, warum sich in seinen Stücken keine einzige überzeugende Frauenfigur findet, während bei Horváth gerade einzelne Frauengestalten als singuläre Ansätze zu einer ,positiven' Figur gelten können. Demnach sind in dieser Differenz nicht nur die Schwächen von Soyfers dramatischer Konzeption greifbar, sondern ganz allgemein die Grenzen aristophanischer Komik in der Epoche der verschärften Entfremdung der Menschen voneinander.

Horváth wiederum vermag seinen männlich beschränkten Gesichtspunkt aufzuheben in der Ironie, die jene von den zentralen Frauengestalten angestrebte und zum Teil verwirklichte Einheit von kleiner Moral und großen Ideen, persönlichem Verhalten und politisch-sozialem Handeln mit ihrem Auseinanderfallen in der Welt der Männer konfrontiert.

Ernas Erkenntnis, daß es überhaupt keine *direkt* schlechten Menschen gibt, sehr wohl aber schlechte Menschen, erweist sich so - durch das Medium ihrer Handlungen betrachtet - als Grundmaxime einer Ethik, die von den hohen und abstrakten moralischen Postulaten stets hinuntersteigt zu den Bedingungen des Handelns und Entscheidens jedes einzelnen; die einerseits den einzelnen nicht jenseits von Gut und Böse zum Bündel von Determinationen erstarren läßt, andererseits aber seine konkreten, nur ihm allein gegebenen Handlungs- und Entscheidungsspielräume bei der Beurteilung seines Handelns stets mitbedenkt.

Auf diese Weise wird tatsächlich in der Immanenz der Handlung die Privatphilosophie Schürzingers überwunden; in der Konfrontation der Figuren, in ihren Kollisionen entfaltet sich nun doch eine deutliche

Werthierarchie, der ‚Egoismus' der Personen kann sich - angetrieben von einem dramatischen Konflikt der Interessen und Bedürfnisse - nicht mehr im Jenseits von Gut und Böse bewegen. Selbst Karoline, die den Aufstieg nach ‚oben' nahezu bewußt jenseits von Gut und Böse angetreten ist, stößt durch ihre Erfahrungen mit den großen Herrn plötzlich auf Werte, die zu unterschreiten, ihre Individualität gefährden würde - „Aber ich müßt so tief unter mich hinunter, damit ich höher hinauf kann."[12] Auch hier zerstört die Ironie der unbeholfenen Ausdrucksweise nicht die Wahrheit der Aussage, sondern schafft im Gegenteil erst jene Unmittelbarkeit, die diese Moral authentisch als eine der kleinen Leute zu erkennen gibt.

Solchen Einsichten von Karoline und Kasimir, vor allem aber von Erna stehen am Ende unversöhnlich die Flüche des Kommerzienrates gegenüber, die ahnen lassen, welche ‚Werte' und welches Menschenbild das Schicksal Deutschlands in naher Zukunft bestimmen sollten: Nachdem er von dem Schicksal seines ‚alten Kameraden' Landgerichtsdirektor Speer erfahren hat, verabschiedet er sich folgendermaßen von Karoline -

*Rauch (fährt sie an): Was stehens denn da noch herum, Fräulein? Leben Sie wohl! Habe die Ehre! Adieu!*
*(Stille)*
*Kieferbruch. Armer alter Kamerad - Diese Sauweiber. Nicht mit der Feuerzange. Dreckiges Pack. Ausrotten. Ausrotten - alle!*[13]

Der hier behauptete Sieg des Realismus vollzieht sich demnach dramatisch: im dramatischen Konflikt allein lösen sich Horváth die Fetische des Ökonomismus und des biologistischen Determinismus auf, von denen er ursprünglich bei der Konzeption des Stücks ausgegangen war - und zu denen er bisweilen auch bei der eigenen Interpretation der Stücke zurückkehrt. Der Stoff des Stücks, der - wie Horváth behauptete - nur das Material darstellen sollte, um den gigantischen Kampf zwischen Individuum und Gesellschaft zu demonstrieren, hat sich solchermaßen der Intention Horváths doch bemächtigt und die Begriffe von Individuum und Gesellschaft aus dieser gigantischen Abstraktion befreit. Nur wenn Horváth auf die Konkretheit dieses ‚Materials' verzichtet hätte, wenn er beispielsweise im Stil von Brechts Lehrstücken Individuum und Gesellschaft als begriffliche Abstraktionen auf die Bühne gestellt hätte (als „Herr Meier" mit einem Chor der „Gesellschaft" etwa) - dann wäre ihm der Beweis der abstrakten These wohl lückenlos gelungen.

Gewiß, wenn am Ende des Stücks die beiden neuen Paare - Karoline-Schürzinger und Kasimir-Erna - erscheinen sollen wie eine bloße Verdoppelung und Variation der ursprünglichen Beziehung zwischen Kasimir und Karoline, wenn das Stück also am Ende in eine Parallele des Beginns mündet, so versucht Horváth doch noch etwas von Schürzingers These zu retten. Im Sinne dieser schlechten Unendlichkeit der Wiederkehr des

Immergleichen, der Phrase und des ‚Nichts', setzte er auch als Schluß-
punkt den in die ‚Stille' führenden Dialog zwischen Kasimir und Erna

*Kasimir: Träume sind Schäume.*

*Erna: Solange wir uns nicht aufhängen, werden wir nicht verhungern.*

*(Stille)*

*Kasimir: Du Erna -*

*Erna: Was?*

*Kasimir: Nichts-*

*(Stille)*[14]

Die ‚Stille' hat übrigens hier jede satirische oder objektiv-ironische
Funktion wiederum verloren und fungiert - wie es eingangs behauptet
wurde - als dramatisches Synonym für das weltanschauliche ‚Nichts'. Es
zeigt sich, wie fruchtlos es ist, über die Bedeutung der ‚Stille' bei Horváth
losgelöst von den konkreten dramatischen Situationen zu spekulieren;
entscheidend für den Sinn der ‚Stille' bleibt doch immer, *wann* und *nach
welchen Worten, in welchem Dialog* geschwiegen wird. So betrachtet, wird
man verallgemeinernd zwei wesentlich verschiedene Arten der ‚Stille' und
des Schweigens in Horváths Stücken entdecken: man könnte sie vielleicht
als abstrakt-allgemeine und als konkrete ‚Stille' voneinander scheiden;
die abstrakte Allgemeinheit verleiht der ‚Stille' eine mystische, unerklärli-
che, letztlich leere ‚Tiefe', in der sich alle Bestimmungen des Daseins
auflösen; die konkrete ‚Stille' hingegen ist stets satirisch oder objektiv-
ironisch auf eine *bestimmte* Lüge oder Illusion, auf bestimmte Widersprüche zwischen dem Gesprochenen und dem sozialen Sein der
Personen gerichtet. Sie gehört damit einer ‚unter' oder ‚hinter' dem
gesprochenen Dialog befindlichen zweiten Ebene der Kommunikation
an - errichtet, um die Phrasenhaftigkeit der ersten zu unterlaufen, um das
Unausgesprochene hörbar zu machen. Die abstrakt-allgemeine ‚Stille'
hingegen spürt nicht andere Ebenen der Kommunikation auf, sondern
zerstört den Dialog als solchen und verkündet implizit die Unmöglichkeit
jeder echten menschlichen Kommunikation. Gerade dies, die Zerstörung
des Dialogs, wird in dem zitierten ‚Gespräch' zwischen Erna und Kasimir
unmittelbar deutlich.

Mit diesem Dialog jedenfalls versucht Horváth dem Stück eine Kreisstruktur aufzuprägen, ein Bestreben übrigens, das für seine gesamte
Dramatik kennzeichnend ist. Doch diese Kreisstruktur bleibt ein bloß
formaler Reflex der weltanschaulichen Intention Horváths. Innerhalb
der eigenen Welt der Dramen, innerhalb der konkreten Kreisbewegung
selbst wird aus dem Kreis immer wieder ausgebrochen: durch jede wirkliche Kollision kann die Historizität der Handlung gerettet werden vor der
drohenden Wiederkehr des Immergleichen. Die ‚Stille' am Ende kann
Ernas Worte nicht ungehört, ihre Taten nicht ungeschehen machen. So
wirkt gerade der Schluß von „Kasimir und Karoline" ein wenig konstruiert und künstlich.

Der Sieg des Realismus steht demnach auf zwei Beinen: zum einen auf der Satire - zum anderen aber auf dem Versuch, eine ‚positive' Figur zu schaffen. Zwischen diesen beiden Polen entfaltet sich das ganze Spektrum der dramatis personae ebenso wie das einer Wert-Hierarchie; von Erna bis Kommerzienrat Rauch, von der Ernsthaftigkeit der Ethik der kleinen Leute bis zur Satire auf die Moral von Kommerzienräten und Landgerichtspräsidenten, reicht die Bandbreite von verschiedenen Perspektiven, die einzig von der Ironie miteinander vermittelt, man könnte sagen: homogenisiert werden. Die Ironie bildet doch letztlich jenes für Horváth spezifische ‚homogene Medium', mit dem er seine Motive, Wertungen und Figuren zu einer dramatischen Handlung vereinheitlicht. So scheint bei ihm alles darauf anzukommen, um welche Art der Ironie es sich im einzelnen, konkreten Fall einer dramatischen Situation, eines bestimmten Dramas handelt; bei deren Bestimmung und Scheidung können wir uns durchaus Hegels Differenzierung des Ironischen und des Komischen zunutze machen: Hegel prätendiert nämlich, daß es „wesentlich auf den *Gehalt* dessen" ankommt, „was zerstört wird".[15]

Auch Horváths übrige Dramatik, die man vielleicht unter der Genrebezeichnung ironisches Volksstück zusammenfassen könnte, scheint sich zwischen diesen Polen der Satire und des Ansatzes zur ‚positiven' Figur zu entfalten. (Wie im übrigen diese Interpretation von „Kasimir und Karoline" exemplarisch gelten will für Horváths große Dramen insgesamt.) Freilich Erna - der deutlichste und klarste Versuch einer positiven Figur - bleibt doch nur eine Randfigur der Handlung. Die anderen großen Frauenfiguren Horváths, die als solche Versuche gelten können, rücken zwar in den Mittelpunkt der Handlung - Elisabeth in „Glaube, Liebe Hoffnung", Marianne in „Geschichten aus dem Wiener Wald", ... - gehen dort aber unvermeidlich zugrunde.[16] Gerade das Unvermeidliche, Fatalistische an diesem Vorgang droht diese zentralen Figuren jedoch auszuhöhlen, sie verlieren gegenüber Erna etwas an eigener Substanz und Kraft, je mehr sie zum bloßen Objekt der alles niederschmetternden Gesellschaft und ihrer satirisch gezeichneten Stützen werden.

Sieht man einmal von der geringeren individuell-psychologischen Durchformung der Charaktere ab, so erscheint das frühere Stück „Italienische Nacht" vielleicht als Horváths bedeutendstes Drama: deutlicher ausgeprägt und entfaltet finden sich hier seine realistischen Waffen: die Satire, die sich mit einer richtigen und parteilichen politischen Einschätzung verbindet (und damit die wahrscheinlich überzeugendste dramatische Darstellung der Weimarer Republik ermöglicht), und die Frauenfiguren (Anna, Adele), denen der Schritt zu Handlung und Widerspruch in jenen entscheidenden Momenten gelingt, wo allgemein politische und privat ethische Handlungsperspektiven zusammenfallen - und die darin über die rein praktische Ethik der anderen Horváth-Frauen noch hinausweisen zur konkreten politischen Tat.

Horváth selbst scheint im übrigen bei der Realisation seiner Dramen am Theater den Sieg des Realismus über seine ursprünglichen Intentionen empfunden zu haben. Mit der „Gebrauchsanweisung", die er - als eine seiner wenigen theoretischen Äußerungen - anläßlich von „Kasimir und Karoline" geschrieben hat, versucht er letztlich nichts anderes, als sich gegen diese ‚falsche' Aufführungsweise seiner Dramatik, die ihm die Umkehrung seiner Intentionen vor Augen geführt haben mag, zu stemmen. Insbesondere distanziert er sich darin vehement und etwas polternd von den satirischen Effekten seiner Dramatik; doch gerade in dem polternden Ton hört man auch die unsichere und schwankende Einstellung gegenüber der satirischen Methode heraus, die in den Dramen selbst den Realismus ermöglicht:

*Also: es ist vollständig falsch, daß ich Satyre geben will. Ich denke nicht daran. Ich will die Leute so zeigen, wie sie sind - das heißt: wie ich sie sehe. Ich sehe sie nicht satyrisch. Ich bin kein Komiker.*

*Ich hasse die Parodie! Satire und Karikatur - ab und zu ja. Aber die satirischen und karikaturistischen Stellen in meinen Stücken kann man an den fünf Fingern herzählen - ich bin kein Satiriker, meine Herrschaften, ich habe kein anderes Ziel als wie dies: Demaskierung des Bewußtseins.*[17]

An einer Stelle dieser Gebrauchsanweisung bestätigt Horváth sogar das, was wir gegenüber der Satire als zweiten Pol seines Realismus bezeichnet haben: die Eingrenzung der Ironie auf *objektiv ironische* Erscheinungen durch eine ernste und ‚positive' Figur wie Erna -

*Die realistisch zu bringenden Stellen im Dialog und Monolog sind die, wo ganz plötzlich ein Mensch sichtbar wird - wo er dasteht ohne jede Lüge, aber das sind naturnotwendig nur ganz wenig Stellen.*[18]

Auf der Basis dieser Überlegungen wäre auch Horváths Verhältnis zur Volkstheater-Tradition grundsätzlich neu zu bestimmen. Bekanntlich baut eine begrifflose Forschung seine Dramatik mit dem Etikett ‚neues' oder ‚kritisches' Volksstück als weiteres Rädchen in ihr Genre-perpetuum-mobile ein und versucht auf diese Weise, die Brücke von Anzengruber zu Kroetz, Turrini etc. zu schlagen, um eine weitere Kategorie - ‚das Volksstück' bzw. ‚das Volkstheater' - in den Raum der Geschichtslosigkeit zu heben.[19]

Gerade eine Gegenüberstellung mit Jura Soyfers Mittelstücken kann hier die wirkliche Bedeutung Horváths und seine Stellung zur Volkstheater-Tradition ins rechte Licht rücken. Soyfer versuchte nämlich tatsächlich und unmittelbar an die Linie Nestroys und Anzengrubers anzuknüpfen und diese Tradition - die nach Anzengruber mehr und mehr verkam - mit sozialistischem Inhalt zu beleben. Die Bedingungen waren hierfür allerdings einzigartig günstig: die Kleinkunstbühnen im Wien der dreißiger Jahre boten eine dem alten Wiener Volkstheater durchaus vergleichbare institutionelle und quasi rezeptionsästhetische Basis für die Wiederbelebung des Volkstheaters.[20] Man denke hier weniger an die austrofaschistische Zensur, sondern mehr an ‚interne', theaterimmanente Faktoren wie den unmittelbaren Kontakt zum Publikum, die Nähe zu Improvisationsformen bzw. Stegreifspiel, die relativ bescheidenen szenischen und schauspielerischen Mitteln, die oppositionelle Beziehung zu den großen anerkannten Theater- und Kulturformen, der relativ geschlossene, einheitliche und beständige kleine Kreis des Publikums etc.[21] Diese ganz spezifischen Theater- und Rezeptionsbedingungen ermöglichten vermutlich auch die *authentische aristophanische Komik* in Soyfers Stücken - in einer Zeit, die sonst dieser Komik nicht mehr viel Raum bot, und einzig der Satire noch zugänglich schien. Soyfer blieb nicht zuletzt aus diesem Grund die große Ausnahme, was die Erneuerung der Volkstheater-Tradition und ihrer genuinen Komik betrifft. Als einsamer Versuch erscheint er insbesondere aus der Perspektive der Jahre nach '45, als er selbst von bewußt fortschrittlichen Autoren und Theaterleuten überhaupt nicht mehr verstanden wurde, nämlich im Sinne einer, für die literarische und dramaturgische Praxis wirksamen und richtungsweisenden - eben lebendigen - Tradition.

Horváth hingegen benutzt für seine Stücke die Bezeichnung Volksstück in einem durchaus ironischen Sinn - um anzuzeigen, daß kein Volksstück, in der eigentlichen, kategoriellen Bedeutung der Gattungsbezeichnung, mehr möglich ist. *Horváth behauptet also die wahre Anti-These zu Soyfers Versuch.* Er sieht die Substanz des alten Volksstücks - den glaubhaft, im Guten wie im Bösen handelnden kleinen Mann - in jenem Meer der verspießerten Kleinbürger untergehen, in das sich die Gesellschaft verwandelt habe. Deutschland bestehe, meint ja Horváth, „wie alle übrigen europäischen Staaten, zu neunzig Prozent aus vollendeten oder verhinderten Kleinbürgern, auf alle Fälle aus Kleinbürgern."[22] Diese Auffassung ist letztlich der Grund, warum in den Stücken jene nicht-satirische Komik des alten Volkstheaters zugrunde geht - Horváth macht sie geradezu zum Angriffspunkt seiner Ironie; so ist seine Bemerkung zum alten Volksstück in der „Gebrauchsanweisung" zu verstehen: „Mit vollem Bewußtsein zerstöre ich nun das alte Volksstück, formal und ethisch (...)"[23]

Allerdings wurde bereits angedeutet, daß auch Soyfer mit „Vineta" sich von der aristophanischen Komik des „Lechner-Edi" und der Hauptfiguren „Astorias" bereits entfernt. Soyfer scheint überhaupt in den wenigen Jahren seiner Arbeit für die Kleinkunstbühnen, angetrieben von den Problemen und Bedürfnissen seiner Epoche, in raschen Schritten das ganze weite Gebiet des Komischen durchwandert zu haben: Von der ‚reinen' aristophanischen Komik des „Lechner-Edi" über die Satire des „Weltuntergangs" bis zur grotesken, ans Absurde grenzenden Komik „Vinetas". In „Astoria" aber findet man diese historisch entstandenen Möglichkeiten auf engstem Raum zusammengedrängt: in der Zauberhandlung des astorischen Staats die politische Satire, in der Sphäre der

Vagabunden die aristophanische Komik - die sich, was das Einzigartige dieses Stücks ausmacht, allmählich, im ‚lichten Traum der Armen', in der Schlußszene, zu einem leisen, ein wenig resignierten Humor verinnerlicht, um ohne Verzweiflung und Kapitulation den plebejischen Figuren das Überwintern zu ermöglichen. Es ist dies ein Humor, wie ihn Leo Kofler gerade an den Vagabunden Becketts vermißt: „Wladimir und Estragon wäre es, wie es Vagabunden geziemt, angemessen, mit gewitztem Humor der Entfremdung zu widerstehen. Doch (...) dieser fehlt ihnen vollkommen. Die humoristische Figur kennzeichnet sich durch den Widerspruch von scheinbarer Unterwerfung und das Alltagsleben durchziehendem (unheroischem) heimlichen Widerstreben."[24]

Darüber hinaus findet sich in „Astoria" sogar noch eine Satire auf die „small talk"-Ironie englischer Prägung, nämlich als kleine Literatursatire:

*James: G. B. Shaw. Einer unser beliebtesten Zyniker.*

*Shaw: Europa hat noch vierundzwanzig Stunden zu leben. Unsere Nachfolger werden die Hottentotten sein. Morgenstund' hat Gold im Mund.*

*Gäste: Ach wie beißend und wie gleißend!*

*Ach wie plastisch und sarkastisch!*

*Gwendolyn: Ach, wie sind Sie schonungslos*

*Und wie stellen Sie uns bloß.*

*So frei von Konvention und Sitte*

*Verleihen Sie dem Fest den Reiz.*[25]

Was für G. B. S. reizvoll-sarkastische Bonmots sind, daraus gewinnt Soyfer selbst seine politische Satire: daß Europa nur noch vierundzwanzig Stunden zu leben hat („Weltuntergang") - oder daß Astoria nicht existiert:

*Lady P.: Wissen Sie, Gräfin, was unser G. B. S. eben behauptet hat?*

*Shaw: Ich habe behauptet, daß Astoria nicht existiert.*

*(Stille)*

*Gwendolyn: Entzückend!*

*Hupka: Heiliger Nepomuk, bitt für uns!*

*Shaw: Ich habe im selben Atem behauptet, daß auch England und Amerika nicht existieren. (...) Geographie ist ein politisches Argument, aber kein Beweis.*[26]

Über diesen höflich-eleganten, englischen Typ der Ironie fand schon Rosa Luxemburg am Beispiel Galsworthys sehr treffende, kritische Worte (1917, in einem Brief aus dem Gefängnis an Sophie Liebknecht), wobei sie nicht zufällig eine ähnliche Atmosphäre wie Jura Soyfers kleine Literatursatire herbeibeschwor: „Aber es ist der selbe Typ wie Bernard Shaw und auch wie Oscar Wilde, ein jetzt in der englischen Intelligenz wohl stark verbreiteter Typus eines sehr gescheiten, verfeinerten, aber blasierten Menschen, der *alles* in der Welt mit lächelnder Skepsis betrachtet. (...) Aber wie wirklich wohlerzogene und vornehme Menschen nie oder selten über ihre Umgebung spötteln, wenn sie auch alles Lächerliche bemerken, so ironisiert ein wirklicher Künstler nie über seine eigenen Geschöpfe. Wohlverstanden, Sonitschka, das schließt die Satire großen Stils nicht aus! Zum Beispiel der ‚Emanuel Quint' von Gerhart Hauptmann ist die blutigste Satire auf die bürgerliche Gesellschaft (...) Aber Hauptmann selbst grinst dabei nicht; er steht zum Schluß mit bebenden Lippen und weit offenen Augen, in denen Tränen schimmern. Galsworthy hingegen wirkt auf mich mit seinen geistreichen Zwischenbemerkungen wie ein Tischnachbar, der mir auf einer Soiree beim Eintreten jedes neuen Gastes in den Salon eine Malice über ihn ins Ohr flüstert."[27]

Nicht immer freilich trifft Jura Soyfer so souverän den Ton seiner Komik. In „Broadway-Melodie 1492" hätte das Thema der kolonialen Ausbeutung und Unterdrückung zuweilen einer schärferen Satire bedurft. Stattdessen ließ sich Soyfer vermutlich von der zu leichten Vorlage Hasenclevers und Tucholskys verleiten, und scheiterte mit seiner ebenso leichten Komik an dem schweren Gegenstand - in ganz ähnlicher Weise übrigens wie Nestroy im „Häuptling Abendwind". In manchen lyrischen Partien, den Songs, gewinnt allerdings Soyfer diese satirische Kraft, die einzig dem Thema gerecht werden kann, zurück. Solche gewaltige ‚Gedankenlyrik' wie etwa die „Balade der Drei" oder „Broadway-Melodie" wird man andererseits auch nicht in der Vorlage von Hasenclever und Tucholsky finden.

Im Mittelpunkt dieser bei Soyfer verwirklichten Möglichkeiten des Komischen bleibt demnach die aristophanische Komik. Sie prägt vor allem die Gestaltung der Hauptfiguren, Lechner-Edi, Hupka, Jonny ..., für die wohl noch in vollem Umfang Hegels Diktum gelten kann:

*Wenn nämlich nur der Schein und die Einbildung des Substantiellen oder das an und für sich Schiefe und Kleine heraustritt, so bleibt das höhere Prinzip die in sich feste Subjektivität, welche in ihrer Freiheit über den Untergang dieser gesamten Endlichkeit hinaus und in sich selbst gesichert und selig ist (...) wenn nun das an sich Wesenlose sich durch sich selbst um seine Scheinexistenz bringt, so macht das Subjekt sich auch dieser Auflösung Meister und bleibt in sich unangefochten und wohlgemut.*[28]

Bei Horváth aber erleben wir den Untergang dieser Subjektivität. Genau jene Wohlgemutheit, Sicherheit und Seligkeit des Subjekts wird von ihm bewußt zerstört, da er sie nur mehr als Modi des verspießerten Kleinbürgers begreifen kann. Dies entspricht wohl einer allgemeinen Tendenz des Komischen in der entwickelten bürgerlichen Gesellschaft: Während die aristophanische Komik immer deutlicher einer Albernheit Platz macht, die das Subjekt in der Fixierung auf seine partikulärsten Lebensformen selig macht, steigt die Satire, neben der objektiven Ironie, mehr und mehr zur einzig authentischen und realistischen Form der Komik auf. Mit dem Untergang des Alt-Wiener-Volkstheaters nach 1848 scheint jedenfalls eine der letzten Bastionen der aristophanischen Komik gefallen. Daß diesem Untergang zum einen die Satire der Offenbachschen Operetten, zum anderen die Albernheit der Wiener Operette unmittelbar folgten, würde diese These bestätigen.

In jedem Fall aber ist der unmittelbare Bezug der Theaterkomik auf ein bestimmtes, relativ einheitliches Publikum, das Subjekt und Objekt der Komik noch in sich vereinigen konnte, durch die Kapitalisierung verloren gegangen. Ein anonymes, amorph und physiognomielos gewordenes Publikum oder eine gegen bestimmte Personen und Institutionen verschworene Gemeinschaft Gleichgesinnter bilden stattdessen die rezeptiven Bezugspunkte der Komik, die beide jedoch gleichermaßen ein befreiendes Lachen über sich selbst ausschließen.

Wie Soyfers Mittelstücke jedoch zeigen, handelt es sich auch bei dieser Entwicklung um keine fatalistische, totale Notwendigkeit, denn ihnen gelingt es, unter bestimmten Bedingungen, die alte Komik des Volkstheaters zu erneuern, ohne bei kabarettistischer oder volkstümlicher Albernheit zu enden.

Gewiß, man darf bei all dem auch nicht die wesentlichen Unterschiede zwischen Soyfers Stücken und dem Alt-Wiener-Volkstheater aus den Augen verlieren. Und erst diese Unterschiede, die sich Soyfer bewußt machte, ermöglichten ihm letztlich den Erneuerungsversuch. Die gesellschaftliche Grundlage des Alt-Wiener-Volkstheaters bildete ein relativ gleichmäßig verteiltes, kleines bürgerliches Eigentum - paradigmatisch repräsentiert im Handwerkerstand. Um den Vergleich noch einmal aufzugreifen: wie die Demokratie der antiken Polis auf dem etwa gleich großen (von Sklaven bewirtschafteten) Grundbesitz jedes freien Bürgers beruhte, so die plebejische ,Polis' des Vorstadtpublikums auf der relativen Gleichheit des kleinbürgerlichen Eigentums jedes einzelnen. Darum kämpft der plebejische Aristophanes aus Wien - ob Raimund im „Bauer als Millionär" oder Nestroy im „Lumpazivagabundus" - gegen jede Bedrohung dieser relativen Gleichheit der Kleinbürger, ob diese nun von ,unten' kommt (vor allem als Vagabondage; der Arbeiter hingegen darf nur als Vorstufe zum Meister, zum Kleinbürger an der ,Polis' partizipieren) oder von ,oben' - vom großen Kapitalisten. „Heilig sei das Eigentum" versucht das Volkstheater den Vagabunden und Arbeitern ins Herz zu schreiben. Heilig sei das kleine Eigentum - heißt es gegenüber den Reichen und den Kapitalisten. Natürlich zeigt die ganze Komik letztendlich doch mehr Sympathie mit denen, die ,unterhalb' des Kleineigentums ihr Leben fristen, zumal mit Vagabunden, Lehrbuben etc., während sie beim Auftritt des großen Kapitalisten meist verstummt. (Oft freilich gerade, weil dieser ja den Knoten der Handlung, an dem sich die Komik entzündete, endgültig auflöst.)

Bei Jura Soyfer aber bleiben die Vagabunden Vagabunden, die Arbeiter bleiben Arbeiter. Ein Aufstieg zum Kleinbürger ist für sie nicht mehr möglich und wird auch nicht angestrebt. Die ,Polis', die Soyfer mit seiner

Komik herbeibeschwört, kann und soll auch nicht mehr auf dem kleinen Privateigentum beruhen - sondern auf Arbeit

*Drum nimm dir Pflug und Spaten*
*Und halte dich bereit*
*Und hol herbei deine Kameraden,*
*Und wo ihr grade seid:*
*Dort ist das Land, das dir gehört.*

Darum auch besitzt Soyfer in dieser Hinsicht größere Chancen - selbst noch im Vergleich zu Nestroy, der schon den Verfall der Kleinbürger-Polis satirisch kommentieren mußte - eine gewisse Beschränktheit und Borniertheit des Alt-Wiener-Volkstheaters zu überwinden, um die großen epochalen Fragen des gesellschaftlichen Seins aufzuwerfen und die plebejische Demokratie des Kleineigentums in einer der vergesellschafteten Produktion aufzuheben.

## Exkurs über die Ironie in dem Romanfragment „So starb eine Partei"

Nach diesen Überlegungen könnte man zu dem Schluß kommen, daß Jura Soyfer die Ironie überhaupt nicht kennt (wenn er ironisch wird, dann nur, um die Ironie zu ironisieren). Doch gerade im Romanfragment wird die Ironie zu einem bedeutenden Gestaltungsprinzip. (Nicht zufällig bleiben die Mittelstücke eine Domäne der Komik, während die Ironie sich im Roman entfaltet: Soyfer hat auch hier in hohem Maß der Spezifik der Formen Rechnung getragen; die Ironie verlangt stärker nach epischer Darstellung, da sie hinter dem unmittelbaren Geschehen eine zweite Ebene benötigt, um es ironisch reflektieren zu können. Die Komik hingegen kann den unmittelbaren theatralischen Ausdruck kaum entbehren.)

Daß dieser Roman Fragment blieb, bedeutet einen schweren Verlust nicht nur für die österreichische Literatur. Denn er stellt einen der wenigen Versuche dar, unmittelbar politische Prozesse künstlerisch darzustellen - ohne zu *politisieren.*

·Während die meisten Romane, die sich mit der Politik dieser Jahre beschäftigen, immer wieder abgleiten in politisch-moralische Rhetorik, versucht Soyfer durchgehend die Fehler, die zum Tod der sozialdemokratischen Partei führen, nicht mit den Mitteln der politischen Argumentation, sondern mit jenen spezifisch künstlerischen, epischen des Romans aufzudecken - durch die Verknüpfung mehrerer, um einzelne (mit Lukács zu reden:) „typische" Individuen gruppierte Handlungsstränge. Die Partei kann auf diese Weise nicht als ‚Apparat' fetischiert (oder gar ästhetisiert) werden - weder im positiven (wie in Brechts „Maßnahme") noch im negativen Sinn (wie auf niedrigstem künstlerischem Niveau in Orwells „1984"). Nicht was sie der unmittelbaren Erfahrung scheint - nämlich ein Apparat - sondern was sie ihrem Wesen nach ist: Beziehungen zwischen (einzelnen) Menschen, die freilich in bestimmter historischer Gestalt reale Effekte eines Apparats hervorzubringen vermögen, bringt Jura Soyfers Roman zur Darstellung.

Soviel das Fragment von der Grundkonzeption des Romans erkennen läßt, beherrscht die Ironie vor allem die Darstellung und Charakterisierung der Vorgänge und Menschen *innerhalb* der Partei (selbst bei Robert Blum, dessen Darstellung zunächst satirisch beginnt, dürfte die Gestaltung durch seine reale Konfrontation mit dem grünen Faschismus zu einer immer ernsteren, ans ‚Tragikomische' grenzenden ironischen Gestaltung hinführen) - während die großen und kleinen Gegner der Arbeiterbewegung weitgehend satirisch gestaltet werden (man denke hier an das ‚Vorspiel' über den österreichischen Kleinbürger Zehetner). Die Ironie erweist sich dabei als objektive in einem sehr komplexen Sinn: hinter jeder Position, in jedem Charakter wird *durch die Ironie hindurch ein größeres oder kleineres Wahrheitsmoment erkennbar.* Die Ironie vernichtet bestimmte persönliche, moralische und weltanschaulich-ideologische Zusammenhänge, in denen diese Wahrheitsmomente beim einzelnen und auch bei Traditionen und Institutionen (wie Bildungspolitik und Arbeiterzeitung) figurieren. Es handelt sich eben um keine satirisch totale Kritik, wenn Soyfer die Standarte einer Bezirksorganisation beschreibt:

*Sie war alt und ehrwürdig wie Kärndl [d.i. der greise Vorsteher der Bezirksorganisation; G.S.]. 43 Jahre hatten den schweren, weinroten Stoff, hatten die komplizierte Goldstickerei dunkel gebeizt. ,Wissen ist Macht', sagte geschnörkelt die Stickerei. Denn im Anfang war der Bildungsverein. Daß die Ehrwürdige nach der Art katholischer Prozessionsfahnen zugeschnitten war, recht häßlich in all ihren Goldfäden, recht unhandlich mit ihrem Griff voll Drechslerkunststücken, war unwichtig. Wichtig und köstlich, was unsichtbar von ihr herabströmte. Wer hinter ihr ging, den Kopf gesenkt, konnte dieses Unsichtbare vom Straßenpflaster auflesen: Erinnerungen!*[29]

Dieselbe Art der Ironie bringt die heimlichen Gedanken des achtzehnjährigen Hans Dworak beim Schutzbundaufmarsch, bei Lied und Sprechchor, zum Vorschein:

*Während seine Genagelten (er hatte Genagelte angezogen, weil das militärischer aussah) im prasselnden Takt von 120 Gleichschritten das Pflaster traten, rumorte in seinem Kopf verstohlen die Weise von den Soldaten, die durch die Stadt marschieren, und von Mädchen an Fenstern und Türen ...*[30]

Nicht, daß Hans Dworak solche Gedanken in den Sinn kommen, bildet den Gegenstand der Ironie, sondern daß er sie sich nur verstohlen eingestehen darf - wie es die asketische Grundhaltung seiner Organisation verlangt.

Mit dieser feinen Ironie schließlich wird auch das Verhältnis der radikalen Jungsozialisten zur kommunistischen Partei, die ebenfalls an dem geschilderten Aufmarsch teilnimmt, versinnlicht:

*Ganz abgesehen davon, daß man vor den provokatorischen Phrasen der Kommunisten oft genug unversehens in seinem Herzen eine unverantwortliche Liebe zum altersschwachen Bürgermeister Seitz oder zum fetten Klassenverräter Renner entdeckte (...) Und da war keiner unter den Zuschauern, der in diesem Augenblick nicht , mehr oder weniger bewußt, die 12 mal 100.000 sozialdemokratischen Wahlstimmen mit den wenigen zehntausend kommunistischer verglich und die 700.000 Parteimitglieder mit den Sektierern. Man empfand das gedämpfte Unbehagen einer reichen Familie, die arme Verwandte empfangen muß. Und wie peinlich wird die Situation erst, wenn die schäbigen Gäste im Millionärshaus einen lauten Ton anschlagen, statt andächtig die Gobelins zu betrachten.*[31]

„Ein Aufmarsch der 200.000 - eine Kundgebung des Trotzes und der Solidarität - und wenn's auch genauso in der Arbeiterzeitung stehen wird - es ist trotzdem wahr - es ist doch keine Phrase -"[32] denkt der Jungsozialist Erich Weigel und trifft damit die ganze Ambivalenz von Selbstüberschätzung und realen Möglichkeiten der Sozialdemokratie.

Die Komplexität des Romans entsteht vor allem dadurch, daß bei jeder Person eben etwas anderes, ein anderer moralischer und weltanschaulich-ideologischer Zug ironisiert, aber auch ein anderes Wahrheitsmoment festgehalten wird. Durch die Vielfalt und Verschiedenheit der vom Roman verknüpften Personen und Schicksale, ergibt sich die Möglichkeit eines relativ komplexen, objektiven Bildes der unterschiedlich (auch ‚oben' und ‚unten' unterschiedlich) verteilten Stärken und vor allem aber Schwächen der österreichischen Sozialdemokratie. So wird in einem inneren Monolog des Nationalrats Dreher einerseits sein Opportunismus, der versteckte Antisemitismus und die antiintellektualistische, theoriefeindliche Haltung sehr anschaulich kritisiert, gleichzeitig wird in seiner Kritik an Otto Bauer auch Wahrheit erkennbar:

*Ist er ein österreichischer Arbeiterführer oder ein zugereister Bücherschreiber? Schon einmal hat er uns hineingeritten mit seiner Säbelraßlerei. Immer macht er die Regierung nervös mit seinem Radikalismus. Und wenn's zu den Konsequenzen kommt, steht er da und kriegt das Problematische, der Herr Theoretiker.*[33]

Josef Dreher, der gesteht, daß er die Juden „auch nicht besonders mag"[34] ist derselbe Dreher, bei dem die Erkenntnis, was Faschismus wirklich bedeutet, plötzlich aufblitzt:

*(...) jetzt, in der Stille des kleinen Extra-Zimmers, stieg ihm drohend das Gespenst einer Welt auf, die man sich zur Zeit des Pfriemerputsches unter endlosen Lachsalven bis ins kleinste ausgemalt hat: die Welt, wo Dorfapo-*

*theker sich in allmächtige Landsknechtführer verwandeln, Stammtischre-*
*den in Verfassungen, Fabrikanten in Arbeiterführer; Morphinisten,*
*Sadisten, Mordbrenner in Staatsmänner ... Erst jetzt erschrak er zutiefst,*
*was sich drüben in Deutschland abspielte, begriff er mit einem Schlag, daß*
*schon kein historischer Vergleich, keine gewohnte politische Kombination*
*mehr ausreichte, um das Maß jenes Geschehens auszumessen, und daß sehr*
*bald auch die menschliche Phantasie nicht mehr reichen würde.*[35]

Was in diesem kleinen Exkurs unter vorwiegend ästhetischem Aspekt
angedeutet wurde, hat Alfred Pfabigan ausführlich aus der Sicht der
Politikwissenschaft dargelegt: daß es sich bei Soyfers Romanfragment
um eine konzise Organisationsanalyse handelt.[36]

In der tiefschürfenden, mit dem Skalpell der Ironie vorgenommenen
Analyse der sozialdemokratischen Partei wie in der warnenden Prophetie
dessen, was Faschismus wirklich bedeutet, läßt sich Soyfers Romanfragment wohl nur mit Horváths „Italienischer Nacht" vergleichen (mit dem
Unterschied, daß Horváth Analyse und Warnung dramatisch konzentriert im Hohlspiegel der Öffentlichkeit einer bayrischen Provinzstadt,
die dabei zum Sinnbild der Weimarer Republik wird).

Kraft der Objektivität der Ironie, in deren Medium Personen, Vorgänge und Institutionen einander wechselseitig bespiegeln, kann Soyfer
mit Leichtigkeit auf den makellosen ‚positiven Helden' der schematisch-
ärarischen und von roter Romantik erfüllten Auffassung des sozialistischen Realismus verzichten, ohne die Perspektive über den Tod dieser
Partei hinaus zu verlieren. Ihr entspringt eine Parteilichkeit, die Jura
Soyfer jenseits der simplistischen These vom Verrat Bauers an der österreichischen Arbeiterschaft, schließlich doch an die Seite der Kommunisten führte.

*Elias Canettis Dramatik -*
*oder das Ende der Satire in der modernen Allegorie*

Wenn im vorigen von Ödön von Horváths Dramatik - am Beispiel von
„Kasimir und Karoline" - die Rede war, so bezog sich dies im wesentlichen auf seine, von ihm oft als „Volksstücke" bezeichneten Dramen aus
den Jahren um 1930 (Italienische Nacht, Geschichten aus dem Wiener
Wald, Glaube Liebe Hoffnung ...). Allerdings kann man diese Phase
seiner dramatischen Produktion als seine bedeutendste betrachten.
Eigenart und Wert seiner Dramatik finden darin sicherlich ihren höchsten und konsequentesten Ausdruck. Horváth war mit diesen Stücken
weit über die gewöhnliche Zeitstück- und Tendenzdramatik - von der er

ja herkam („Bergbahn", in vieler Hinsicht auch noch „Sladek") - hinaus-
gegangen und zu den großen Problemen der dramatischen Menschen-
und Konfliktgestaltung vorgestoßen. Wie nur ganz wenige der
Dramatiker der inflationären Theaterverhältnisse der Weimarer Republik hat er sich den Widersprüchen des modernen Dramas gestellt.

Mit dem Exil jedoch zeichnet sich ein deutlicher Verfall seines Schaffens ab. Nicht zuletzt an diesem Verfall läßt sich erkennen, wie tief
Horváth in den sozialen und ideologischen Verhältnissen der Weimarer
Republik verwurzelt war; und weil er wie keiner vermochte, aus deren
Widersprüchen immer wieder den Funken des dramatischen Dialogs zu
schlagen, wird er vielleicht einmal als der bedeutendste Dramatiker der
Weimarer Republik erkannt werden. In der „Italienischen Nacht" sah
man ihn noch so nahe am Zeitstück und doch schon am Gipfelpunkt
seines ironischen Realismus. In den „Geschichten aus dem Wiener Wald"
hingegen droht bereits ein etwas veränderter nationaler und historisch-
sozialer Boden, seine Dramen gleichsam in ‚Klischees von Klischees' zu
verwandeln: hier fehlte offenbar der direkte Bezug zur österreichischen
oder Wiener Gesellschaft, er schien indessen selbst vermittelt über Wien-
Klischees, die aber darum nicht mehr so überzeugend aufgelöst werden
konnten, wie noch in „Kasimir und Karoline" das Klischee des Oktoberfests durch die unmittelbare Konfrontation mit der konkreten sozialen
Wirklichkeit der Personen. In diesem Sinn wird man Horváth - bis zum
Exil - wohl nur sehr eingeschränkt als österreichischen Autor betrachten
können.

Bis zum Exil; denn hier verliert Horváth diesen seinen festen Boden,
nämlich jene unmittelbar spürbare Spannung zwischen der konkreten
Wirklichkeit und der formalen Demokratie, zwischen Bedürfnissen und
Idealen, in der seine Ironie einzig sich entfalten konnte. Dies hängt auch
damit zusammen, daß es wohl unmöglich ist, gegenüber faschistischer
Herrschaft ironisch - und selbstironisch - zu bleiben und etwa nicht zur
unmittelbaren Gestaltungsform des offenen Kampfes (Lukács), zur antifaschistischen Satire zu greifen; was wiederum nicht heißen muß, daß
jeder Satiriker wie von allein den Weg in die antifaschistische Front
findet. Gerade in ihrer Ohnmacht dem Faschismus gegenüber erinnert
das Schicksal der Horváthschen Ironie an jenes der Krausschen Satire,
wie es Cesare Cases beschrieben hat: „Es war dies der Augenblick,
anzuerkennen - gegenüber einer Barbarei, die nicht mehr durch das Wort,
sondern durch das organisierte Verbrechen ausgeübt wurde -, daß die
Wahrheit auch schlecht zu schreiben vermag; daß eine rohe und ungram-
matikalische Propaganda in den Dienst einer guten Sache gestellt werden
kann; daß die Prosa Heines ein bedeutendes Werkzeug demokratischer
Propaganda war; daß das Aufzeigen der Mißhandlung des Wortes noch
nicht ‚den ganzen Schmutz der Welt' erschöpft. Kraus konnte dies alles
nicht akzeptieren, und seine Schrift über den Nazismus will einen Kampf

an zwei Fronten führen, der nunmehr unmöglich geworden war. Man konnte nicht das gleiche Pathos gegen den liberalen Journalisten und gegen die SS anwenden."[1] Auch Horváths Ironie versuchte immer den Kampf an zwei Fronten zu führen. In „Italienische Nacht" konnte dieser Kampf - satirisch gegen die SA, ironisch gegen die Sozialdemokraten und selbst noch gegen deren linke Opposition - gelingen, und es handelte sich innerhalb der formalen Demokratie und ihren verschiedenen Formen der Heuchelei um einen sehr notwendigen Kampf. Mit dem Sieg des Faschismus über diese formale Demokratie verlor er diese Notwendigkeit und wohl auch seine Berechtigung.

Horváth reagiert auf diese fundamentale Änderung der sozialen, politischen und ideologischen Verhältnisse, indem er sich bestimmten literarischen Topoi (Figaro ...) und Mythenthemen (Don Juan ...), auch historischen Sujets (Pompeji ...) zuwendet, die gewissermaßen den stofflichen Ersatz für die verlorengegangene soziale Konkretheit bilden sollen. Aber Horváth gelangt dabei zu keiner neuen Konkretheit, und dies unterminierte letztlich die realistische Kraft seiner Ironie - während bei anderen antifaschistischen Schriftstellern, Thomas und Heinrich Mann etwa, gerade die Aneignung historischer und mythischer Stoffe im Angesicht des Faschismus zu einer Erweiterung ihres Realismus führte. So betrachtet, nähert sich Horváth mit seinen Exil-Stücken tatsächlich gewissen Tendenzen der österreichischen Literatur an, wie sie etwa im Werk Stefan Zweigs, Franz Werfels oder auch Hermann Brochs wirksam wurden.[2] (Enthistorisierung geschichtlicher Sujets und die daraus notwendig entstehende Abstraktion des Allgemein-Menschlichen, als Transzendenz jenseits der Geschichte; der unvermittelbare Dualismus von Geist und Macht; die Wendung zur - wie auch immer bestimmten - religiösen Transzendenz als einzigem Rückzugsort des Humanen, ...). Die Stücke erweisen sich gegenüber der beeindruckenden Homogenität der früheren ‚Volksstücke' als merkwürdig heterogen: zum einen finden sich darin unironische und unsatirische Formen der Komik, die Horváth selbst früher noch ironisiert hatte. Dabei findet er aber keineswegs zurück zu einer echten Volkstheater-Komik - wie es etwa Jura Soyfer gelang - sondern nähert sich eher einer gehaltlosen, vordergründigen, mit einem Wort: albernen Komik. Wenn er nun unter manche seiner Stücke - wie etwa „Hin und Her" - die Gattungsbezeichnung „Posse" setzt, so muß man dies jedenfalls nicht mehr ironisch verstehen. Neben der albernen Possenhaftigkeit findet sich zum anderen auch ungebrochene Sentimentalität in diesen Stücken. Überhaupt scheint es, als ob jene Meta-Ebene zusammengebrochen wäre, die in den früheren Stücken ‚hinter' der Erscheinungsoberfläche des gesprochenen Dialogs errichtet worden war, um die verkitschten Vorstellungen, Gefühlsäußerungen und Phrasen reflektieren zu können. (Es wurde allerdings angedeutet, daß diese Meta-Ebene nicht immer mit dem sozialen Sein und dem Wesen der menschlichen Beziehungen konvergierte, sondern auch wie ein Vexierbild in eine leere Tiefe, in eine abstrakte Allgemeinheit des ‚Nichts‘ oder des Todes blicken lassen konnte.) Gelang es dadurch meist, ein spannungsvolles Verhältnis zwischen Wesen und Erscheinung in den Brüchen und Widersprüchen, in den Pausen der Dialoge herzustellen, so bleibt in den späten Stücken nur mehr eine leere Erscheinung zurück, in oder hinter der es kein Wesen mehr zu entdecken gibt. Die mit aller Art Kitsch beladene Phantasie der ‚kleinen Leute‘, die Horváth früher noch mit ihrer wirklichen sozialen Lage zu konfrontieren wußte, wird nun zum eigentlichen Horizont der Stücke, über den keine Reflexion auf ein konkretes soziales Sein satirisch oder ironisch hinauszublicken vermag.

Andererseits kehrt jene mystische, abstrakt-allgemeine ‚Stille‘ des Nichts, die leere Tiefe der früheren Dialoge nun in offener, deutlich religiöser Form wieder. Denn nicht selten verwandelt sich die Welt innerhalb des Horizonts der trivialen kitschigen Welt in eine Allegorie. Dies muß nicht immer so deutlich wie in „Himmelwärts“ geschehen, wo die Erde zum kurzen Interregnum zwischen Himmel und Hölle wird. Auch „Der jüngste Tag“, der von Milieu und Sujet her wohl noch am ehesten an die früheren ‚Volksstücke‘ erinnert, endet durchaus allegorisch. Im letzten Bild wird das Viadukt - bis dahin lediglich ein normaler, wenn auch zentraler Schauplatz - zur Brücke ins Jenseits, das freilich kein christliches mehr ist, sondern ganz und gar finstere Nacht bleibt.[3] Das offene Hervortreten und die Steigerung der früher mitunter in der ‚Stille‘ der Dialoge verborgenen Todesmystik scheint auch bei Horváth die Allegorie herbeizurufen; wird der Tod zum letzten, obersten Prinzip des Seins hypostasiert, dann droht die gesamte Wirklichkeit zum sinnlichen Material seiner Allegorie entwertet zu werden.

Nicht nur dies erinnert an Elias Canettis Dramatik. Man denke an die Motivation des ‚tragischen‘ Konflikts im „Jüngsten Tag“: der Altersunterschied zwischen Hudetz und seiner Frau und die dadurch gestörte sexuelle Befriedigung von Hudetz - beides für sich genommen abstrakt biologische Tatsachen - bilden letztlich die einzige Ursache der tödlichen Konflikte.

Hier wie in „Don Juan kommt aus dem Krieg“ erhalten aber gerade diese reduzierten biologischen Sexualfunktionen eine unergründliche metaphysische Weihe durch die Todessehnsucht. Über „Don Juan“ schreibt Horváth: „Es ist nicht allein die männliche Sexualität, deren stärkster Repräsentant er ohne Zweifel ist, sondern es ist die besonders innig und ausschließlich ausgeprägte metaphysische Bindung dieser Sexualität, deren Wirkung sich die Frauen nicht entziehen können.“[4]

Bei Canetti entsteht indessen gegenüber der angedeuteten Heterogenität des späten Horváth eine neue Form von dramatischer Homogenität; das Possenhafte mündet dabei in das durchgängige dramaturgische Prin-

zip der sog. akustischen Maske, die unsicheren Schlußallegorien Horváths in den ‚besonderen Grundeinfall'.

Es mag einigermaßen erstaunen, daß Canetti hier quasi als Fortsetzer
des späten Horváth gesehen wird; dies ist jedoch nur in einem sehr
allgemeinen historischen Sinn zu verstehen, denn konkrete, sozusagen
empirisch nachweisbare Bezüge zwischen Canetti und Horváth - persönliche Bekanntschaft oder auch nur genaue Kenntnisnahme des Werks des
anderen - sind meines Wissens nicht belegbar. Canetti wird für gewöhnlich eher in die satirische Traditionslinie Nestroy - Karl Kraus eingereiht.[5]
Und tatsächlich finden sich in seinen Dramen durchaus satirische Passagen und dabei zahlreiche Anknüpfungspunkte an Nestroy wie an Kraus.

Die fünf Bilder des „Vorspiels" von „Hochzeit" besitzen für sich
betrachtet bedeutsamen satirischen Gehalt. Und nicht zufällig, so meine
ich, erinnert das erste davon an die Szene „Alte Jungfer und Papagei" aus
Jura Soyfers „Weltuntergang";[6] in beiden Fällen nämlich wirft der Papagei - als der letzte Gesprächspartner vereinsamter Menschen - seiner
Natur gemäß nur Gesprächsfetzen den Sprechenden zurück; und in
beiden Fällen beleuchtet dies schlaglichtartig den verdeckten Sinn, der in
Wort und Handlung der Personen liegt. Geht man aber auch nur eine
Spur über diesen beschränkten, die Technik der satirischen Methode
betreffenden Gesichtspunkt hinaus, so stößt man bereits auf die ganze
Eigenart der Canettischen Dramatik. Der Canettische Papagei krächzt
heraus, worum es nicht nur der erbschleichenden Enkelin und der besitzgierigen Großmutter einzig geht, vielmehr das, was alle Personen und
Szenen des Stücks magisch dirigiert: „Haus, Haus, Haus".[7] Das Haus
nämlich bildet jenen ‚besonderen Grundeinfall', von dem Canetti in einer
vielsagenden Anmerkung zu „Hochzeit" spricht; dieser Grundeinfall soll
dem modernen Drama die verlorene „Vitalität" und „Verbindlichkeit"
wiederbringen - „Jedes Drama bedarf eines neuen, bestürzenden Grundeinfalls, der universal und übergeordnet ist (...)". Im Drama „Hochzeit",
schreibt Canetti weiter,

*ist der Einfall so simpel oder so sehr Gestalt geworden, daß man sich
seiner kaum bewußt wird: ein Haus wird wahrgemacht. Es kommen nur
Menschen vor, die ein und dasselbe Haus bewohnen oder sich zu einem
wichtigen Anlaß, eben einer Hochzeit, darin versammelt haben.* Alle
Aspekte dieses Hauses drücken sich in den Beziehungen der Menschen
zueinander aus. *Die alte Hausbesitzerin, der Erbauer, der Hausbesorger,
alle die, die es erben oder durch Schwindel oder Kauf sich aneignen möchten,*
treten an ihrer Stelle auf, *aber auch alle die, die es bloß benützen und davon
leben: ein Säugling, Halbwüchsige, junge und alte Ehepaare, Verlobte,
Verhandelnde, ein Hausfreund, eine Sterbende, Arzt, Apotheker und Sarg-
fabrikant, selbst ein Papagei, der es ausspricht: Haus, Haus, Haus."*[8] [Her-
vorheb. v. m., G. S.]

Bis hierher hört sich das Konzept ein wenig an wie eine dramaturgische Spielerei. Doch Canetti fügt dem hinzu, warum er die Aspekte des Hauses in den Beziehungen der Menschen ausdrücken möchte, warum also bei ihm der Grundeinfall die Menschen wie eine fixe Idee beherrschen und schließlich auch physisch vernichten soll; und mit dieser Wertung, die Canetti damit über die Beziehungen der Menschen ausspricht, stellt er sich implizit vor die Aufgabe einer Satire:

*Ihre Beziehungen zueinander sind verfälscht, das Gegenteil von dem, was sie sein sollten, sinnwidrig und bedrohlich. Das Widersinnige ihres Seins steigert sich zu einem Spiel, in dem sie selbst den Einsturz des Hauses heraufbeschwören. Bis zum letzten Augenblick haßerfüllt, gehen sie alle mit dem Haus zugrunde. Der letzte Laut ist der des Papageis, der zwar ,Haus' sagen kann, aber nicht weiß, was es bedeutet.“*[9]

Bei der Satire käme es nach unserer Bestimmung darauf an, ob es dem Dramatiker *im* Drama selbst gelänge, das Widersinnige *als Widersinniges* zu gestalten, nicht nur das Gegenteil von dem zu zeigen, wie die Beziehungen sein sollten, sondern *dieses Sollen* selbst in der bestimmten Negation des Realen zum Ausdruck zu bringen.

Horváth gelang dies in seinen ,Volksstücken' ohne besonderen Grundeinfall; sein ,Grundeinfall' entsprach der alten satirischen Methode, im Dialog die Personen *zufällig* sich gegenseitig entlarven zu lassen. Man empfindet es gewissermaßen als Zufall, wenn die Sprachklischees und phrasenhaften Redewendungen der Horváthschen Figuren auf eine dramatische Situation auftreffen, in der das Widersinnige ihrer Unwahrheit oder Heuchelei sich selbst entlarvt. Ein Zufall verrät so etwa die hinter aller väterlicher Heuchelei verborgene, wahre Einstellung des Zauberkönigs zu seiner Tochter („Geschichten aus dem Wiener Wald"):

*Zauberkönig: Elend sind wir dran, Herr Rittmeister, elend. Nicht einmal einen Dienstbot kann man sich halten. Wenn ich meine Tochter nicht hätt -*[10]

Der Zufall - der hier mit den Mitteln des Dialogs ,hinter' die Erscheinungsoberfläche des Dialogs auf die wirklichen Beziehungen der Menschen blicken läßt - leitet sich dabei nicht von einem ehernen Grundeinfall ab, dem sich die gesamte Dramaturgie beugen müßte (es würde sich dann ja auch um keinen Zufall im eigentlichen Sinn mehr handeln), er wird hingegen ,geschickt' vom Dramatiker immer wieder herbeigeführt. Weil er als Zufall kenntlich bleibt und empfunden wird, findet man bei Horváth weder Phantastik (wie oft bei Satirikern), noch die Erstarrung des Zufalls im Dialog zur ,akustischen Sprachmaske'.

Für Karl Kraus' wohl bedeutendstes satirisches Werk - „Die letzten Tage der Menschheit" - wurde mit Recht festgestellt, daß es ebenso von keinem ,Grundeinfall' determiniert ist.[11] Anstelle des Grundeinfalls finden wir hier die ,klassische' satirische Methode noch prägnanter als bei Horváth: die, sich keinem abstrakten Schema beugende, immer erneuerte und überraschenden Verknüpfung von Zufall und Notwendigkeit. Die von Kraus geübte Montage gesammelter ‚echter' Zitate ist nichts anderes als eine spezifische Umsetzung jenes Prinzips, das den Zufall *als Zufall* zur Notwendigkeit erhebt. „Seine Notwendigkeit liegt darin - und nur darin -", sagt Georg Lukács, „daß *seine bloße Möglichkeit*, die seinen zufälligen Charakter nicht aufhebt und nicht aufheben kann, das Wesen jenes Systems, in dem er vorkommt, zum Ausdruck bringt. Nur wenn die bloße Möglichkeit des Gegenstandes der satirischen Darstellung ausreicht, um das geschilderte System als das, was es in Wahrheit ist, zu *entlarven*, wenn das hierin unmittelbar enthaltene Verdammungsurteil keiner Begründung bedarf (...) kann die Satire als wirklich gestaltet bezeichnet werden."[12]

Auch bei Canetti gibt es in einzelnen Szenen die Satire als Dialog: im hervorragenden zweiten Bild der „Hochzeit" wird im Gespräch zwischen Mittelschulprofessor Thut und seiner Frau Leni die undurchschaubare akustische Maske umgekippt: als plötzlich Leni aus ihrer Rolle fällt und das wahre Motiv für die eitle Geschwätzigkeit ihres Professors herausschreit: Feigheit.[13] Canetti entwickelt dabei dieses Umschlagen der erstarrten zwischenmenschlichen Kommunikations- und Verhaltensweisen (im Verhältnis Mann-Frau, Gebildeter-Ungebildeter) aus dem Dialog heraus.

Eine solche Szene bildet jedoch eher die Ausnahme in Canettis Dramatik. Die akustische Maske - wie Canetti selbst die Eigenart seiner Charakterisierung benennt - behauptet sich im allgemeinen gegenüber der entlarvenden und defetischisierenden Macht des Dialogs. Sie schließt vielmehr die Personen ihm gegenüber ab und bleibt als solche *undurchschaubar*. Dies könnte man geradezu als ihr grundlegendes Prinzip bezeichnen. In einem Interview von 1937 hat Canetti die akustische Maske mit folgender Haltung gegenüber einem „wildfremden" Menschen umschrieben:

*Unternehmen Sie keinerlei Versuch, ihn zu verstehen, forschen sie nicht nach dem, was er meint, fühlen Sie sich nicht in ihn ein - achten Sie ganz einfach auf das Äußere seiner Worte.*[14]

(Die Nähe zu Brechts Theatertheorie ist hier nur scheinbar gegeben. Auch Brecht verlangt zwar, sich nicht einzufühlen, doch fordert er umso entschiedener - vermittels der Verfremdungen - auf das ‚Innere' der Worte zu achten, d. h. das dem Menschen nicht bewußte soziale Movens seines Handelns. Freilich aber deckt sich Canettis Dramaturgie in vielem mit der des jungen Brecht - etwa was die Funktion der Sexualität betrifft, von der noch zu sprechen sein wird.)

Demnach wäre die *akustische Maske als genauer Gegensatz des Dialogs* zu begreifen, vorausgesetzt freilich, man versteht diesen nicht als bloß formales Element (als solches kommt der Dialog freilich auch bei Canetti vor), sondern als zentrale Kategorie des Dramas, die die Einheit von Charakter und Handlung, innerem und äußerem Geschehen, Motivation und Tat, Wesen und Erscheinung, Einzelnem und Allgemeinem realisiert in Inhalt und Form. Mit dem Dialog allein kann der Dramatiker die Totalität der menschlichen Beziehungen aufschließen und gestalten.[15] Die akustische Maske zersetzt diese dialogische Einheit des Dramas insofern, als sie den Charakter von der Handlung, das Äußere vom Innern, die Erscheinung vom Wesen, das Einzelne vom Allgemeinen etc. isoliert - *ohne jedoch beide Seiten im unmittelbaren Widerspruch der Satire wiederum als Einheit zu erneuern.* Deshalb aber besaß noch für Horváth der Dialog die größte Bedeutung unter allen Darstellungsmitteln, um in seiner Einheit den Widerspruch zwischen Bewußtsein und Unterbewußtsein dramatisch zu gestalten. In der „Gebrauchsanweisung" heißt es darum:

*die Demaskierung des Bewußtseins - das ist mein Dialog. Das Dramatische liegt bei mir im Dialog - im Kampf zwischen Bewußtsein und Unterbewußtsein.*[16]

In Horváths Funktionsbestimmung der Dramatik als *„Demaskierung"* wird überdies der Unterschied zu Canettis Prinzip der akustischen *Maske* unmittelbar evident.

Die satirische Demaskierung muß sich freilich nicht - wie bei Horváth - auf die unauffällige Methode des Zufalls beschränken. Ein Dialog aus Soyfers „Weltuntergang" zwischen Herrn Mayer und Herrn Meyer mag veranschaulichen, wie weit sich der äußeren Form nach die satirische Darstellung von der wirklichen Wechselrede entfernen kann - und damit in der äußeren Form der akustischen Maske gleichen kann -, wenn es ihr nur gelingt, den bestimmten Widerspruch zwischen Wesen und Erscheinung dabei kenntlich zu machen: Herr Mayer und Herr Meyer unterhalten sich zeitungslesend über die in der Zeitung publizierten Weltnachrichten -

*Erster: Aber andererseits, schaun S'her: Das Pariser physikalische Institut hat berechnet, daß der Weltuntergang den ganzen Planeten treffen wird, mit Ausnahme jedoch der Französischen Republik und ihrer Kolonien.*
*Zweiter: Da ham's recht.*
*Erster: Is ja logisch. Aber andrerseits schaun S'her: Das Londoner physikalische Institut hat berechnet, daß der Weltuntergang den ganzen Planeten treffen wird, mit Ausnahme jedoch des Britischen Empires.*
*Zweiter: Da ham S'recht.*
*Erster: Aber alle drei kennen doch net auf amal recht ham.*
*Zweiter: Da ham S'recht.*
*Erster: Is ja logisch (...)*[16] u. s: f.

Die Absurdität dieses Dialogs - die nicht mehr als Zufall (eines Mißverständnisses etwa) empfunden wird - löst sich nie von ihrer Ursache ab (und wird zum Absurdismus), Herr Mayer und Herr Meyer halten sie ja in Händen. Soyfer verschärft den bei Horváth fein gezeichneten und psychologisch gestalteten Widerspruch zwischen Wesen und Erscheinung zu einem satirisch-radikaleren zwischen Inhalt und Form: der nicht zustandekommende Dialog wird bewußt als Dialog dargestellt. Aus der überwältigenden *Bewußtheit* dieses Widerspruchs entsteht die satirische Komik.

Im Falle der akustischen Maske jedoch tritt das isolierte Äußere, die einzelne, bisweilen absurde Erscheinung als solche, die bloße Partikularität, in den Vordergrund, ohne den Gegensatz noch festzuhalten mit einem Wesen, einem Allgemeinen - mit einem Gesicht, um das Bild der Maske beizubehalten.

Auf den ersten Blick sieht die Maske andererseits den Gesichtern des Alt-Wiener Volkstheaters zum Verwechseln ähnlich: wenn der Baumeister Segenreich in der „Hochzeit" unaufhörlich in stereotypen Phrasen spricht - „Ich bin der Brautvater. Das Haus habe ich gebaut. So bin ich. So bleib ich" etc.[18] - wer denkt da etwa nicht an die, nicht selten bis zum Verdruß, wiederholten Wendungen und Sprüche so mancher Figur Raimunds oder Nestroys. Doch bei diesen wurden gewisse Restriktionen des sprachlichen Ausdrucksvermögens der ‚kleinen Leute' übertrieben, um sie - als verzeihliche Partikularitäten - in unsatirischer Komik wieder aufzulösen, sodaß man dahinter mitunter die sozialen Widersprüche wahrnehmen konnte, als das Nicht-Auflösbare, ‚Ernste' der Handlung. (Etwa wenn stereotype Redewendungen einer Person ihre Lächerlichkeit sich selbst dadurch beweisen, daß sie in den unpassendsten Situationen Anwendung finden.) Im Zusammenhang mit Canetti ist jedoch die Herkunft dieses Elements des Volkstheaters interessant. Über die Figur des Hanswurst führt ihre Spur zurück zu den Besessenheitsritualen und Beschwörungsformeln der kultisch-magischen Ursprünge des Theaters. Es macht wohl die Besonderheit des Volkstheaters aus, daß es solche Elemente im Gewand des Alltagsverstands - also in anderen Funktionen - lange Zeit aufbewahrt, nicht selten daraus seine eigentümliche Komik erst gewinnt. Indem jedoch Canetti diese Elemente nicht mehr in Komik auflöst, bekommen sie einen pseudo-magischen Glanz zurück. Das Versiegen der Komik bei Canetti - nach dem ‚Vorspiel' der „Hochzeit" wird niemand mehr lachen können - zeigt also nicht nur das Ende der Satire an; zum anderen entsteht daraus eine Re-Ritualisierung von bestimmten Elementen des Volkstheaters. Die Frage der Komik kann also unter bestimmten Bedingungen darüber entscheiden, ob ein Werk dem Irrationalismus standhält oder nicht. Anders ausgedrückt: auf der Komik beruhte die Rationalität des alten Volkstheaters, denn durch sie konnte der überlieferte magisch-irrationale - oder besser: vorrationale - Charakter vieler übernommener Inhalte absorbiert werden. Und es ist kein Zufall wenn bei Schönherr und Kranewitter schon der Zuwachs an irrationalem Gehalt mit einem Verlust der Komik einherging. Nicht zuletzt bei diesen Autoren finden sich die unmittelbaren Vorformen der Versteinerung der Komik zur akustischen Maske. Allerdings war bei ihnen diese Erscheinung als ‚Widersinniges' nicht einmal - wie immerhin bei Canetti - intendiert.

Indem Canetti bestimmte sprachliche Erscheinungsformen zu einer undurchdringlichen Maske formt, tendiert seine Dramatik grundsätzlich - und offensichtlich gegen seinen Willen - dazu, Partikularitäten oder Entfremdungserscheinungen des gesellschaftlichen Seins, wie sie sich in gewissen sprachlichen Restriktionen (im sog. restringierten Code) niederschlagen können, eben nicht *per se* als Partikuläres oder Widersinniges zu gestalten. Diese Erscheinungen geraten eher zu Exotisch-Interessantem. Daß dabei auch Krankheiten und physische Behinderungen in den Sog dieses Exotismus geraten, wie an den Rollen der todkranken Hausbesorgerin und der „blödsinnigen" Tochter Pepi deutlich wird, zeigt bereits eine gewisse *antihumanistische* Tendenz dieser Gestaltungsweise. (Um diese Tendenz ermessen zu können, vergleiche man nur, auf welche ethische Höhe Brecht das Problem von Krankheit und Behinderung in der Gestalt der stummen Kattrin hebt.)

Mit dem Gestus des Verhaltensforschers beginnt hier der Schriftsteller dem Volk aufs Maul zu schauen; vielleicht hat es Werfel treffender ausgedrückt, als er Canetti einen „Tierstimmenimitator" nannte[19] - dies verdeutlicht nämlich jene irrationale, pseudo-magische Bechwörungsgestik, die den Schritt hinter die Komik zurück machen möchte. Unzweifelhaft verschärft die dramatische Gattung diesen Gestus bei Canetti; das Theater ist es - könnte man pointieren -, das ihm das ‚magische' Gefühl des Tierstimmenimitators erst richtig vermitteln kann. Denn im Roman oder gar im Essay rückt die akustische Maske notwendig in eine epische Distanz, die magische Beschwörungsgeste verwandelt sich - wie „Die Blendung" und „Masse und Macht" zeigen - in nüchterne, genaue Beobachtung und Beschreibung verschiedenster akustischer Masken.

Aus diesem Blickwinkel erscheint auch das Verhältnis Canettis zu Karl Kraus in einem anderen Licht. Die Traditionslinie Nestroy-Kraus-Canetti erweist sich in vieler Hinsicht als brüchig. Hier wäre zunächst zu beachten, daß Canetti, wie u. a. seine Essays belegen, Nestroy über die Vermittlung von Kraus rezipierte.[20] Kraus selbst hatte indessen der Nestroyschen Komik bereits einen stärkeren satirischen Gehalt zugesprochen, als ihr eigentlich innewohnt;[21] in seinen eigenen Werken steigerte er dann die Satire oft bis zur Groteske, bis zum Entsetzen. Jedenfalls blieb bei ihm zugunsten der Satire schon keine Spur mehr von jener aristophanischen Komik erhalten, die - unserer Meinung nach - bei Nestroy noch der Satire die Waage hält. Worin liegen aber nun die wesentlichen Unterschiede zwischen Canetti und Karl Kraus - oder anders ausgedrückt: was bewahrte die Kraussche Satire vor der Erstarrung des Entsetzens zur Sprachmaske? Canetti selbst hat darauf eine Antwort gegeben, als er die Eigenart der Satire in den „Letzten Tagen der Menschheit" scharfsinnig beschrieb:

*Karl Kraus war der Meister des Entsetzens (...) Es springt in die Augen, wie er immer die nebeneinander sieht, die der Krieg entwürdigt und aufgeblasen hat: Kriegskrüppel neben Kriegsgewinnlern, den blinden Soldaten neben dem Offizier, der von ihm salutiert sein will, das edle Antlitz des Gehenkten unter der feisten Fratze des Henkers (...)*[22]

Nicht zufällig schweigen die Opfer bei Kraus; ihr schweigendes aber spürbares Vorhandensein gibt erst der Darstellung der redenden Täter Bestimmtheit und scharfe Kontur. Sobald Kraus den Opfern die Stimme leihen möchte, verwandelt er sich in den nörgelnden Intellektuellen im Kaffeehaus der Zwischenszenen, der sich vom „Optimisten" die Stichworte zurufen läßt für seine sprachlichen Koloraturarien. Die Schwäche dieser Zwischenszenen gegenüber der gewaltigen Satire der Hauptszenen zeigt eindringlich die Grenzen der reinen satirischen Darstellung. Die Opfer und der Widerstand können in einem satirisch intendierten Werk immer nur gleichsam die Schatten sein, die der verdeckt angreifende Satiriker wirft.

Canetti kritisiert in seinem Essay interessanterweise die „mörderische Tendenz"[23] der Krausschen Satire und distanziert sich deutlich von ihr. Die Satire der „Letzten Tage" hat - indem sie sich gegen die Mächte des Imperialismus, gegen ihre Presse zumal, richtete und sich schützend dabei vor die Opfer stellte - tatsächlich eine ‚mörderische' Tendenz. Daß der Satire im allgemeinen der Charakter der Notwehr eigen ist, bringt sie dabei im besonderen zur Geltung. „Vor dem Übermut des Reichtums und der Gewalt schützt euch nichts - als der Tod und die Satire" heißt es ausgerechnet bei Heinrich Heine.[24]

Diese mörderische Tendenz wird von Canetti eben nicht nur theoretisch hinterfragt - seine eigene Dramatik erweist sich als Kritik in praxi. In ihr gibt es kein stummes, edles Antlitz des Opfers mehr; auch dem Opfer wird eine akustische Maske aufgesetzt; es wird damit aus seinem unschuldigem Schweigen und Leiden gerissen - und ist von den Tätern mithin nicht mehr zu unterscheiden. Diejenigen, die Täter wären, verlieren dadurch alle Bestimmtheit und Kontur, die sie einzig der satirischen Komik preisgeben könnten. Die mörderische Tendenz der Satire, die stets auf konkrete, festumrissene gesellschaftliche Klassen, Gruppen und Charaktere zielt, geht hier beinahe restlos auf in dem melancholischen Jammer über die conditio humana, über die zum geschichtslosen Abstraktum hypostasierte „Schlechtigkeit des Menschen".

Bei Horváth bildeten ähnlich fetischisierte Abstrakta („Bestialität des Individuums" etc.) den Ausgangspunkt der Stücke. In den dramatischen Konflikten und Dialogen jedoch lösten sie sich auf in besondere Beziehungen zwischen Menschen, die Handlungen und Worte der einzelnen Personen bekamen in ihrem Aufeinandertreffen und Austausch eine unterschiedliche Wertigkeit. So entstand zwar nicht der radikale Gegensatz der totalen Satire zwischen Szene und Wort beherrschenden Tätern und schattenhaften Opfern wie bei Karl Kraus, aber es entfaltete sich im Medium der Ironie der Dialoge eine fein abgestufte Werthierarchie zwischen durchaus satirisch gezeichneten ‚Tätern' und in ihrer Unbeholfenheit ironisch dargestellten Opfern.

Canetti hingegen stellt seine Figuren - und es handelt sich stets um eine große Anzahl - radikal gleich. Jede inhaltliche oder formale Hierarchie der Bedeutsamkeit der einzelnen Gestalten wird bewußt vermieden. Welcher Zusammenhang wird zwischen den dramatis personae aber hergestellt, wenn nicht nur auf den satirischen zwischen Opfern und Tätern, sondern auf jeden anderen wertenden verzichtet zu werden scheint, wenn eine solche radikale Gleichstellung aller Figuren - die sicherlich einmalig ist am modernen Theater - erfolgt? Die Antwort gibt der ‚besondere Grundeinfall' - so bezeichnet Canetti selbst, neben der Sprachmaske, das Fundament seiner Dramatik. Der Grundeinfall tritt ebenso an die Stelle der satirischen Methode, wie er das Surrogat des dramatischen Konflikts bildet. Setzte sich die akustische Maske an die Stelle des Dialogs, so der Grundeinfall gewissermaßen an die der Kollision. Canetti hat seine Eigenart in der bereits zitierten Anmerkung zu „Hochzeit" sehr klar beschrieben: „Alle Aspekte des Hauses drücken sich in den Beziehungen der Menschen zueinander aus", und weiter heißt es pointiert, „ein Haus wird wahrgemacht" - und nicht etwa menschliche Beziehungen. Es liegt darum in seinem innersten Wesen, daß der Grundeinfall gegenüber den menschlichen Beziehungen sich verselbständigt. Ganz im allegorischen Sinn sind diese nur die Verkörperung einer ‚Idee', eines Begriffs - bei Canetti, streng genommen, eines bloßen Einfalls. Das Allegorische offenbart sich energisch darin, daß es Canetti nicht vermag, aus dem Grundeinfall des Hauses die Beziehungen der Menschen, die sich im Dialog niederschlagen, homogen zu entwickeln - weil eben ein Haus realiter nicht die Beziehungen der in ihm wohnenden Menschen ausmachen kann, auch nicht unter ganz besonderen Bedingungen. Das Haus jedoch bekommt, indem es im Drama mehr ist als ein bloßes Haus, eine neue Bedeutung aufgeprägt, von der Canetti in der Anmerkung nicht spricht. Nicht zufällig, denn das Rätselraten darüber, was dies Haus ‚bedeuten', ‚symbolisieren' solle - die Welt, die Gesellschaft ...? -, gehört geradezu zum Wesen der modernen Allegorie.

Formal aber regrediert der Grundeinfall zu einem dramaturgischen Trick, mit dem der Zusammenhalt der Szenen, das Zusammenkommen der Personen, jene Öffentlichkeit, die das Drama benötigt, künstlich hergestellt werden. Man findet diese Konstellation von Inhalt und Form allerdings häufig im modernen Drama: eine formal-dramaturgische Konstruktion der dramatischen Einheit, in der die zwischenmenschlichen Beziehungen, Dialoge und Konflikte wie im Laboratorium produziert werden, bildet zugleich die stoffliche Basis der Allegorisierung dieser zwischenmenschlichen Beziehungen; Sartres Drama „Huis Clos" wäre dafür ein anschauliches Beispiel.[25]

Vordergründig würde sich freilich auch hier eher ein Vergleich mit Nestroy aufdrängen - etwa mit dessen Posse „Zu ebener Erde und erster Stock", wo auch ein Haus der „Grundeinfall" des Stücks zu sein scheint. Bei Nestroy jedoch löste sich der ‚Einfall' - die zweigeteilte Bühne - nicht von den Beziehungen der Personen ab und verselbständigte sich zur Allegorie. Im Gegenteil: der Einfall wollte gewissermaßen den sozialen Widerspruch in diesen Beziehungen unmittelbar szenisch zum Ausdruck bringen, ihn gleichsam ins Visuelle der Bühne verlängern. Erst wenn sich dieses Verhältnis zwischen den menschlichen Beziehungen und dem ‚Einfall', der speziellen Bühne etwa, umkehrt - und der zwischenmenschliche Bezug zur Funktion der einfallsreichen Kulisse wird, dann erst könnte von einer über oberflächliche Ähnlichkeiten hinausgehenden Verwandtschaft mit der Dramaturgie Canettis die Rede sein. Dies scheint allerdings bei einer anderen Posse Nestroys der Fall: Im „Haus der Temperamente" kehrt sich das Verhältnis des zwischenmenschlichen Bezugs zu den von ihm abstrahierten Begriffen der ‚Temperamente' um, die sich auch hier szenisch-räumlich als Teile eines Hauses vergegenständlichen - also tatsächlich: ‚verdinglichen'. Wenn hier das Szenisch-Räumliche des Komödien-Einfalls den zwischenmenschlichen Bezug nicht ganz in den Hintergrund zu drängen vermag, so ist dies einzig der Komik zu danken, die die Partikularität der Temperamente stets ins Bewußtsein ruft.

Man könnte dennoch Komödien wie das „Haus der Temperamente", wo der Mechanismus des Einfalls derart den zwischenmenschlichen Bezug beherrscht, als komisches Gegenstück zur romantischen Schicksalstragödie betrachten. Erst wenn jedoch die Komik verloren geht, gerät der Komödien-Einfall zum allegorisierenden ‚besonderen Grundeinfall'. In diesem Sinn stammt Canettis Dramaturgie von der Komödie ab.

Freilich, auch die Satire stammt von der alten Komödie ab und auch sie benötigt immer einen ‚Einfall' - und dieser Einfall muß sich nicht auf die ‚geschickte' Verwendung des Zufalls beschränken. In Brechts „Arturo Ui" besteht der Einfall etwa darin, die faschistische Bewegung in einer Chikagoer Gangsterbande zu spiegeln. Die Idee der Gangsterbande jedoch darf sich nicht verselbständigen gegenüber Wesen und Erscheinung des deutschen Faschismus. Insofern muß der Einfall hier eng gebunden bleiben und sich stets flexibel anpassen an die realen historischen Vorgänge. (Sobald diese Gebundenheit an die realen gesellschaftlichen Beziehungen sich lockert - wie im Falle der Figur Dullfeets/Dollfuß und seiner Frau im „Arturo Ui" - entstehen wiederum allegorische Effekte.)

Gerade die Eigenart der dramatischen Gattung - ihre unmittelbare Fundierung auf den reinen zwischenmenschlichen Bezug - verschärft die Problematik von Canettis Vorhaben, die Beziehungen der Menschen als etwas Abgeleitetes zu gestalten. Zwar gewährt der allegorisierende Einfall, von dem sie abgeleitet werden, eine gewisse Sinn- oder Bedeutungseinheit, doch im Inneren des Dramas entstehen Hohlräume, die auch mit den Sprachmasken nicht zugedeckt werden können. Da - konkret gesprochen - Canetti aus der Existenz eines Hauses, die Beziehungen der in ihm lebenden und verkehrenden Menschen nur äußerst unvollkommen ableiten kann, entsteht ein Vakuum in der Motivation der dramatis personae. Dieses Vakuum zwingt Canetti, zu einem weiteren dramatischen Bindemittel zu greifen: zur *abstrakten Sexualität.*

Die abstrakte Sexualität, wird zum einzigen inneren Antrieb, der die Personen noch in ‚Dialoge' zu treiben vermag, zum einzigen Motiv für ihre Kollisionen, die schließlich nur mehr solche rein biologischen Inhalts sein können. In solcher formal-dramaturgischer Funktion erscheint die Sexualität notwendig als quasi tierische. „Essen, Trinken und Zeugen etc.", heißt es beim jungen Marx, „sind zwar auch echt menschliche Funktionen. In der Abstraktion aber, die sie vom übrigen Umkreis menschlicher Tätigkeit trennt und zu letzten alleinigen Endzwecken macht, sind sie tierisch."[25] Marx meint hier, wenn er von Abstraktion spricht, weniger eine bloß wissenschaftliche, begriffliche Problematik, es handelt sich vielmehr - wie immer bei seinen Kategorien, möchte man hinzufügen - um die historische Bewegung der Wirklichkeit selbst. Das heißt, Marx geht auch hier von einer Real-Abstraktion aus, die durch die Entfremdung in der bürgerlichen Gesellschaft Wirklichkeit wurde oder zu werden droht. Für Poesie und Kunst stellt sich seit den frühen Bemerkungen von Marx immer wieder und immer drängender die Frage, ob sie diese Real-Abstraktion zum alles umspannenden Horizont ihrer Welt machen, oder ob es gelingt, diese Abstraktion selbst noch als Prozeß sichtbar werden zu lassen, der sich an jedem einzelnen Individuum vollziehen muß, um wirklich zu werden. Als Prozeß betrachtet, wird, was als tote, alles uniformierende Abstraktion erscheint, zu einer Einheit von Widersprüchen. Wenn die Literatur das Leben eines einzelnen Menschen zu einem besonderen Ort dieses Kampfes der Gegensätze verallgemeinern kann, so vermag sie auch die Perspektiven zu zeigen, die mit der Entfremdung und im Widerspruch zu ihr möglich werden. Gerade die Literatur besitzt die spezifischen Mittel dazu, die allgemeinen Entfremdungserscheinungen - wie die Trennung und Isolierung der verschiedenen Lebenstätigkeiten voneinander - als ein besonderes individuelles Geschehen sichtbar zu machen, das weder zum Einzelschicksal herabsinkt - noch zu einer bloßen Ableitung von allherrschenden, an die Stelle des religiösen Jenseits gerückten Real-Abstraktionen sich selbst entwertet. Die richtige Mitte zwischen Einzelheit und Allgemeinheit hier zu finden, heißt nichts anderes, als die Abstraktionen in Prozesse aufzulösen, in denen Allgemeinheit und Einzelheit stets ineinander wirken.

Bei Canetti - wie übrigens bei vielen modernen Dramatikern (früher Brecht, Arnolt Bronnen, Hans Henny Jahnn, Strindberg, ...) - tritt die abstrakte Sexualität der Allegorie helfend zur Seite, um im Bereich der Charaktergestaltung die Einheit der Individualität aufzusprengen in einzelne Abstraktionen und abstrakte Einzelheiten, die nicht mehr für sich selber aber auch nicht mehr gegen sich selber - im Sinne der Satire - sprechen können. Der Zuschauer oder Leser wird damit gewissermaßen vor vollendete Tatsachen gestellt. Der einzige Prozeß, der vor seinen Augen sich vollzieht, ist der des Absterbens der Satire. Eingezwängt zwischen der quasi-tierisch ,verdinglichten' Sexualität und den zusammenrückenden Wänden der Haus-Allegorie, erlischt in der „Hochzeit" nach dem Vorspiel jede Besonderheit in den Charakteren der dramatis personae. Die akustische Maske erscheint dabei, als jener letzte Grad von Besonderheit, den Canetti bei aller Abstraktion aufrechterhalten muß, damit rein formal ein Drama überhaupt noch möglich ist. Daß der Unterschied zwischen Alter und Jugend dabei hinfällig wird (wie Dr. Bock so anschaulich zeigt), mehr aber noch, daß der zwischen Mensch und Papagei - dem Urbild der akustischen Maske - letztlich zu einem rein formellen wird, macht deutlich, wie dünn die Luft dieser Abstraktion geworden ist. Weil in den Szenen des Vorspiels die abstrakte Sexualität noch nicht zum dominierenden, alles Konkrete und Individuelle verschlingenden Handlungsmotiv stilisiert wurde, konnte sich die Satire im Geflecht der vielfältigen Eigenschaften, Motive und Wünsche der Personen noch einigermaßen verhaken; beim sich anschließenden Hauptteil des Stücks erst geht der Satire im Klima dieser Abstraktheit der Atem aus.

Besiegelt wird die Allegorie durch den deus ex machina am Ende des Stücks: das Haus stürzt ein. Canetti wollte in seinem Stück, wie er selbst sagt, die Zerstörung darstellen, „die aus den Menschen selbst kommt, und die sie dann abtun, als ob sie von außen käme."[27] Gerade Canetti aber ist es, der die Zerstörung nicht konsequent aus den Menschen und ihren Beziehungen entwickelt (wie es Horváth in charakteristischer Weise immer wieder gelang) - und er ist es auch, der sie abtut, als ob sie von außen käme, indem er das Haus, wie um zu einem effektvollen Schlußtableau zu kommen, einstürzen läßt. Allerdings muß das Ende dieses Stücks von außen - allegorisch - herbeigeführt werden, die sich nicht entwickelnden Personen der akustischen Masken und die ewig in sich kreisende, abstrakte Sexualität hätten sonst das Stück in ein Perpetuum mobile verwandelt.

Konnte die „Hochzeit" noch als „Allegorie der im Sterben liegenden bürgerlichen Gesellschaft" (H. H. Holz) von den Kritikern dieser Gesellschaft genossen werden,[28] so warf die „Komödie der Eitelkeit" die Problematik von Allegorie und Geschichte erst in voller Deutlichkeit auf. Denn darin wird der direkte Bezug zu bestimmten zeitgeschichtlichen Vorgängen gesucht; mit den allegorischen Mitteln des „Hochzeit"-Stücks soll nun auf den Faschismus oder - wenn man will - den Totalitarismus gezielt werden. Der Grundeinfall besteht hier in einem Spiegelverbot. Zwar treten noch am Rande satirische Passagen hervor, doch der, durch diesen Einfall gefilterte Bezug auf den Faschismus bleibt mit Notwendigkeit leer und abstrakt.[29] Gezeigt werden von Canetti gewisse formelle Seiten der Massenbildung und Massenbewegung - als einer, wie ich es nennen würde, Form entfremdeter Öffentlichkeit, der eine ebenso abstrakte, entfremdete Privatheit - eben die Eitelkeit - antagonistisch gegenübergestellt wird. Wieder hat man es in beiden Fällen mit fertigen Abstraktionen, mit vollendeten Tatsachen, zu tun - und nicht mit den Kämpfen zwischen partikulärer Eitelkeit und individueller Entwicklung einerseits und jenen zwischen den Massenbewegungen des Fortschritts und der Reaktion andererseits.

In gewissem Sinn handelt es sich bei den auf das „Hochzeit"-Stück folgenden Werken um eine Anwendung seiner Dramaturgie auf verschiedene - freilich folgenreichere und schwerer wiegende - Stoffe und Themen. So vor allem findet das analysierte Prinzip der akustischen Maske Anwendung auf die Darstellung der Masse: von seiner Wiener Wohnung aus hörte Canetti in den dreißiger Jahren den Aufschrei der Massen vom benachbarten Fußballplatz -

*Der Schrei der Masse aus der Ferne (...) wurde mir so wichtig, daß ich trachtete, kein Spiel zu versäumen. Während andere, was das Natürliche war, auf den Sportplatz gingen und wußten, auf welcher Seite sie waren und wofür sie schrien, hörte ich diesen Schrei sozusagen sinn- und parteilos in meinem Zimmer. Ich glaube, daß in den sechs Jahren, während denen ich dieses Zimmer bewohnte, mein Entschluß, die Massen zu erforschen (...) auf geheimnisvolle Weise durch die Schreie der Masse genährt [wurde]*[30]

Daß Canetti nicht nur Fußballspiele sondern die Geschichte, mithin den Faschismus, auf diese Weise erlebt und beschrieben hat, daß er nicht das getan hat, was das Natürliche war - nämlich auf den Platz der Geschichte zu treten und zu wissen, auf welcher Seite und wofür man sei; daß er statt dessen parteilos in seinem Zimmer sitzen blieb und sich verschiedene akustische Epiphänomene dieser historischen Ereignisse notierte - diese Haltung letztlich macht wohl seine Werke problematisch. Am wenigsten vielleicht noch die autobiographischen, die ja von ihrer Form her nicht so energisch wie Drama oder Theorie fordern zu verallgemeinern. Hier, in der Autobiographie, kann sich der gute Beobachter und minuziöse Beschreiber Canetti noch am besten bewähren - wie nicht zuletzt die eben zitierte Selbstbeobachtung und -beschreibung bezeugt.

In der „Komödie der Eitelkeit" wird die nationalsozialistische Bücherverbrennung wie das Fußballmatch in der autobiographischen Bemerkung verarbeitet. Die effektvolle propagandistische Massenaktion wird ebenso nur ‚aus der Ferne' wahrgenommen, nur das Äußere von Schreien und Feuerschein, hysterischem Gebrüll und Schlachtgesängen dringt in die Wohnung des Massentheoretikers. Ihr Zusammenhang mit der Ideologie und der konkreten politischen Praxis des Faschismus *verflüchtigt* sich in dieser beinahe auratischen Ferne, aus der sie der Massentheoretiker rezipiert. Als vereinzelte, bei Canetti meist akustisch akzentuierte Eindrücke können sie schließlich vom allegorischen Grundeinfall mit neuen Bedeutungen begabt - und als Embleme und Requisiten in den abstrakt individualpsychologischen Zusammenhang von Eitelkeit und Ich-Verlust eingefügt werden.

Im Falle einer propagandistischen Masseninszenierung wie der Bücherverbrennung erweist sich eine solche Sicht der Dinge als fatal - führten diese die Nazis doch selbst schon als spektakuläre Allegorie öffentlich auf. In gewissem Sinn handelt es sich bei der „Komödie der Eitelkeit" um eine doppelte Allegorisierung; daß darin die vom Faschismus ästhetisierte Politik - und nur als Allegorie kann Politik ästhetisiert werden - eine weitere Allegorisierung erfährt, verleiht diesem Stück einen besonders schillernden Charakter. In die entgegengesetzte Richtung aber drangen Versuche vor, die Allegorien faschistischer Herrschaft wieder aufzulösen und zu entmystifizieren - entweder satirisch-komisch (wie Brechts „Arturo Ui") oder in tragischer Form (wie dessen „Furcht und Elend des Dritten Reichs") oder in der Theorie (wie etwa Kracauers oder Blochs Untersuchungen). Weniger durch Psychologisierung also wird hier die Geschichte aus dem Gegenstand ausgetrieben, vielmehr durch die Benützung der Psychologie als allegorischem Bedeutungsreservoir. Die „Komödie der Eitelkeit" läßt durch den unmittelbaren inhaltlichen Bezug auf zeitgeschichtliche Ereignisse die Grundtendenz allegorisierender Gestaltungsweisen zwar deutlicher hervortreten, doch bildete diese schon in der Entwicklungslosigkeit und in der sich im Kreise bewegenden Sexualität der Masken der „Hochzeit" die letzte Konsequenz der Dramaturgie - über die auch keine nachträgliche Historisierung und Konkretisierung in den Versuchen einer linken Canetti-Rezeption (im Sinne etwa einer ‚Allegorie der sterbenden Gesellschaft') hinwegtäuschen sollte. Gemeint ist die Tendenz zur Geschichtslosigkeit, die der Allegorie - als der künstlerischen Erscheinungsweise der abstrakten Allgemeinheit - innewohnt. Das Bild, das der Allegoriker entwirft, meint nicht einen bestimmten Weltzustand oder eine Epoche, sondern *die* Welt, wie sie immer war und immer sein wird. Walter Benjamin schon hatte in der Allegorie des barocken Trauerspiels das hypokratische Gesicht der Geschichte als erstarrter Urlandschaft vor Augen - „Geschichte galt in den moralischen Exempeln und den Katastrophen nur als ein stoffliches Element der Emblematik. Es siegt das starre Antlitz der bedeutenden Natur und ein für allemal soll die Geschichte verschlossen bleiben in dem Requisit."[31] Der Wendung von Geschichte in Natur, die nach Benjamin Allegorischem zugrunde liegt, kam nicht nur die Heilsgeschichte entgegen sondern auch die Massentheorien des 20. Jahrhunderts. Diese Wendung, die sich in der Immanenz des spezifisch allegorischen Inhalt-Form-Gefüges von Canettis Dramen manifestiert, wird inhaltlich bestätigt von dem ahistorischen und anthropologisierenden Ansatz des essayistischen chef d'oeuvres Canettis - „Masse und Macht".

Die weltanschaulichen Konsequenzen der Dramaturgie der „Hochzeit" treten somit in der „Komödie der Eitelkeit" und noch umfassender in „Masse und Macht" vollends zutage. Die Gestaltungsprinzipien verwandeln sich hier unmittelbar in Inhalte: die abstrakte Sexualität wird zum Topos der tierähnlichen Masse; die akustische Maske zur Thematik der individualistischen todesfürchtigen Eitelkeit. „Was mich an ‚Masse und Macht' bestürzt," schrieb Ernst Fischer - einer der wenigen, die Kritik übten - „ist das Fehlen einer sichtbaren Grenze zwischen dem Animalischen und dem Humanen."[32] Die Analyse sollte andeuten, daß diese Grenze bereits in der Figuren- und Konfliktgestaltung - im Menschenbild - der „Hochzeit" verwischt wurde. Der Essay dagegen liest sich stellenweise wie eine bloße Interpretation der Dramen. Wirft man vor dieser zur Bewußtheit gelangten Dramaturgie einen letzten Blick zurück auf Horváth, so möchte man annehmen, Canetti hätte dessen Kampf zwischen Individuum und Gesellschaft, sozialem Bewußtsein und asozial-triebhaftem Unterbewußtsein lediglich veräußerlicht - zum Antagonismus von Masse und Individuum, Masse und Macht. Allerdings bestand in seiner Verinnerlichung, die Horváth dramatisch vollzog, die einzige Chance, die verselbstständigten Abstraktionen wieder aufzulösen in zwischenmenschlichen Bezug, während die Veräußerlichung sie gleichsam fixieren muß.

Interessant ist, daß Hermann Broch in seiner Einleitung zu einer Canetti-Lesung im Jahre 1933 der Masse im Namen Canettis einen eindeutig positiven Wertakzent gibt - im Gegensatz nämlich zu Individuum und Tod:

*Canettis nahezu haßerfüllte Bevorzugung der grotesken und abseitigen Menschengestalt, entspringt der Überzeugung, daß das Individuelle von vornherein bloß Verzerrung sein kann, daß das Ewige erst in der Gemeinschaft der Individuen ruht, und daß die Aufspaltung der großen Einheit in Individuen immer nur das im wahren Sinne Abnormale ergeben muß. Das Individuum, und mit ihm seine individuelle Freiheit, ist für Canetti stets Exponent des Abnormalen, des Irrsinnigen. (...) Er will den Menschen und seine Individuumshaftigkeit, die nicht nur das Irrsinnige sondern auch das Sündige ist (...) zu jenem letzten Nichts reduzieren, von dem aus erst wieder die Umkehr möglich wird. Und diese Umkehr ist die Rückkehr ins Überindividuelle, ist die Gnade des Meers, in das der Tropfen zurückfällt.*[33]

Diese Interpretation bestätigt eine Bemerkung Ernst Fischers über seine Gespräche mit Canetti aus den dreißiger Jahren - „In den Gesprächen von einst erwartete Canetti, das totale Aufgehen des Individuums in die Masse werde der Sieg über den Tod sein."[34]

Stimmt diese Interpretation Brochs - und ist Broch 1933 noch selbst ihrer Meinung -, dann wäre der Ursprung der verhängnisvollen Faschismusauffassung der beiden großen österreichischen Massentheoretiker wohl gefunden: von den Massen erwarteten sie die messianische Erlösung vom Leid des spätbürgerlichen Individualismus. Die Erfahrung des Faschismus zerstörte offenbar diese merkwürdige Hoffnung, diesen *Messianismus der Masse* - da gerade er als Tat der entfesselten Masse empfunden wurde. Von der magischen Beschwörungsgestik der „Hochzeit" blieb schließlich nur mehr der neutrale Ton des ‚Verhaltensforschers' von „Masse und Macht" (Die Autobiographien - „Die gerettete Zunge" und „Die Fackel im Ohr" - können in dieser Frage kaum zu Rate gezogen werden, da sie ja nach „Masse und Macht" geschrieben wurden, und Canetti hier sein ursprüngliches Erlebnis der Masse im wesentlichen bereits aus der später gewonnenen Perspektive beschreibt.). Doch bei dieser vielleicht radikalen Umwertung erhielt sich vollständig die Grundlage: der abstrakte Begriff der Masse.

Hinzugefügt muß werden, daß der Messianismus der Masse in der Zeit vor dem Faschismus unter der Links-Intelligenz weit verbreitet war; daß vielleicht erst die Faschismuserfahrung bei einem Teil dieser Intelligenz zur Annäherung an Positionen wie die Ortega y Gassets geführt - während sie bei einem anderen gerade eine echte Überwindung messianischen Denkens eingeleitet hat. Kann man zu dem einen vor allem Canetti zählen, der einst für den Malik-Verlag Upton Sinclair übersetzte, so zu dem anderen Brecht, dessen Lehrstücke ebenfalls noch Allegorien dieses Messianismus der Masse darstellen. Auch sie lassen emphatisch das Individuum im Kollektiv untergehen, und insbesondere im „Badener Lehrstück vom Einverständnis" wird das totale Aufgehen des Individuums in der Masse als Sieg über den Tod gefeiert. Die wirkliche Dialektik zwischen der Entwicklung der Individualität und den verschiedenen sozialen ‚massenhaften' Formen der historischen Entwicklung geht jedenfalls beim Brecht der Lehrstücke ebenso verloren wie bei Canetti, die beide das eine immer nur ohne das andere denken können. Freilich hat in den Lehrstücken Brechts (und im übrigen proletarischen Theater) das Kollektiv einen eindeutigen, ungebrochen positiven Wert - es gilt als der geschichtliche Fortschritt gegenüber dem Individualismus, während bei Canetti die Masse von Anbeginn immer auch als etwas Verächtliches dargestellt wird, das aber scheinbar gerade darum so fasziniert und sich als Messias prädestiniert. Diese Gebrochenheit des Messianismus der Masse bei Canetti unterschlägt Broch in seiner Interpretation. Das Meer, in das der Tropfen zurückfallen soll, ist als Paradies nicht erkennbar, Messias und Luzifer sind nicht zu unterscheiden.

In dem bislang letzten Stück Canettis - „Die Befristeten" - kommt gleichsam die Allegorie zu sich selbst - der Totenkopf nimmt seine Maske ab. Der Tod ist zum einzigen Thema des Dramas geworden. Verstanden nicht als harter Sieg der Gattung über das Individuum - und auch nicht, im Sinne der mittelalterlichen Allegorie, als Mittler zwischen Diesseits und Jenseits, sondern als eigene und einzige Transzendenz, die alles Besondere, Individuelle, Weltimmanente vernichtet. Der Tod selbst scheint die messianische Rolle der Masse übernommen zu haben. Vor dieser abstraktesten Allgemeinheit, die sich denken läßt, lösen sich die letzten Besonderheiten in Handlung, Ort, Zeit und Charakteren auf, an die Canetti in irgendeiner Form in den früheren Stücken noch festgehalten hatte. Gemeint ist vor allem die Charakterisierung durch die akustische Maske. Angesichts des Todes verlieren die Figuren ihre Eigenart vollständig und lassen selbst die Sprachmasken fallen. Das einzige, was diese Figuren noch voneinander zu unterscheiden vermag, ergibt zugleich den allegorischen Grundeinfall des Stücks: die Figuren sind nämlich nach ihrer Lebensdauer - nach der Anzahl der für sie jeweils vorgesehenen Lebensjahre - benannt. Der Zeitpunkt ihres Todes ist von einer höheren Instanz - nichts anderes als der bürokratisch gewordene Tod selbst - festgesetzt. (Daß einem rebellierenden Einzelnen namens Fünfzig schließlich doch der Umsturz der ganzen transzendent abgesicherten Ordnung gelingt, erscheint als merkwürdige Inkonsequenz gegenüber dem perfekt gewordenen, alles und jeden determinierenden Grundeinfall. Es scheint, als ob in dieser Inkonsequenz die dramatische Form selbst ein letztes Mal - und hilflos, weil nur als Form - gegen die Allegorie rebelliert.)

Man könnte letztendlich den Kampf gegen den Tod als das zentrale Motiv im Werk Canettis betrachten. In dieses abstrakte Motiv hat sich Canettis Moralismus demnach verflüchtigt. Es ist allerdings wahr, daß jeder Satiriker in gewissem Sinn Moralist sein muß; doch als Satiriker muß der Moralist die Wirklichkeit tief durchdringen und sich emporarbeiten auf eine hohe Stufe der Konkretheit. Canettis Moralismus hingegen wird von Werk zu Werk abstrakter - bis er schließlich als ‚Idee der Tugend und Wahrheit' nur mehr den Kampf gegen den Tod wahrnehmen kann. Gerade in der Abstraktheit faßt der Messianismus Fuß: wie im magischen Ritual scheint Canetti den Tod bannen zu wollen durch die systematische Steigerung des Todesbewußtseins. Canetti macht damit - indem er den Tod allegorisiert und ihm eine selbständige Gestalt jenseits des Lebens verleiht, gewissermaßen den Schritt hinter Hamlet zurück, wo der Zusammenhang zwischen Leben und Tod schon einmal entmystifiziert wurde; aber es ist auch kein Schritt zurück zur mittelalterlichen Todesallegorie, denn das Jenseits, das diese nur als Vermittlung benötigte, ist geschwunden.

In diesem Sinn ist Canetti den Weg seiner Dramatik konsequent zu Ende gegangen. Nach unseren Überlegungen entbehrt es nicht einer gewissen inneren Logik, wenn er nach den „Befristeten" - und bis heute - kein Stück mehr veröffentlicht hat.

Daß allerdings für den modernen Dramatiker sich auch andere Wege als gangbar erweisen, setzt ein Fragezeichen hinter die Entwicklung Canettis. Die alternativen Möglichkeiten moderner Literatur und Kunst zeigen sich wohl nur in der Konfrontation: das Werk Horváths und Soyfers vermag diesem vorschnellen Tod des Dramas die Stirn zu bieten.

*Anmerkungen*

Das Motto von Grillparzer ist zitiert aus F. G. sämtliche Werke. 5. Ausgabe in 20 Bänden. Hg. v. August Sauer. Stuttgart o. J. (1892). 18. Bd. S. 137

[1]  Franz Grillparzer: Tagebücher und Reiseberichte. Hg. v. K. Geißler. Berlin/DDR 1981. S. 36.

[2]  Walter Benjamin: Ursprung des deutschen Trauerspiels. Gesammelte Schriften I (werkausgabe Bd. 1) Frankfurt am Main 1980. S. 304.

[3]  Lessing (an Eva König): „Schon des Herrn von Sonnenfels allzu strenger Eifer gegen das Burlesce ist gar nicht der rechte Weg, das Publikum zu gewinnen." Vgl. hierzu Heinz Kindermann: Theatergeschichte Europas. Bd. V. Von der Aufklärung zur Romantik. (2. Teil) Salzburg 1962. S. 72.

[4]  Vgl. hierzu Robert Weimann: Shakespeare und die Tradition des Volkstheaters. Soziologie-Dramturgie-Gestaltung. Berlin/DDR 1967. Allerdings bezieht sich ein Teil der hier geäußerten Kritik auch auf Weimanns nahezu mechanische Gegenüberstellung von plebejischen und bürgerlich-„individualistischen" Theaterformen und -elementen.

[5]  Die Annahme, daß es sich beim Alt-Wiener-Volkstheater um eine Annäherung an die aristophanische Komik handelt, kann sich nicht allein auf Hegels allgemeine Bestimmung dieser Komik stützen (Vgl. etwa G. W. F. Hegel: Vorlesungen über die Ästhetik II. Werke Bd. 14. (Red. E. Moldenhauer, K. M. Michel) Frankfurt/Main 1970. S. 119 f.) - Gottfried Keller und Hermann Hettner begriffen die Alt-Wiener Possen noch als bedeutsame Vorboten einer neuen aristophanischen Komödie. Daß ihre Hoffnungen enttäuscht wurden, hängt wohl unmittelbar damit zusammen, daß auch ihren politischen Hoffnungen von der gesellschaftlichen Entwicklung im 19. Jahrhundert der Boden entzogen wurde. - Vgl. Gottfried Keller: Gesammelte Briefe. Hg. v. C. Helbing. Bern 1950. S. 332 ff.; Hermann Hettner: Das moderne Drama. In: H. H.: Schriften zur Literatur. Berlin 1959, S. 238 f., S. 248.

[6]  Karl Marx, Friedrich Engels: Werke (MEW) Bd. 1. Berlin/DDR 1956. S. 338. Vgl. hierzu auch Georg Lukács' Raabe-Essay. In: G. L. Werke Bd. 7. Neuwied u. Berlin 1964. S. 420 ff.

*I. Horváth und Soyfer*

1 Jura Soyfer: Das Gesamtwerk. Hg. v. Horst Jarka. Wien 1980, S. 587.
2 G. W. F. Hegel, Vorlesungen über die Ästhetik II, S. 120.
3 Ebd. S. 122.
4 Ödön von Horváth: Gesammelte Werke Bd. 1. Hg. v. Dieter Hildebrandt, Walter Huder u. Traugott Krischke. Frankfurt/Main 1970, S. 258.
5 Das hier angedeutete literarhistorische Spektrum reicht vom sog. literarischen Impressionismus Wiener Schule (Schnitzler, Altenberg), der gleichsam der Ironie des Augenblicks entspringt, bis zur Umkehrung des expressionistischen Pathos in die Komödie der goldenen zwanziger Jahre (Hasenclever, Musils Posse „Vinzenz", ...). Bei seinem Frontalangriff auf die „linksradikalen Publizisten vom Schlage der Kästner, Mehring oder Tucholsky" hatte Benjamin übrigens ähnliche, wenn auch politisch anders intendierte Tendenzen im Auge - er nennt sie ironischerweise „linke Melancholie". Walter Benjamin: Linke Melancholie. Zu Erich Kästners neuem Gedichtbuch. In: W. B.: Gesammelte Schriften III (werkausgabe Bd. 8) Frankfurt/Main 1980, S. 279 ff.
6 Ödön von Horváth: Randbemerkung zu „Glaube Liebe Hoffnung". (Endfassung) In: Materialien zu Ödön v. Horváths „Glaube Liebe Hoffnung". Hg. v. Traugott Krischke. Frankfurt/Main 1973, S. 74/75.
7 Horváth, Gesammelte Werke Bd. 1, S. 272.
8 Ebd. S. 308.
9 Ebd. S. 307.
10 Soyfer, Gesamtwerk, S. 607.
11 Horváth, Gesammelte Werke Bd. 1, S. 292.
12 Ebd. S. 321.
13 Ebd. S. 316.
14 Ebd. S. 323.
15 Hegel, Vorlesungen über die Ästhetik I, S. 97.
16 Die zentrale Bedeutung dieser sog. Fräulein-Figur in Horváths Dramatik wurde wiederholt erkannt. Ingrid Haag z. B. sieht darin die „erstaunlichste dramaturgische Konstante des Horváthschen Volksstücks" - markiert jedoch auch deutlich die Differenz dieser ernst und positiv akzentuierten Figur zu den rein satirischen oder ironischen „sozialen Posen". Freilich führt bei Horváth die Konfrontation der positiven Figur mit diesen ‚sozialen Posen' der anderen Gestalten niemals zu einem Stilbruch - und damit zu einer Idealisierung des Fräuleins - „Höhenflug und Sturz beschreiben keine rein tragische Kurve. Auch die Fräuleingeschichte steht - wenn auch anders als die soziale Pose - unter dem Zeichen der Mischung von Tragischem und Komischen." (I. H.: Zu Horváths ‚Komödie der Menschen'. In: Austriaca Nr. 14 (1982) S. 169 ff.; hier S. 180) - Während hier das synthetisierende Gestaltungsprinzip Horváths, wie häufig übrigens, als Mischung von Tragischem und Komischen, als Tragikomik, nur undeutlich bezeichnet wird, versuchten wir es mit dem Begriff Ironie - als dem synthetisierenden, homogenen Medium Horváths - zu präzisieren.
17 Ödön von Horváth: Gebrauchsanweisung. In: Materialien zu „Kasimir und Karoline". Hg. v. Traugott Krischke. Frankfurt/Main 1973, S. 101 u. S. 104.
18 Ebd. S. 108.

[19] Vgl. etwa Kurt Kahl: Ödön v. Horváth. Velber 1966; Helmuth Himmel: Ödön v. Horváth und die Volksstücktradition. In: Ödön v. Horváth. Hg. v. Traugott Krischke. Frankfurt/Main 1981, S. 46 ff.

Im übrigen läßt sich die Sekundärliteratur zu Horváth, soweit sie noch überblickbar ist, in zwei Lager einteilen: in einem Fall wird die Ironie Horváths durchgehend und widerspruchslos in Ideologiekritik bzw. Sprachkritik übersetzt und uminterpretiert. Diese Literatur bietet eine Phänomenologie seiner Typen und Themen, die mit sozialhistorischen Fakten (der 20er und 30er Jahre) in unmittelbaren Zusammenhang gebracht werden. Von ästhetischen und ethischen Fragestellungen weiß sie sich meist fern. (In ihren schlechten Teilen läuft sie auf eine neuerliche - wissenschaftlich drapierte - Verteufelung des Kleinbürgers hinaus.)

Jürgen Schröder hat interessanterweise vom brüchigen Spätwerk aus die Problematik dieses heute scheinbar herrschenden Horváth-Bilds kritisch beleuchtet und auf Widersprüche des Gesamtwerks hingewiesen. (J. S: Das Spätwerk Ö. v. Horváths. In:Ödön v. Horváth. Hg. v. T. Krischke. Frankfurt/Main 1981, S. 125 ff.)

Demgegenüber steht eine Rezeptionsweise, die Horváth gleichsam vom existentialistischen und absurden Theater her interpretiert. Überall in der Doppelbödigkeit der Sprache, in den Brüchen der Erscheinungsoberfläche der Dialoge sieht sie die unheimliche Allgegenwart des Todes durchschimmern. (Vgl. etwa Herbert Gamper: Todesbilder in Horváths Werk. In: Horváth-Diskussion. Hg. v. K. Bartsch, U. Baur, D. Goltschnigg. - Kronberg/Ts. 1976, S. 67 ff.) So entgehen ihr die realistischen und satirischen Siege, die sich eben auch in Horváths Konfrontation von Wesen und Erscheinung vollziehen, - sobald nämlich das durchschimmernde oder durch ‚Stille' beleuchtete Wesen nicht mehr mit den bloßen Schein-Konkretheiten des Todes oder des unbewußt-asozialen Triebes zusammenfällt.

Hans Joas hat in einem der wenigen Beiträge, die zu den ästhetischen Dimensionen der Stücke vorstoßen, die Dramatik Horváths um 1930 in der genauen Mitte zwischen epischem Theater und dem Drama im strengen Hegelschen und Szondischen Sinn lokalisiert. Damit aber hat Joas zugleich - ohne selbst näher darauf einzugehen - den Ort und die Struktur von Satire und Ironie im modernen Drama getroffen. Zum einen nämlich „kommt es zwischen Kasimir und Karoline, vielleicht sogar ein wenig gegen den Willen des Autors, zu einer realen Kollision im Hegelschen Sinn" - zum anderen steht „hinter den unwillkürlichen Selbstenthüllungen des Unterbewußten der Stückpersonen (...) ein willkürlich und äußerst bewußt kalkulierendes episches Ich, das die Sprache nicht so sehr den Personen verleiht, als sie dem Publikum vorführt. (...) Weil Horváth das epische Ich im Stück nicht sichtbar werden läßt, mußte er trachten, die Personen durch den Dialog zu enthüllen, und zwar durch die Diskrepanz zwischen ihrer Srache und ihrem realen Sein. Das Geschehen läuft ‚unterhalb' oder ‚hinter' dem Dialog ab, ist aber dennoch einzig aus diesem rekonstruierbar. Da er aber die Handlung nicht mehr direkt zu treiben hat, ist er ständig dabei, in Monologe oder in beredtes Schweigen überzugehen (...)" H. J.:Ödön v. Horváth: Kasimir und Karoline. In: Materialien zu Ö. v. Horváths Kasimir und Karoline. Hg. v. T. Krischke. Frankfurt/Main 1973, S. 47 ff.; hier S. 56 u. 60/61.

[20]   Vgl. hierzu Horst Jarka: Jura Soyfer: ein Nestroy im Keller. Zum Einfluß Nestroys auf das oppositionelle Theater im Ständestaat. In: Maske und Kothurn 24. Jg. (1978) H. 3, S. 191 ff.
       Aus der Perspektive der Volkstheater-Komik erscheint das Verhältnis zwischen Horváth und Soyfer doch widersprüchlicher, als es Jean Claude Francois in seinem bemerkenswerten Aufsatz „Comique et satire chez Horváth et Soyfer" (In: Austriaca 8. Jg. (1982) Nr. 14, S. 153 ff.) dargestellt hat. Freilich deutet Francois die grundsätzlichen Unterschiede in der Komik der beiden Autoren an, wie sie gerade mit dem Widerstand gegen den Faschismus manifest wurden:
       „Horváth est un observateur (...) un homme qui aime se fondre dans le paysage, comme le caméléon, et en revenir avec des photos indiscrètes et ‚démasquantes'. On comprend que le changement radical de 1933, la mort du pluralisme social, l'athmosphère de suspicion et de délation, lui aient ôté tout ‚plaisier' et l'aient plongé dans une crise ‚ésthetique' - et plus encore ‚existentielle'.(...) Soyfer parait avoir été mieux armé que Horváth pour résister dans le cadre d'une ‚émigration intérieure', car il recherchait avant tout (...) le mot d'esprit, le jeu de mots corrosifs, la situation comique, la comparaison bouffonne. C'est ce qui explique, peut-être, la floraison étonnante de ce théâtre féerique des catacombes - dressé comme une dernière digue contre le flot montant de la guerre et la barbarie."(S. 167)

[21]   Vgl. hierzu Kabarett und Satire im Widerstand 1933-1945. Mitteilungen des Instituts für Wissenschaft und Kunst 40. Jg. (1985) Nr. 1/2.

[22]   Horváth, Gebrauchsanweisung, S. 106.

[23]   Ebd.

[24]   Leo Kofler: Avantgardismus als Entfremdung. Frankfurt/Main 1987, S. 206.

[25]   Soyfer, Gesamtwerk S. 597.

[26]   Ebd. S. 600.

[27]   Rosa Luxemburg: Gesammelte Briefe. Bd. 5. Berlin/DDR 1984, S. 179/180.

[28]   G. W. F. Hegel: Vorlesungen über die Ästhetik III, S. 531.

[29]   Soyfer, Gesamtwerk S. 356.

[30]   Ebd. S. 358.

[31]   Ebd. S. 361.

[32]   Ebd. S. 364.

[33]   Ebd. S. 395.

[34]   Ebd. S. 392.

[35]   Ebd. S. 391.

[36]   Vgl. hierzu Alfred Pfabigan: Zu Jura Soyfers ‚So starb eine Partei'. In: das pult. 16 (1984) Nr. 71, S. 64 ff.; sowie: Ders.: Jura Soyfers Organisationsanalyse der österreichischen Sozialdemokratie. In: Geistiges Leben im Österreich der Ersten Republik. Wien 1986, S. 249 ff.

## II. Canetti ...

[1]    Cesare Cases: Stichworte zur deutschen Literatur. Wien, Frankfurt, Zürich 1969, S. 191.

[2]    Die ganze Problematik von Horváths Spätwerk kann hier nur angedeutet, keineswegs ausgeleuchtet werden. Vgl. hierzu vor allem Jürgen Schröder: Das

Spätwerk Ödön v. Horváths. (In: Ödön v. Horváth. Hg. v. T. Krischke. Frankfurt/Main 1981, S. 125 ff.). Häufig glaubt man aufgrund der manchmal explizit ethischen und christlichen Themensphäre der späten Stücke eine Annäherung an den antifaschistischen Humanismus zu erkennen. Die Werke jedoch sprechen eine andere Sprache: sie markieren einen Weg, der hinter die in den ‚Volksstücken‘ errungenen Positionen eines kritischen Realismus zurückführt. Und es dürfte sich hierbei um eine tiefgreifende, Form und Inhalt gleichermaßen affizierende Wendung in seinem Schaffen handeln; eine Wendung, die nicht bloß in der Aufnahme neuer Sujets - historischer und mythologischer Art - besteht und nicht auf veränderte äußere Rezeptionsbedingungen reduzierbar ist. Die Wendung zur Geschichte entpuppt sich im Falle Horváths als eine zur Enthistorisierung. Seine realistischen Siege scheinen nur möglich auf den ihm gut bekannten Boden der sozialen Verhältnisse der bürgerlich-demokratischen zwanziger und dreißiger Jahre. Die Erfahrung von Faschismus und Exil, der Verlust dieses sicheren Bodens, führt Horváth zu historischen und mythologischen Themen, die er jedoch nicht historisch konkretisieren kann, sondern zu zeitlosen Grundsituationen des Menschen stilisiert - das Exil etwa in „Figaro läßt sich scheiden" wird so zur zeitlosen Erfahrung, egal wovon auch geflohen wird, ob von Faschismus oder Französischer Revolution.

Diese Einschätzung wird indirekt von Franz Werfels deutlicher Präferenz für das Spätwerk bestätigt. Werfel wertet die ‚Volksstücke‘ um 1930 dabei entschieden ab und stellt sie auf eine Stufe mit der inflationären Zeitstückdramatik der Weimarer Republik - „Der höhere Wert" der Eigenart Horváths „bewährte sich zum ersten Male in dem Drama ‚Der jüngste Tag‘ (...) Hatte Horváth bis dahin (...) das Niedrige, die Niedertracht als Norm betrachtet (...) so tritt nun (...) Erkenntnis auf und Leiden. (...) Das Satanische reflektiert sich. Die Idee der Schuld erscheint." Werfel erwartete sich von Horváth die „erschöpfende Dämonologie des Kleinbürgertums" - dabei ist charakteristisch, für Werfel ebenso wie für Horváths Spätphase, in welchem Maße gesellschaftliche Kategorien mystifiziert werden: „Der Kleinbürger, wie ihn Horváth schildert, ist weniger der Angehörige einer Klasse als der dumpf gebundene, dem Geiste widerstrebende (...) Mensch. Er ist der Statthalter des Teufels auf Erden, ja der Teufel selbst." (F. W.: Nachwort, in: Ödön v. Horváth: Das Zeitalter der Fische. Wien 1953. Wiederabgedruckt in: Materialien zu Ödön v. Horváth. Hg. v. T. Krischke. Frankfurt/Main 1970, S. 132 ff; hier S. 133/134).

[3] Ödön v. Horváth: Gesammelte Werke. Bd. 1. Hg. v. Dieter Hildebrandt, Walter Huder u. Traugott Krischke. Frankfurt/Main 1970, S. 581 ff.

[4] Ebd. S. 591/592.

[5] Z. B. bei Klaus Völker (Die Dramen. In: Elias Canetti. Text und Kritik. Stuttgart 1970, S. 39 ff.). Peter Laemmle (Macht und Ohnmacht des Ohrenzeugen. Zur Kategorie des Dramatischen in Canettis frühen Stücken. In: Canetti lesen. Hg. v. H. G. Göpfert. München 1975, S. 47 ff.). Gerald Stieg (Die Masse als dramatische Person. Überlegungen zu Elias Canettis Drama Komödie der Eitelkeit. In: Elias Canettis Anthropologie und Poetik. München, Poznán 1984, S. 87 ff.).

Canetti als Satiriker scheint sogar soetwas wie der allgemeine Nenner der Sekundärliteratur zu sein. Allerdings wird meist nicht bestimmt, was Satire denn eigentlich sei. Das selbstverständlich Scheinende erweist sich fast immer als das Unbegriffene.

6  Jura Soyfer: Gesamtwerk. Hg. v. H. Jarka. Wien 1980, S. 543 f.

7  Elias Canetti: Dramen. Frankfurt/Main 1978, S. 10 ff.

8  Elias Canetti: Zu den Dramen. In: Programmheft zur Auff. im Wiener Akademietheater·1985 (Faksimile).

9  Ebd.

10  Horváth, Gesammelte Werke, S. 170.

11  G. Stieg hat dies in seiner Gegenüberstellung der „Komödie der Eitelkeit" mit dem Krausschen Werk erkannt. - Stieg, Die Masse als dramatische Person, S. 92.

Allerdings sieht Stieg nicht den engen Zusammenhang von Grundeinfall und akustischer Maske - und glaubt darum in der Zitat-Montage von Kraus bereits Canettis Maske zu finden (S. 92/93). Ebensowenig sieht er den Unterschied in der Darstellung der Masse: Kraus wolle „aus der ‚Masse' einen durch und durch negativen Helden (...) machen." (S. 94) Doch handelt es sich bei Kraus keineswegs um *die* Masse schlechthin - wie fast immer bei Canetti - sondern um ganz bestimmte Massen von Menschen. Sie könnten kaum präziser sozial, politisch und moralisch bestimmt sein als bei Kraus. Nur die ihnen gegenüberstehende ‚Masse' der Opfer bleibt wirlich unbestimmt.

Gerhard Melzer hat den in diesem Zusammenhang interessanten Versuch unternommen, Karl Kraus mit Horváth zu vergleichen. Für Horváths Ironie verwendet er dabei die Bezeichnung des Tragikomischen, in Kraus dagegen sieht er zu Recht den Repräsentanten der ‚klassischen Satire'. Allerdings wertet Melzer das Tragikomische, das ihm die „Neutralität" des Autors verbürgt, mehr oder weniger deutlich auf gegenüber der parteilichen oder konkret utopischen Satire:

„Die Wirkung des tragikomischen Phänomens besteht demnach darin, daß dem Publikum (...) das Bewußtsein vom widersprüchlich-unerklärlichen Zustand einer bestimmten Wirklichkeit nahegelegt wird. Die grundsätzliche Offenheit, die sich unter anderem aus der Neutralität des Autors ergibt, enthält implizit verschiedene Alternativmöglichkeiten zum jeweils gegenwärtigen Zustand, im Gegensatz etwa zur klassischen Satire, die der Wirklichkeit *ein* klar umrissenes Ideal entgegensetzt. Die Aufgabe der Literatur, die allgemein als Hinwendung zum bislang Ungewohnten, Verbotenen etc. gefaßt werden kann (...) wird durch das Gattung der Tragikomödie im besonderen aktualisiert." (G. M.: Lachen über die Wirklichkeit. Stichworte zu gattungskonstituierenden Merkmalen im dramatischen Werk von Karl Kraus und Ödön von Horváth. In: Horváth Diskussion. Hg. v. Kurt Bartsch, Uwe Baur, Dietmar Goltschnigg. Kronberg/Ts. 1986, S. 22 ff; hier S. 34.)

12  Georg Lukács: Zur Frage der Satire. In: G. L. Werke Bd. 4. Neuwied, Berlin 1971, S. 83 ff.; hier S. 93.

13  Canetti, Dramen, S. 12 ff.

14  Elias Canetti über das heutige Theater. In: Der Sonntag. Beilage des Wiener Tag. 16. Jg. (1937) Nr. 161 (18. 4. 1937).

[15] Ohne aus seiner fundamentalen Erkenntnis weitere Konsequenzen zu ziehen, schreibt Laemmle, daß es in den Stücken Cnaettis „genaugenommen, keine Dialoge gibt, sondern nur Monologe, Sprachsignale aus getrennten, einander fremden Welten." (Laemmle, Macht und Ohnmacht des Ohrenzeugen, S. 49).

[16] Ödön v. Horvath: Gebrauchsanweisung. In: Materialien zu Ödön v. Horváths ‚Kasimir und Karoline'. Hg. v. T. Krischke. Frankfurt/Main 1973, S. 103.

[17] Soyfer, Gesamtwerk, S. 542 f.

[18] Z. B.: Canetti, Dramen, S. 42/43.

[19] Zit. n. G. Stieg, Die Masse als dramatische Person, S. 87.

[20] Elias Canetti: Das Gewissen der Worte. Essays. Frankfurt/Main 1982, S. 49 ff.

[21] Die Bemerkungen über Karl Kraus beziehen sich ausschließlich auf dessen satirische Praxis - insbesondere in den „Letzten Tagen der Menschheit" -, nicht jedoch auf die eigene Satiretheorie von Karl Kraus, wie sie vor allem in den beiden Essays „Heine und die Folgen" und „Nestroy und die Nachwelt" Ausdruck fand. Warum Kraus darin Heine so deutlich gegenüber Nestroy herabsetzt, mag zum einen mit der relativen politischen Indifferenz der Nestroyschen Satire zusammenhängen, zum anderen damit, daß merkwürdigerweise im von aristophanischer Komik getragenen Sprachwitz und Wortspiel Nestroys die irrationale Sprachmetaphysik von Kraus Fuß fassen konnte.

[22] Canetti, Das Gewissen der Worte, S. 47.

[23] Ebd. S. 256 ff.

[24] Heinrich Heine: Werke und Briefe in zehn Bänden. Hg. v. H. Kaufmann. Bd. 4, 3. Aufl. Berlin u. Weimar 1980, S. 239.

[25] Vgl. hierzu Peter Szondi: Theorie des modernen Dramas. Schriften Bd. I. Frankfurt/Main 1978, S. 91 ff.

[26] Karl Marx: Ökonomisch-philosophische Manuskripte 1844. In: Karl Marx, Friedrich Engels: Werke (MEW) Ergänzungsband I. Berlin/DDR 1968, S. 514 f.

[27] Canetti, Zu den Dramen (s. Anm. 8).

[28] Hans Heinz Holz: Elias Canettis ‚Hochzeit'. Eine apokalyptische Komödie. In: National-Zeitung Basel 19. 11. 1969.
Holz bemerkt leider selbst kaum, wie tief er mit dieser Bezeichnung die Problematik des Stücks getroffen hat. Die Rezeption des Dramatikers Canetti gleicht im übrigen ein wenig der Horváths - obwohl sie lange nicht deren Umfang erreicht hat. Auf der einen Seite der Versuch, Grundeinfall, Sprachmaske und Todesmystik umzuinterpretieren in Kritik an gesellschaftlichen Sprach- und Machtstrukturen; auf der anderen gleichsam die Verdoppelung der Allegorie in der Interpretation.
Charakteristisch für den Versuch der gesellschaftskritischen Uminterpretation ist etwa Hubert Orlowskys Behandlung der Canettischen Todesdarstellung; er versucht, sie aus ihrer mystischen Einbettung herauszulösen und in gesellschaftliche Kategorien überzuführen:
„Der Haß gegen den kreatürlichen Tod wäre (...) alogisch, ‚absurd'; verständlich und ‚logisch' hingegen wird sein Haß gegen kategorial erstarrte Todesvorstellungen, gegen öffentlich funktionierende Machtansprüche durch Todeserfahrung (...) insbesondere aber durch Religionen, Ideologien, Wissen-

schaftstheorien, akademische Institutionen und (...) durch das Prokrustesbett der Alltagssprache legitimierten und nobilitierten Memento-mori-Strategien."

„Die Errettung vor dem Tode sei also möglich; nicht die vor dem kreatürlichen Tode jedoch, sondern die vor dem lähmenden Bewußtsein des Todes." (H. O.: Öffentlichkeit und persönliche Todeserfahrung bei Elias Canetti. In: Elias Canettis Anthropologie und Poetik. München, Poznán 1984, S. 35 ff; hier S. 44 und S. 39).

Die Analyse der Dramen erweist eher das Gegenteil: in ihnen wird das lähmende Bewußtsein des Todes erzeugt und mit allen erdenklichen Mitteln gesteigert, um den tatsächlichen, kreatürlichen Tod - wie ähnlich im magischen Ritual - zu bannen. Eine echte Errettung des Menschen vor repressiv-ideologischen Todesvorstellungen - wie sie gerade durch die Allegorisierung befördert werden, indem diese dem Tod eine selbständige Macht jenseits des Lebens verleiht - kann nur einer Entmystifizierung des Zusammenhangs von Leben und Tod gelingen. Was hier gemeint ist, könnte am klarsten vermutlich eine Gegenüberstellung der Todesbilder in „Hamlet" mit denen der englischen Moralitäten veranschaulichen.

Überhaupt fehlt es m. E. an kritischen Stimmen zu Canetti - abgesehen freilich von den aufgeschreckten Philistern, die bei den Aufführungen die Skandale evozieren. Solange der Blick allerdings durch diese Skandale getrübt wird - solange etwa gerichtliche Gutachten geschrieben werden müssen (wie von Adorno nach dem Skandal der Braunschweiger Uraufführung von „Hochzeit"), um die Stücke vor Verboten, den Autor vor gerichtlicher Verfolgung zu schützen, - solange wird eine objektivere Wertung des Werks sich kaum durchsetzen können. Ebenso muß das persönliche Schicksal des ins Exil getriebenen Autors, seine fortgesetzte Verdrängung im Österreich der 2. Republik heute noch immer in den Vordergrund der Diskussion gestellt werden. In einer Zeit aber, die einen, von solchen unmittelbar politischen - gleichwohl berechtigten - Erwägungen freien Umgang mit den Werken Canettis ermöglichen wird, erkennt man vielleicht - und mit Schrecken -, daß sie letztendlich mehr Gemeinsamkeit mit Ernst Jünger als mit Karl Kraus haben.

[29] Bei Aufführungen wird mitunter - wie etwa in Braunschweig 1965 - versucht, durch Dokumente, Filme etc. aus der NS-Zeit diesen Bezug konkreter zu machen. Da dies jedoch nur szenisch geschehen kann, bleibt er im Ganzen dennoch abstrakt. (Vgl. Laemmle, Macht und Ohnmacht des Ohrenzeugen, S. 60).

Dieser abstrakte Bezug - wie überhaupt die Dynamik der Allegorie, die zwischen Über- und Unterbestimmtheit beständig schwankt - entgrenzt die Willkür des Interpreten, der zur allegorisierenden Deutung verführt wird. So wagt beispielsweise G. Stieg den „politischen Vergleich" zur „Komödie der Eitelkeit": „Die Ausgangssituation der Bewußtseinsauslöschung spiegelt die Mechanismen eines totalitären Staates, der Schluß diejenigen einer unreflektierten Konsumgesellschaft." (Stieg, Die Masse als dramatische Person, S. 98).

[30] Elias Canetti: Unsichtbarer Kristall. In: Literatur und Kritik. (1968) Nr. 22, S. 65/66.

[31] Walter Benjamin: Ursprung des deutschen Trauerspiels. In: W. B. Gesammelte Schriften Bd. I (werkausgabe Bd. 1) Frankfurt/Main 1980, S. 374.

[32] Ernst Fischer: Bemerkungen zu Elias Canettis ‚Masse und Macht'. In: Literatur und Kritik. (1966) Nr. 7, S. 12 ff; hier S. 13.

[33] Hermann Broch: Einleitung zu einer Lesung in der Volkshochschule Leopoldstadt am 23. Januar 1933. In: Canetti lesen. Hg. v. H. G. Göpfert. München 1975, S. 119 ff; hier S. 120/121.

[34] Fischer, Bemerkungen zu Elias Canettis ‚Masse und Macht', S. 13.

## „*Die Heimat, mein Wandergeselle, wird einem nie geschenkt*"

*Zur Konstruktion falscher Kontinuität in der österreichischen Literatur*

Vielfach ist es bereits in der Literatur über Jura Soyfer kritisch zur Kenntnis genommen worden, daß dieser Autor weder in Claudio Magris' bedeutender Untersuchung des Habsburgischen Mythos noch in Roger Bauers umfangreichen Studien zur österreichischen Literatur (vom 18. bis zum 20. Jahrhundert) einen angemessenen Platz gefunden hat. Mit der Kenntnisnahme und dem bloßen Füllen dieser „Lücke" ist es freilich nicht getan. Vielmehr wirft der Ausschluß Soyfers aus dem Kanon einer „großen österreichischen Literatur" (die von Stifter bis Bachmann reichen kann) und die Beschränkung seiner Rezeption auf einen kleinen Kreis der Linken und der Arbeiterbewegung die grundsätzlichere Frage nach seinem Verhältnis zu Habsburgertum, zur österreichischen Literatur des 19. Jahrhunderts, vor allem aber zur österreichischen Nation auf. Und sie reicht damit schon weit über den Fall, das Einzelschicksal eines verdrängten und vergessenen Schriftstellers hinaus und berührt die allgemeinen Probleme der Geschichte Österreichs und der Geschichte seiner Literatur. In den Arbeiten von Magris und Bauer fehlt denn auch keineswegs nur das Werk Jura Soyfers, ebenso werden Schriftsteller wie Anzengruber, Franzos, selbst Lenau (den Ernst Fischer noch als „größten revolutionären Schriftsteller Österreichs" feierte[1]) ausgeklammert oder an die Peripherie dieser Literaturgeschichtskonzeptionen gestellt. Die „habsburgische" Literatur aber ließe sich nur in Zusammenhang mit dem demokratischen Widerspruch, der im Werk solcher Autoren lebendig ist, historisch richtig darstellen und bewerten. Es macht allerdings das Grundproblem einer solchen Darstellung und Bewertung aus, daß sich dieser demokratische Widerstand - bis zum Beginn des antifaschistischen Kampfes - stets auf eine deutsche Nation orientierte. Man kann sogar sagen, in dieser Diskrepanz liegt im strengen Sinn die österreichische Besonderheit. Und darin liegt eben auch die relative Berechtigung der Arbeiten Bauers und Magris', die von den demokratischen Tendenzen und Kräften in der gesellschaftlichen und kulturellen Entwicklung der Habsburgermonarchie, also auch von Lenau, Franzos, Anzengruber etc., weitgehend abstrahieren; eine Berechtigung freilich, die im nächsten Moment schon umschlagen kann in die Apologetik des Habsburgertums.

Nichts beleuchtet allerdings greller den Zustand und das Dilemma der österreichischen Literaturwissenschaft seit dem Faschismus als der Umstand, daß diese Beiträge aus dem Ausland kommen mußten. Die akademische Literaturwissenschaft in Österreich hat bis heute nicht eine umfassende, theoretisch und historisch fundierte Untersuchung der österreichischen Besonderheit in der Literatur vorzulegen vermocht.[2] Mit einigem Recht könnte man in dieser Schwäche den Schatten ihrer eigenen unbegriffenen faschistischen Vergangenheit sehen. Wie eine böse Ironie dieser Vergangenheit erscheint es, wenn der erste literaturwissenschaftliche Versuch auf österreichischem Boden, eine österreichische Eigenart zu konstruieren, in faschistische Kategorien mündete. Josef Nadler war eben wohl - abgesehen von einigen Spezialisten wie Otto Rommel oder Alexander v. Weilen - der erste, der die Konstruktion einer aparten österreichischen Literatur in Angriff nahm.

Um die Jahrhundertwende, als die österreichische Intelligenz sich von liberalen und demokratischen Bestrebungen heftiger als je distanzierte, war es gerade die habsburgische Ideologie, und durch ihre Brille betrachtet: die österreichische Besonderheit, die sich ihr als Refugium anbot. Bahr, Hofmannsthal, Handel-Mazzeti ‚entdeckten' auf ihrer Flucht vor dem immer kulturloser werdenen Liberalismus - und hindurchgegangen durch die allgemeine europäische Kulturkrise (an der Bahr mit seiner naturalistischen Phase, Hofmannsthal mit seinen frühen Werken partizipierte) - das österreichische Barock als geistige Lebensform. Ganz ähnlich bot sich zu dieser Zeit in Deutschland das Preußentum als ideologische Fluchtmöglichkeit an, um den kulturellen Konsequenzen der bürgerlichen Gesellschaft und ihrer Demokratie auszuweichen (Thomas Manns Anfänge sind hiervon geprägt. Freilich gleicht seine künstlerische Reflexion des Preußentums von Anbeginn mehr jener des ‚Habsburgertums' bei Musil als bei Hofmannsthal oder gar Bahr. „Tod in Venedig" ließe sich in dieser Hinsicht durchaus mit den „Verwirrungen des Zöglings Törleß" vergleichen.) Andererseits bereitete damals auch die allgemeine Aufwertung des Barock in der Kunstgeschichte (vor allem bei Wölfflin) den Boden für die gänzlich neue und positive Sichtweise der habsburgisch-österreichischen Literatur- und Kulturentwicklung. Diese Voraussetzungen gaben zwar den Blick überhaupt frei auf bestimmte Eigenarten der Literatur und Kunst in der Habsburgermonarchie, sodaß sie als Erkenntnisgegenstand und ‚Erbe' erstmals bewußt werden konnten (etwa das Alt-Wiener-Volkstheater) - doch schwerer wog die' damit Hand in Hand gehende Mystifikation eines österreichischen Wesens, einerlei ob dieses als Stamm oder Geist imaginiert wurde. Der Mechanismus dieser Mystifikation bleibt stets der gleiche: die Kontinuität habsburgischer Ideologie und Politik (Diskontinuitäten innerhalb der josephinischen Phase ausgenommen) werden isoliert von den gleichfalls in der Gesellschaft der Habsburgermonarchie gewachsenen demokratischen Gegentendenzen, häufig mit dem Argument, sie wären, weil sie sich auf das Ziel einer demokratischen deutschen Nation orientierten, unösterreichisch, von außen, von Deutschland eingedrungen. Auf diese Weise entsteht tatsächlich soetwas wie ein Mythos.

Bekanntlich versuchte Nadler - für Bahr der „Schliemann unserer barocken Kultur"[3] - dieses österreichische Wesen auf dem Stammesbegriff zu begründen. Nadlers Stammesbegriff mystifiziert die wirklichen historischen Prozesse, da er von Verhältnissen sich ableitet, die historisch weit entfernt von der bürgerlichen Gesellschaft liegen, und durch diese im Laufe der historischen Entwicklung zwar nicht gänzlich ausgelöscht, aber ihren wesentlichsten Bestimmungen ganz untergeordnet wurden. Die Reste der früheren Stammesstrukturen in der entwickelten Gesellschaft machen den dünnen Realitätsgehalt des Nadlerschen Stammesbegriffs aus. Indem Nadler diesen Stammesbegriff, der seine wesentliche Realität in der entwickelten Gesellschaft verloren hat, den historischen Vorgängen, vor allem natürlich den Kontinuitäten überstülpt, mystifiziert er sie also. „In diesem Schema werden historisch nur die Langzeittraditionen ernstgenommen. Die sonst üblichen literarischen Epochenbezeichnungen sind auf geschichtliche Stammesräume projiziert, trotz dieser Umdeutung aber beibehalten: ‚Klassik' ist die Kulturform der westdeutschen, ‚Romantik' die der ostdeutschen Stämme, während ‚Barock' die Folie abgibt für die dritte Entwicklungseinheit."[4] Mit der letzteren ist die Sonderentwicklung im bayerisch-österreichischen Süden und Südosten gemeint. Da nach diesem Schema kulturelle Formen und Traditionen unvermittelt und umstandslos - ohne jede Historisierung und ästhetische Wertung - aus dem Stamm abgeleitet werden konnten, war - unter der Voraussetzung der Gleichwertigkeit der deutschen Stämme - Raum geschaffen nicht nur für die Entdeckung sondern auch für eine allgemeine Aufwertung spezifisch österreichischer Kulturtraditionen.

Zugleich jedoch entsteht der Schein einer ‚materialistischen' Fundierung durch jenes biologistische Substrat, das dem Stammesbegriff bleibt, wenn aus ihm die sozialen Beziehungen wegretuschiert werden müssen, um ihn den feudalen und bürgerlichen Gesellschaftsformen und Kulturen überhaupt aufsetzen zu können. Als unveräußerlicher Kern bleibt dem Nadlerschen Stammesbegriff zwar dieses biologistische Substrat, andererseits aber zwingt er - was schon in der Gleichsetzung von Stämmen und Landschaften anklingt - den Interpreten nicht, alles von diesem Substrat abzuleiten, erlaubt vielmehr von der Totalität einer Stammes- und Landschaftseinheit auszugehen. So bleibt der Stammesbegriff von Anfang an sehr vage bestimmt und gibt immer wieder zu erkennen, wie wenig er über den überwunden geglaubten Positivismus in Wahrheit hinausführt. Diese Unbestimmtheit und das unaufhebbare biologistische Substrat des Stammesbegriffs ermöglichten schließlich Nadler die schrittweise, wenn auch mit manchen Widersprüchen verbundene Annäherung an die faschistische Rassentheorie und an die faschistische Konzeption der Nation. Nach und nach verliert der Stamm in seinem Denken an Bedeutung gegenüber den neuen Totalitäten von Rasse und Staat. Nadlers Werdegang zeigt damit, wie wenig die Anerkennung einer österreichischen Eigenart vor der nationalsozialistischen Ideologie wirklich schützte, wie sehr es hingegen auf die *Bestimmung* dieser Eigenart ankam - und ankommt. (Es unterstreicht nur die paradigmatische Bedeutung Nadlers, wenn bei Otto Rommel das österreichische Wesen letztlich das gleiche Schicksal ereilt.)

Neben dieser reaktionär intendierten Mystifikation eines österreichischen Wesens entstand aber im Kampf gegen den deutschen Faschismus auch eine fortschrittliche, linke Variante. Sie sollte die Antwort sein auf die Frage der Nation in Österreich - eine Frage, die sich spontan aus der antifaschistischen Taktik der Konzeption eines selbständigen Österreichs ergab. Wenn diese Taktik mitunter bereits zur Theorie, die Frage der Nation schon zur Antwort uminterpretiert wurde, so hängt dies im allgemeinen wohl (innerhalb der kommunistischen Bewegung, aber auch - wenn auch in einem anderen Sinn - der Arbeiterbewegung insgesamt) mit dem Verfall marxistischer Theorie nach Lenins Tod zusammen; ein Verfall, dessen vielleicht wesentlichstes Merkmal die Umkehrung der ursprünglichen Beziehung von Theorie und Taktik ist.[5] Über das Niveau einer antifaschistischen Taktik und Strategie - deren Notwendigkeit wohl niemand ernstlich in Zweifel ziehen kann - konnte die Frage der Nation kaum hinauskommen. Durch das unmittelbare Zusammenfallen aber von taktischen und theoretischen Fragen entstand in diesem Fall die Gefahr, demokratische Tendenzen ins Habsburgertum zu projizieren. Und wenn nach der Niederschlagung des Faschismus die Strategie der Nation gern und dankend von der, ihre Macht sichernden, österreichischen Bourgeoisie als ihre eigene Taktik übernommen wurde, so konnten ihre Schöpfer, Antifaschisten und Kommunisten, dem auch umso weniger entgegensetzen.

Das Problem also, daß sich aus dieser Priorität taktischer und strategischer Fragen für die Literaturgeschichts- und Geschichtsschreibung des antifaschistischen Exils vor allem ergab, war eine gewisse, mehr oder weniger starke Tendenz zur Harmonisierung der wirklichen historischen Antinomien und Widersprüche der österreichischen Geschichte.

Die wichtigste dieser Antinomien wurde bereits angedeutet: Die Entwicklung der demokratischen Kräfte in Österreich (d. h. genauer: in Deutsch-Österreich) richteten sich - soweit sie das Niveau einer nationalen Frage erreichten - bis zum Beginn des antifaschistischen Kampfes auf die deutsche Nation aus. (Im Falle der anderen Völker der Monarchie orientierte man sich, je demokratischer desto mehr, auf die Bildung eigener Nationen.) So ergibt sich für die Literatur die paradoxe Situation, daß gerade die *bedeutendsten Schriftsteller der nationalen Frage geradezu ausweichen* müssen, um gewisse Besonderheiten der Entwicklung der Gesellschaft in der Habsburgermonarchie als künstlerische Besonderheiten bewahren zu können; Nestroy etwa blieb auch darum dem Umkreis des Vorstadtpublikums ganz verhaftet, ein Schriftsteller wie Lenau wiederum weicht in die Gestaltung religiöser Themen aus, Grillparzer schrieb seine besten Stücke, wenn er sich ganz in die Sphäre des Märchens zurückzog.

Die Hoffnungen auf ein demokratisches Großdeutschland, die Ideale einer großen deutschen Kulturgemeinschaft (der sich, wie Gottfried Keller meinte, selbst die Schweiz „anschließen" könnte) brachen bereits mit der Niederlage der Revolution 1848/49 zusammen. Ein Schriftsteller wie Gottfried Keller aber konnte sich nach diesem Zusammenbruch zurückziehen auf den Boden der „urwüchsigen" Schweizer Demokratie und dort, trotz dessen Beschränktheiten, den in Deutschland und für Deutschland begonnenen Kampf des Humanismus und der Demokratie fortführen gegen die Bedrohung vom reaktionären Ausland und gegen die innere Zersetzung durch den Kapitalismus. Wohin aber konnten sich die demokratischen Schriftsteller aus Österreich zurückziehen? Für sie gab es jenseits der Anbiederung an die habsburgische Reaktion vermutlich nur den Weg in die Provinz. Bei *Anzengruber*, der auf diese Weise seinen demokratischen Standpunkt in der Gestaltung des bäuerlichen Lebens zu bewahren vermochte, tauchte darum eine nationale Frage nicht einmal am Horizont auf. Ein anderer Weg jedoch, der die nationalen Fragen nicht preisgab, führte von den demokratischen Traditionen von 1848 an die Seite Preußens und Bismarcks. Ihn ist etwa Ferdinand Kürnberger gegangen. An seiner Entwicklung vom Demokraten zum Bismarckverehrer läßt sich ablesen, wie problematisch die ursprüngliche demokratische Orientierung auf die große deutsche Einheit wurde, als die Reichsgründung ‚von oben‘, d. h. die Verpreußung Deutschlands vollzogen war. Und sie wurde umso problematischer, je mehr sich dieses verpreußte Deutschland zur gefährlichsten der imperialistischen Mächte entwickelte. Eine demokratische und sozialistische Orientierung auf Deutschland war damit unabdingbar an die Möglichkeit einer deutschen Revolution gebunden. Nachdem sich nun aber in Deutschland de facto das genaue Gegenteil einer solchen Revolution ereignet hatte, konnte die Konzeption eines selbständigen Österreichs zur antiimperialistischen und antifaschistischen Strategie werden. Doch gemäß dem, bereits angedeuteten, allgemein niedrigen Stand marxistischer Theoriebildung glaubte man vielfach, aus dieser strategisch-taktischen Situation unmittelbar ein neues Geschichtsbild konstruieren zu können.

In den Schriften von Ernst Fischer, Eva Priester, Albert Fuchs u. a.[6] entsteht darum die Tendenz, in bestimmte Erscheinungen habsburgischer Ideologie und Politik demokratische und fortschrittliche Züge hineinzuinterpretieren. So werden in einigen Fragen die realen historischen Auseinandersetzungen zwischen demokratischen, fortschrittlichen Kräften und der habsburgischen Ideologie verwischt, um die österreichische Nation in die Vergangenheit projizieren zu können, um nachzuweisen, daß diese Nation - ohne selbst zu existieren - bereits eine eigene

Kultur und mehr als eine Vorgeschichte besäße. Umgekehrt drohen so gerade die besten und konsequentesten Kräfte der demokratischen Bewegung entwertet zu werden.

Natürlich setzt sich die Taktik nicht immer und überall in diesen Schriften über marxistische Theorie hinweg, und so finden sich hier auch sehr wichtige Erkenntnisse über Geschichte und Demokratieentwicklung in der Habsburgermonarchie. Diese wurden möglich, da ja überhaupt zum erstenmal versucht wurde, marxistische Theorie auf die österreichische Geschichte im einzelnen anzuwenden. Ohne der Situation des antifaschistischen Kampfes und der Taktik der Nation wäre es dem „China Europas" innerhalb des Marxismus und seiner Geschichtstheorie wohl ähnlich ergangen wie der asiatischen Produktionsweise - eine vermeintliche Quantité négligeable. Ebenso müßte man bei den antifaschistischen Mystifikationen eines österreichischen Wesens auch die äußeren Bedingungen, d. h. die weitere Entwicklung der österreichischen Gesellschaft nach 45 berücksichtigen, um sie angemessen beurteilen zu können. Diese ‚äußeren' Bedingungen der ‚inneren' Entwicklung Österreichs im Gesamtzusammenhang des kalten Krieges ließen nur wenig Chancen, die Taktik der Nation, die jene Mystifikationen inaugurierte, durch eine marxistische Gechichtskonzeption zu ergänzen und zu relativieren. Eine marxistisch fundierte Kritik des Habsburgertums aber wäre für die neue österreichische Nation und ihre Demokratie wohl ebenso wichtig gewesen (und natürlich ebenso wichtig) wie die Kritik des Preußentums für die deutsche. Die fortschrittlichen Ansätze blieben jedoch insgesamt nur ein Intermezzo in der österreichischen Literaturgeschichts- und Geschichtsschreibung. Wie groß ihre eigene Schuld an ihrem Untergang gewesen ist, gerade durch die Mystifikationen, durch die absolute Priorität der Taktik, durch das Versäumnis einer radikalen Kritik des Habsburgertums, läßt sich dabei schwer ermessen und wäre eine eigene Studie wert. Tatsache ist: Die alten Professoren und Publizisten der Nazizeit kehrten bald einer nach dem anderen an die österreichischen Lehrstühle und in die Redaktionen und Lektorate zurück. Sowenig sie Scham empfanden über ihre früheren Arbeiten, so sehr ausgehöhlt blieb ihr Begriff von einer österreichischen Besonderheit, den sie gleichwohl in jeder Publikation herauszustellen sich mühten. Kein Wunder also, daß die bedeutsamsten neueren Arbeiten zur Spezifik der österreichischen Literatur, die über einen solchen leeren Glanz des Österreichischen hinausgingen, zunächst aus dem Ausland kommen mußten - aus Frankreich, Schweiz und Italien.[7]

Den Erkenntnissen Roger Bauers über Eigenart und Kontinuität der österreichischen Kultur- und Literaturentwicklung seit dem 18. Jahrhundert wird niemand ihr Gewicht absprechen können, zumal Bauer immer wieder versucht, diese Eigenart - im Unterschied etwa zu Nadler - aus der besonderen historischen Entwicklung Österreichs in ihrer Gesamtheit -

einschließlich also der sozialen und ökonomischen Zusammenhänge - abzuleiten. Doch durch die Kontrastierung der österreichischen (katholischen) mit der norddeutschen (protestantischen) Entwicklung, die Bauers Arbeiten durchgehend strukturiert, gerät er in Versuchung, die genuin österreichischen Widersprüche, die auf österreichischem Boden gewachsenen und wirksamen sozialen und ideologischen Gegensätze in eigentümlicher Weise zu extrapolieren. Die österreichische Besonderheit wird auf diese Weise ebenfalls zu einer homogenen, widerspruchslosen, bestenfalls ‚von außen‘ bewegten Substanz. Wenn Bauer etwa die konservative Verdammung des Josephinismus kritisiert, wie sie nach 1848 offen auftrat und sich dann ab der Jahrhundertwende bei Bahr und anderen regenerierte, so endet er letztlich bei der These, der Josephinismus sei eine Erscheinungsform des barocken Denkens, die die katholischen Prinzipien lediglich verstaatlichen hätte wollen. Statt also die Widersprüche zwischen den Prinzipien des absolutistischen Staats, seiner Kultur und dem Josephinismus[8] von der Wertung der konservativen Geister zu befreien, löst sie Bauer überhaupt in einer „österreichischen Lebensform" auf, die durch den Josephinismus lediglich ihr staatliches Gewand und ihre beamtische Gesinnung erhalten haben soll.[9] Doch auch Bauer kann schließlich nicht ganz umhin, den zutiefst widersprüchlichen Charakter des josephinischen Programms, der den aufklärerischen Tendenzen beträchtlichen Spielraum bot und der erst mit der Französischen Revolution gewissermaßen nachträglich virulent wurde, zumindest anzudeuten und „vor allem nach den jakobinischen Verschwörungen und den darauf folgenden Prozessen eine Verbindung zwischen dem josephinischen Reformertum und dem revolutionären Geist herzustellen."[10] Doch es hat ein wenig den Anschein, als denke sich Bauer eher in die Psyche des josephinischen Beamten, wenn er diese Konsequenzen zieht - als stelle er diese Verbindung nur her, um das „Trauma, das von nun an den Josephinismus prägt"[11] begründen zu können. Das Kapitel nämlich, das jenem der Gleichsetzung von Barock und Josephinismus folgt, lautet: „Der Rückschlag durch die Französische Revolution: Der ernüchterte Josephinismus"[12]. Die Frage ist aber, ob von diesem Zeitpunkt an von Josephinismus so problemlos noch die Rede sein kann. Mit der Französischen Revolution ist die Aufklärung ebenso an ihr Ende gelangt wie - wenn auch in stärker vermittelter Weise - der Josephinismus. Bauer jedoch spricht weiterhin von Josephinismus, wenn er doch eigentlich nur die Gesinnung des österreichischen Durchschnittsbeamten meint. Auf diese Weise entsteht bei Roger Bauer der österreichische Geist, der mit einem anspruchslosen „man" stets herbeibeschwört zu werden vermag: „Man glaubt an eine kosmische Ordnung, die jenes Leben, alles Seiende umfaßt, aber man begnügt sich damit, deren Abbild und Zeichen - wie Stifter - in einem Kristall oder der vergänglichen Pracht einer Kaktusblüte wiederzufinden. (...) Einst, zur Zeit Josephs II., regte die Idee der Ordnung und

Harmonie des Kosmos noch dazu an, diese Ordnung denkend und handelnd vollenden zu wollen. Jetzt - das Trauma von 1789 bis 1794 wirkt weiter - weiß man, daß jedes Handeln, jeder Eingriff der Gefahr der Willkür ausgesetzt ist und diese Ordnung gefährden kann."[13]

Hinter diesem - zugegeben: wandelbaren - Geist, dem ,man' der Bürokratie, verschwinden letztlich die konkret wirksamen sozialen und ideologischen Kräfte und Mächte der österreichischen Geschichte, von denen zwar naturgemäß die Bürokratie in praxi abstrahiert - die Geschichtsschreibung jedoch sollte es nicht tun, um nicht selbst in die Funktion der Bürokratie zu rutschen, die sie doch historisch bestimmen wollte. Charakteristisch für die Methode Bauers ist es darum, daß er nicht von den Werken Grillparzers, Raimunds, Nestroys etc. selbst ausgeht, um daraus die wesentlichsten Widersprüche und Tendenzen der österreichischen Literaturentwicklung zu verallgemeinern, sondern umgekehrt aus dem herbeibeschworenen österreichischen Geist (Einleitung und erster Teil von „La Réalité, Royaume de Dieu.")[14] erst die Objektivationen der Schriftsteller ableitet (zweiter und dritter Teil des Buches).

Das Hauptproblem aber, das sich aus Roger Bauers Konzeption ergibt, liegt wohl in der Gleichsetzung habsburgischer Ideologie und ,Lebensform' mit der Gesellschaft der Habsburgermonarchie schlechthin. Deren widerspruchslose Einheit wird wiederum einer ihrerseits homogen vorgestellten deutschen bzw. norddeutschen Entwicklung gegenübergestellt. Dadurch rücken aber die zentralen Konfliktebenen auf beiden Seiten in den Hintergrund: nämlich die Kritik des Habsburgertums ebenso wie die des Preußentums. Zum einen wird nicht mehr erkennbar, daß Preußentum und Habsburgertum gemeinsam zum entscheidenden Hindernis der demokratischen Entwicklung einer deutschen Nation wurden. Zum anderen aber können auch die wesentlichen Unterschiede zwischen Habsburgertum und Preußentum nicht mehr begriffen werden. Diese liegen vor allem in dem Bruch zwischen der josephinischen Periode (dem Josephinismus im eigentlichen Sinn) und der Epoche der Restauration; einem Bruch, dem auf der Seite des Preußentums die Kontinuität eines einzigen Fäulnisprozesses feudalabsolutistischer Strukturen gegenübersteht. Der Josephinismus aber, mit seinem widersprüchlichen Programm eine in Europa einzigartige, wenn auch sehr verspätete, antifeudale Aktion inmitten eines rückständigen feudalabsolutistischen Staats, vermochte noch der deutschen Aufklärung (im Gegensatz zum Regime Friedrichs II.) entscheidende Impulse und notwendigen Spielraum zu geben. Nicht zufällig überlegte der alte Lessing noch ernsthaft - nach all seinen Enttäuschungen - nach Wien zu gehen, um hier den letzten Versuch eines deutschen Nationaltheaters zu wagen. Nicht zufällig auch konnte sich hier - trotz der Schwäche des Bürgertums - das Werk Mozarts entfalten, den selbst Georg Lukács als tiefste Gestalt der deutschen Aufklärung noch über Lessing stellt.[15] Im Josephinismus zeigt die Bürokratie zum letzten Mal ihr fortschrittliches Gesicht - im späten Kampf gegen die feudalen Mächte der Habsburgermonarchie. Doch mit der Französischen Revolution, mit der Politik Franz I. verwandelte sie sich in die Fratze der habsburgischen Ideologie, die sich von jener des Preußentums wohl nurmehr durch den Ausdruck von Schlamperei und Gemütlichkeit unterscheidet. (Dieser Ausdruck allein macht noch keinen Antiimperialismus, eher vermag er imperialistischer Politik einen verlogen-verschämten Charakter zu verleihen. Und gerade den hatte der preußisch-deutsche Imperialismus nötig. Niemand hat dies schärfer erkannt als Karl Kraus.)

Die Krise der dreißiger Jahre des 19. Jahrhunderts, die schließlich in der Revolution von 1848 gipfelte, schildert Roger Bauer gewissermaßen als ‚Abweichung' von der österreichischen Lebensform; aus einem gewissen Systemzwang heraus scheint er alle Veränderungen der einmal entdeckten Kontinuität nur mehr als einen ‚von außen' eindringenden „Zeitgeist" denken zu können. So zumindest entwirft er die Situation vor 1848: „(...) einerseits sind trotz der strengen Polizeimaßnahmen die Hindernisse, die das Eindringen der neuen Ideen aufhalten sollen, keineswegs unüberwindbar, andrerseits nehmen die österreichischen Schriftsteller, zumindest die der alten Generation, die noch stark vom Josephinismus geprägt ist, diese neuen Ideen, trotz der von ihnen ausgehenden Verführung, nur sehr zurückhaltend und vorsichtig auf. Ein neues unbeständiges und unsicheres Gleichgewicht bildet sich so zwischen dem ‚Zeitgeist' und den unverändert bleibenden Grundzügen des österreichischen Geisteslebens heraus."[16]

Rober Bauer beurteilt die Bewegung von 1848 ganz vom Standpunkt ihrer Niederlage aus. Das österreichische Wesen nimmt hier, wo von historischer Bewegung und Veränderung beim besten Willen nicht mehr abgesehen werden kann, die Form einer zum Fatalismus fetischisierten, abstrakten Notwendigkeit an, die von den vollendeten Tatsachen aus mit Leichtigkeit konstruiert werden kann. Schwieriger - aber dem geschichtlichen Verlauf entsprechender - wäre es hingegen, eine solche Krisis einer Gesellschaftsformation als Verdichtung von Widersprüchen, als Knotenpunkt verschiedenster paralleler und gegenläufiger Tendenzen sichtbar zu machen, bei dem gerade auch die Alternativen zur später wirklich gewordenen Entwicklung stärker als sonst aufleuchten.

Die Grundfigur von Roger Bauers Denken wird abermals an der Behandlung von 1848 und dessen Vorgeschichte deutlich: die historischen Widersprüche, die widersprüchliche Geschichte werden ins Statisch-Geographische des Verhältnisses Österreich-Deutschland verschoben. Freilich wird auf diese Weise nicht nur die österreichische Entwicklung harmonisiert. Die deutsche ‚Lebensform' wird ihr gegenüber nämlich zum „Subjektivismus" vereinheitlicht - ob es sich nun um Sturm und Drang, Kant, Fichte, Hegel oder die Romantik handelt, die dem antisubjektivistischen Katholizismus und Josephinismus mechanisch gegenübergestellt werden. Es mag dabei besonders erstaunen, daß Bauer Hegel und die anderen erwähnten Richtungen des deutschen Denkens auf den Nenner des Subjektivismus zu bringen vermag. Hegels *objektiver* Idealismus stand wohl zum Fichteschen subjektiven in einem viel schärfer antagonistischen Verhältnis als es der österreichische Antisubjektivismus ohne philosophische Basis vermochte. (Oder bedeutet Bauer Philosophie bereits Subjektivismus?) Roger Bauer vermag es jedenfalls nicht, den österreichischen Antisubjektivismus - der bei Nestroy einen materialistischen Akzent bekommt - in seinem wirklichen Verhältnis sowohl zum subjektiven wie objektiven deutschen Idealismus darzustellen und gegeneinander abzuwägen. Eher erscheint er als notwendige Ergänzung oder gar als Alternative zum norddeutschen Subjektivismus.[17]

Der antisubjektivistische Zug, den Roger Bauer der österreichischen Lebensform beimißt, erscheint als hochgradige Abstraktion an der österreichischen Kultur- und Gesellschaftsentwicklung, von der Bauer selbst nur selten zurückfindet zu den konkreten, sie bewegenden Widerspürchen in den einzelnen Objektivationsformen. (Welche Problematik diese Abstraktion etwa im Bereich des österreichischen Volkstheaters aufwirft, habe ich an anderer Stelle versucht anzudeuten.)[18]

Was hat dies aber alles mit Jura Soyfer zu tun, wird man hier vielleicht fragen. Bei diesen Bemerkungen kann es sich natürlich nur um die Vorgeschichte von Jura Soyfers Schaffen handeln, und als solche wäre ihre Bedeutung für Soyfer nicht zu unterschätzen. Denn sie könnten zum einen davor bewahren, auch ihn einmal in die Widerspruchslosigkeit des josephinischen Mythos Bauerscher Prägung zu integrieren - quasi als seinen sozialistischen Wurmfortsatz; zum anderen mögen sie verhindern, daß bestimmte österreichische Traditionen, an die Soyfer mit großer Bewußtheit anknüpft, lediglich als bühnenwirksame, an sich wertlose Requisiten und Zitate betrachtet werden. Abgesehen davon verlängert Roger Bauer selbst in verschiedenen Aufsätzen sein Bild von der österreichischen Literatur in die unmittelbare Gegenwart. Allerdings verfährt er dabei weniger gründlich historisch sondern eher assoziativ; etwa wenn ihn Handkes Brecht-Kritik an Grillparzers Auseinandersetzung mit Hebbel erinnert.[19] Im Feuilleton über die Gegenwartsliteratur also wird die Problematik von Rober Bauers Verfahrensweise unmittelbar evident: Bemühungen und Auseinandersetzungen etwa um eine realistische, womöglich politisch engagierte Literatur interpretiert er wiederum als Angriff des norddeutschen Geistes auf den Hort österreichischer Tradition, der von den Autoren der Wiener Gruppe, von Handke und auch Wolfgang Bauer zeitgemäß verwaltet wird. - „Also kluge Skepsis, Sinn für das Ungewisse, Vorliebe für Spontaneität einerseits, Systemgeist und definitive, apriorische Gewißheit andererseits. Nur beruft man sich heute auf eine andere - ,heutige' - prinzipielle Gewißheit, die des ,wahrhaften Sozialismus': Johannes R. Becher und Bertolt Brecht werden als Zeugen aufgerufen!"[20] So deutlich es hier hervortritt, daß diese Betrachtungsweise der österreichischen Besonderheit und Kontinuität zu einer Einengung - ja zu einem Hindernis - der Möglichkeiten der österreichischen Literatur führen kann, so verständlich wird es zugleich, warum Jura Soyfer - der Skepsis und Spontaneität mit der Gewißheit von der Notwendigkeit des antifaschistischen Widerstands verbinden konnte - aus diesem Schema einer österreichischen Besonderheit herausfallen muß.

Claudio Magris' Untersuchung „Der habsburgische Mythos in der österreichischen Literatur" erweist sich gegenüber Roger Bauers Studien in vieler Hinsicht als historisch-konkreter. Für Magris entsteht der habsburgische Mythos historisch *nach* der Aufklärung, *nach* Josephinismus und Französischer Revolution. Der „Prozeß der Mythisierung setzt zu Beginn des vorigen Jahrhunderts ein";[21] Magris leitet ihn von der qualitativ neuen Situation Österreichs im Zeitalter Napoleons ab. Der Prozeß der Mythisierung erscheint beinahe als staatspolitische Notwendigkeit: durch Napoleon von der Vorherrschaft in Deutschland ausgeschlossen, suchten die Habsburger und die staatstragende Feudalschicht auch ideologisch einen neuen modus vivendi, einen anderen Existenz- und Zusammenhaltsgrund für die Monarchie.[22] Vielleicht könnte man hier noch weitergehen als Magris und den habsburgischen Mythos im ganzen nicht nur als eine solche ,von oben' inaugurierte staatspolitische Notwendigkeit betrachten sondern im umfassenderen und tieferen Sinn als Reaktion weiter Teile vor allem auch des Bürger- und Beamtentums auf die Französische Revolution - hierin ähnlich und vergleichbar der deutschen Romantik. Der habsburgische Mythos könnte dann verstanden werden als eine - neben der deutschen Romantik - zweite, weniger offensive Möglichkeit, den Konsequenzen der Französischen Revolution ideologisch auszuweichen oder entgegenzutreten. Jedenfalls hält Magris auf diese Weise den Gegensatz des Josephinismus, der Regierungsweise Josephs II. und z. T. Maria Theresias, zur späteren Politik und Ideologie der Habsburger in aller Schärfe fest.[23] Ja selbst den erstarrten Bürokratismus - als die soziale Basis des habsburgischen Mythos - kann Magris noch im Widerspruch zum josephinischen Denken erfassen - „In dieser Zeit nimmt auch das bürokratische Ideal Gestalt an (...) es geht nicht mehr um den aufgeklärten Wunsch der Staatserneuerung, sondern um ein System fleißiger Schlamperei."[24]

Doch von diesem Moment der Genesis des Mythos rücken auch bei Magris die Widersprüche der österreichischen Entwicklung in den Hintergrund; der Mythos bezwingt scheinbar noch seinen Entdecker, indem er hermetisch vor ihm sich abschließt zum widerspruchslosen Gebilde, gleichzeitig aber alle übrigen Bestimmungsmöglichkeiten zu verschlingen droht.

Man könnte die Verfahrensweise von Magris auch so beschreiben: er grenzt - z. T. explizit - aus, was nicht zum Themenbereich ‚habsburgischer Mythos' gehört (wohl aber zur Literatur der Habsburgermonarchie) - zuletzt verallgemeinert er das so entstandene Spektrum der Literatur des habsburgischen Mythos doch wieder zum totalen Bild der österreichischen Literatur. Charakteristisch dafür ist etwa, daß Magris Rosegger als Repräsentanten einer habsburgischen Heimatliteratur - in der Nachfolge Stifters - breit abhandelt, Anzengruber aber nicht (oder nur in einer Anmerkung, zusammengestellt mit allen möglichen, irgendwie ländlich inspirierten Autoren wie Schönherr, Nabl etc.[25]) erwähnt. So richtig wohl die Kritik und Einschätzung Stifters und Roseggers dabei ausfällt, so falsch wird das Bild einer österreichischen Literatur, wenn Anzengrubers Bedeutung - Rosegger gegenüber - ausgeblendet wird. Statt dessen nimmt auch Magris - hierin Roger Bauer ähnlich - Bezug auf einen nicht-österreichischen Schriftsteller, um die Werke von Stifter und Rosegger in eine kritische Distanz rücken zu können - nämlich zu Gottfried Keller. Von dessen Standpunkt aus gelangt allerdings Magris, der in Stifter und Rosegger durchaus keine positive Alternative zur deutschen Entwicklung erblicken kann, zu einer scharfsinnigen Kritik der habsburgischen Heimatliteratur, namentlich Stifters und seine Nachwelt: „Von Stifter bis Rosegger sollte so eine Überfülle an Erzählungen ‚für ländliche Wohlfahrts- und Heimatpflege' ihren starken pädagogischen Beitrag zum habsburgischen System leisten und das Antititanentum, die schlichte Begrenzung des Alltags, das antifaustische Philistertum, auf der die Kultur der Franz-Josef-Zeit beruht, bekräftigen." - „Die habsburgische Heimatkunst strebt nach Stilisierung in einer manierierten Landschaft und nach Nivellierung jedes allzu heftigen Ausdrucks von Individualität."[26] Besonders die Kritik Stifters wird dabei zur Kritik der österreichischen Literatur verallgemeinert - „Einen schleppenden Erzählrhythmus und einer menschlich wie sozial begrenzten, vernachlässigten Lebenskondition entspricht notwendigerweise eine nur beschränkte Sicht der Wirklichkeit, die sich entweder in rein subtiler Empfindsamkeit oder bürokratischer Pedanterie erschöpft (...) Diese Kunst sündigt (...) durch ihren götzenhaften Fetischismus, womit sie das Detail zu einem vom Ganzen losgelösten erhebt. Jede bürokratische Kultur ist eine Kultur des Details, und dies scheint nach Grillparzer das Kennzeichen der österreichischen Literatur geworden zu sein, nämlich ein sinnliches Haften an den Dingen, worin ein schläfriger, orientalischer Hauch weht."[27]

Demgegenüber hat Anzengruber - und hierin besteht durchaus eine gewisse Verwandtschaft mit Keller - in dem kleinen, begrenzten sozialen Raum des Dorfes versucht, die demokratische Orientierung des Bürgertums zu bewahren. Sicherlich bedeutet auch dies einen Rückzug - doch einen demokratischen. Bei Anzengruber finden sich darum gleiche und ähnliche Motive des ländlichen Alltags wie in der habsburgischen Heimatliteratur, doch versuchte er sie immer wieder zu verbinden mit den Kräften und Zielen einer demokratischen Aufkärungsbewegung. Daß ihm dies künstlerisch nicht immer überzeugend gelang, er darum mitunter seine Gestalten idealisierte (wie schon Engels bei aller Anerkennung feststellte), zeigt wohl an, wie schwierig die Situation für bürgerliche radikale Demokraten nach 1848 geworden war. Dort aber wo Anzengruber ganz auf der Höhe des Realismus steht - etwa im „Sternsteinhof"-Roman, verfliegt auch sein aufklärerische Optimismus. In der Mitte zwischen Idealisierung und der realistischen Auflösung der alten demokratischen Ideale des Bürgertums finden sich jedoch die schönsten Figuren Anzengrubers - seine Außenseiter: der Steinklopferhanns, die alte Burgerlies' („Meineidbauer") ... bewahren *in ihrer Position am Rande der Gesellschaft die alten demokratisch-revolutionären und humanistischen Ideale.* In der Charakterisierung äußert sich dieser Widerspruch zwischen ihrer sozialen Lage und ihrem gesellschaftlichen Bewußtsein als seltsame Eigensinnigkeit und Kautzigkeit - mit einem Wort als authentischer Humor.

Problematisch wird Claudio Magris' Untersuchung, wenn sie sich der Literatur nach dem Ersten Weltkrieg zuwendet. Während Magris für das 19. Jahrhundert die Zusammenhänge der österreichischen Geschichte zur Bestimmung des habsburgischen Mythos immer wieder heranzog, scheint sie ihm für die Periode nach dem Zerfall der Monarchie nicht mehr vonnöten. Es vollzieht sich eine Verdoppelung des Mythos: wie die Schriftsteller selbst nimmt auch Magris das Ende der Monarchie, die neuen epochalen Verhältnisse von erster Republik, Faschismus und Exil nicht wirklich in ihren Konsequenzen zur Kenntnis. Da mit dem Zusammenbruch der Monarchie der habsburgische Mythos alle Realität verloren hat, ist er für Magris „in seine wirksamste, interessanteste Phase getreten."[28] Wieviel Realität verliert aber Magris selbst, wenn er zeitgeschichtliche Ereignisse folgendermaßen einfließen läßt: „Während durch die Februarrevolte Wien in Blut getaucht wurde, blieb es doch die Phäakenstadt wie seit eh und je und die illusorische Hauptstadt eines glücklichen Lebens; daran sollte nicht einmal der Zweite Weltkrieg etwas ändern"[29]

Es leuchtet ein, daß Magris bei einer solchen Betrachtung der historischen Ereignisse kaum die neuen Konstellationen zwischen Fortschritt und Reaktion in der Literatur bestimmen kann. Ohne das Problem der Faschisierung der Literatur zu berücksichtigen, werden nun auch Billinger, Scheibelreiter, Waggerl, Mell u.a. an den habsburgischen Mythos geknüpft - gegenüber der österreichischen Moderne (Musil, Canetti, etc.) werden sie lediglich um eine Nuance abgewertet.[30] Während Theodor Kramer nicht erwähnt wird, heißt es über Weinheber, dem selbst diese Nuance abgesprochen wird - „Und doch entsteht auf diesem Boden [der

Schollenmystik, G. S.] Josef Weinhebers Lyrik, wohl eine der höchsten sprachlichen Errungenschaften des europäischen 20. Jahrhunderts."[31]

Wie wenig es ausreicht, die Literatur einzig von ihrem Verhältnis zum habsburgischen Themenkreis aus zu bestimmen, zeigt sich wohl auch darin, daß Magris Csokor und Friedrich Schreyvogl, die in der Konfrontation mit dem deutschen Faschismus schließlich entgegengesetzte Wege einschlugen, in einem Kapitel zusammenfaßt - unter dem Titel „Habsburgisches Europäertum".[32]

Vor dem Hintergrund des habsburgischen Mythos scheinen alle Unterschiede und Antagonismen zwischen den österreichischen Autoren auf Nuancen zusammenzuschrumpfen. Selbst Karl Kraus wird letztlich als Gefangener des Mythos, als Freund-Feind der habsburgischen Welt gedeutet. Angesichts der gewaltigsten Zerstörung des habsburgischen Mythos, die Kraus in den „Letzten Tagen der Menschheit" gelang, erscheint eine solche Einschätzung, zumal sich die ganze Auseinandersetzung auf vier Seiten beschränkt, etwas problematisch. Ödön von Horváths Bedeutung hingegen - und dies ist für die Mitte der sechziger Jahre freilich erstaunlich - erkennt Magris (neben der Georg Saikos) in voller Klarheit. „Gleichzeitig entstehen in diesen Jahren [zwanziger und dreißiger Jahren, G. S.] auch einige sehr bedeutende *Entmythisierungsversuche*, wie manche Romane von Georg Saiko (...) Noch weiter gehen die Theaterwerke von Ödön von Horváth, die das Wiener Volksstück auflösen (...) Diese Autoren überschreiten bereits den Rahmen dieser Untersuchung, doch ist es immerhin bezeichnend, daß ihre Andersartigkeit mit einer noch bestehenden Verkennung ihres Werts vergolten wird, der - besonders bei Horváth - wahre europäische Größe erreicht."[33]

Auch Jura Soyfer überschreitet den Rahmen von Magris' Untersuchung, auch seine Werke verstehen sich als Entmythisierungsversuche, wenn auch vielleicht nicht von europäischer Größe. Soyfers unmittelbarste Auseinandersetzung mit dem habsburgischen Mythos findet natürlich in *„Astoria"* statt. Doch auch dort geschieht dies bereits unter dem übergeordneten, neuen epochalen Gesichtspunkt der faschistischen Bedrohung. Bei Kraus und Musil handelt es sich - so sehr ihre Werke sich auch voneinander unterscheiden - gewissermaßen noch um den Akt der Selbstzerstörung des Mythos. In diesem Sinn könnte man Brechts Ausspruch über Kraus abwandeln - als der habsburgische Mythos Hand an sich legte, waren sie diese Hand. Der Realität der faschistischen Epoche haben sich beide - mehr oder weniger bewußt - verschlossen. (Natürlich hat Kraus nicht wirklich geschwiegen zu dieser Realität, doch weicht seine Satire nach 1933 - auch in der „Dritten Walpurgisnacht" - in charakteristischer Weise den Notwendigkeiten des antifaschistischen Kampfes aus.)[34]

In „Astoria" hingegen versucht Soyfer - mit den viel bescheideneren Mitteln der Kleinkunstbühne - den habsburgischen Mythos, die Apotheose des Bürokratismus, als satirische Folie der Entstehung und dem Wesen des faschistischen Staats zu unterlegen. In Graf Luitpold Buckelburg-Marasquino, dem die amerikanische Millionärin einen Staat - ob mit oder ohne Volk - schenken möchte, *verkörpert sich die ganze Lächerlichkeit des habsburgischen Mythos* angesichts der Möglichkeit eines glatten Übergangs des absolutistischen Staats in einen faschistischen oder modern-autoritären, wenn die Gegenwehr von Demokratie und Arbeiterbewegung ausbleibt.

Mit der Gegenwelt der Vagabunden jedoch sind in „Astoria" sehr nüchtern und ohne jede Mystifizierung die Voraussetzungen einer österreichischen Naton gestaltet: die plebejische Welt der Vagabunden ist *geschichtslos* im nationalen Sinn, dennoch enthält sie eine Fülle humanistischer und demokratischer Tendenzen und Kräfte - und die österreichische Besonderheit des Alt-Wiener-Volkstheaters. Erst im antifaschistischen Kampf aber könnten sie zur Nation werden - dies ist die Botschaft des Vagabunden-Lieds[35]

*Bettelnd von Schwelle zu Schwelle*
*Hast du den Hut geschwenkt.*
*Die Heimat, mein Wandergeselle,*
*Wird einem nie geschenkt.*
*Drumm nimm die Pflug und Spaten*
*Und halte dich bereit*
*Und hol herbei deine Kameraden,*
*Und wo ihr grade seid:*

*Dort ist das Land das dir gehürt*
*Auf diesem Erdenrund.*
*Such nicht Astoria, mein Bruder Vagabund.*
*Die Zeit, die ihre Straße zieht,*
*Sie ist mit dir im Bund -*
*Marschier mit ihr und sing dein Lied,*
*Mein Bruder Vagabund!*

*Anmerkungen*

[1]  Vgl. Ernst Fischer: Von Grillparzer zu Kafka. Wien 1962, S. 123.
[2]  Erst in neueren Arbeiten der österreichischen Germanistik finden sich Gegenkonzepte zu den verschiedenen Konstruktionen falscher Kontinuitäten, die auch dem demokratischen Widerspruch wieder Platz verschaffen in der österreichischen Literaturentwicklung - so vor allem bei Friedbert Aspetsberger:

Der Historismus und die Folgen. Studien zur Literatur in unserem Jahrhundert. Frankfurt/Main 1987. (Literatur in der Geschichte - Geschichte in der Literatur Bd. 14) - oder beispielsweise auch in dem Nachwort Hubert Lengauers zur Neuausgabe von Ferdinand Kürnbergers Roman „Der Amerikamüde" (Wien, Köln, Graz 1985).

3   Hermann Bahr: Burgtheater. Wien 1920.
    Das Zitat ist die Widmung des Buchs an: „Professor Josef Nadler, dem Schliemann unserer barocken Kultur, in dankbarer Verehrung. Salzburg, Weihnachten 1919."

4   Sebastian Meissl: Zur Wiener Neugermanistik der dreißiger Jahre: Stamm, Volk, Rasse, Reich. Über Josef Nadlers literaturwissenschaftliche Position. In: Klaus Amann, Albert Berger (Hrsg.): Österreichische Literatur der dreißiger Jahre. Wien, Köln, Graz 1985, S. 130 ff.; hier: S. 140/141.

5   Vgl. hierzu Georg Lukács: Demokratisierung heute und morgen. Budapest 1985, sowie Ders.: Marxismus und Stalinismus. Reinbek 1970.

6   Albert Fuchs: Geistige Strömungen in Österreich. Wien 1949.
    Paul Reimann: Probleme und Gestalten der österreichischen Literatur. London 1945. Eva Priester: Kurze Geschichte Österreichs. 2 Bde. Wien 1946-1949.

7   Neben den Arbeiten von R. Bauer und C. Magris seien auch jene Felix Kreisslers (z. B. Österreich von 1918-1938 - Von der Revolution zur Annexion. 1970; Der Österreicher und seine Nation. Ein Lernprozeß mit Hindernissen. Wien, Köln, Graz 1984), die sich allerdings weniger der Literatur als allgemein der österreichischen Geschichte widmen, sowie die von ihm herausgegebene Zeitschrift „Austriaca" erwähnt.

8   Vgl. hierzu Perry Anderson: Die Entstehung der absolutistischen Staats. Frankfurt/Main 1979, S. 405 ff.

9   Roger Bauer: Die Welt als Reich Gottes. Grundlagen und Wandlungen einer österreichischen Lebensform. Wien 1974, S. 27 ff.

10  Ebd. S. 39.

11  Ebd.

12  Ebd.

13  Ebd. S. 43/44.

14  Roger Bauer: La Réalité, Royaume de Dieu. Etudes sur l'orginalité du théâtre viennois dans la première moitié du XIXe siècle. München 1965.

15  Georg Lukács: Minna von Barnhelm. In: G. L. Werke Bd. 7 (Deutsche Literatur in zwei Jahrhunderten) Neuwied, Berlin 1964, S. 21 ff.

16  Roger Bauer, Die Welt als Reich Gottes, S.111.

17  Vgl. hierzu auch Roger Bauer: Laßt sie koaxen, Die kritischen Frösch' in Preußen und Sachsen! Zwei Jahrhunderte Literatur in Österreich. Wien 1977.

18  Vgl. hierzu das Kapitel: Der Gewinn des konkreten Humanismus zwischen Agitprop und Avantgarde-Bewegungen. Zur Entwicklung von Jura Soyfers Dramatik in diesem Band.

19  Roger Bauer, Laßt sie koaxen, S. 223.

20  Ebd. S. 222.

21  Claudio Magris: Der habsburgische Mythos in der österreichischen Literatur. Salzburg 1966, S. 23.

22  Vgl. etwa auch die Einrichtung österreich-patriotischer Zeitschriften ab

1809/10 - „Österreichischer Beobachter", „Vaterländische Blätter" - d. h. einer staatlichen Publizistik, die den neuen ideologischen Bedürfnissen entsprach bzw. solche generierte und verstärkte.

[23]  Ebd. S. 28/29.
[24]  Ebd. S. 25.
[25]  Ebd. S. 332.
[26]  Ebd. S. 136 u. 138.
[27]  Ebd. S. 143.
[28]  Ebd. S. 239.
[29]  Ebd. S. 241.
[30]  Ebd. S. 241/242.
[31]  Ebd. S. 242.
[32]  Ebd. S. 273.
[33]  Ebd. S. 244.
[34]  Vgl. hierzu Cesare Cases: Stichworte zur deutschen Literatur. Kritische Notizen. Wien, Frankfurt, Zürich 1969, S. 190 ff.
[35]  Jura Soyfer: Das Gesamtwerk. Wien, München, Zürich 1980, S. 232.

# Die Verzauberung der entzauberten Welt

*Kleiner Epilog über den Lechner-Edi - mit besonderer Rücksicht auf Marx*

„Die Wissenschaft, die die unbelebten Glieder der Maschinerie zwingt, durch ihre Konstruktion zweckgemäß als Automat zu wirken, existiert nicht im Bewußtsein des Arbeiters, sondern wirkt durch die Maschine als fremde Macht auf ihn ein, als Macht der Maschine selbst."[1]

So charakterisiert Marx in den „Grundrissen" das entfremdete Verhältnis von Mensch und Maschine unter kapitalistischen Bedingungen. Und es ist einigermaßen folgerichtig, daß der arbeitslose Lechner-Edi spontan dieser fremden Macht die Schuld an seinem Elend gibt - „wenn i da sag, daß jetzn in der Geisterstund die Maschin in mei Gassen kummt. Die mächtige, tausendpferdige elektrische Maschin - in mei Gassen - daß i endli amal mit ihr abrechnen kann - i, der schäbige, arbeitslose Lechner-Edi - mit der großen, mächtigen Maschin ..."[2] Die Verzauberung des Geschehens, die hier einsetzt, realisiert zunächst nur die Phantasievorstellungen und Wünsche des Maschinenstürmers Edi; sehr fein übrigens und sehr dramatisch stimmt Soyfer dieses Wahrwerden eines Phantasieprodukts mit der Bedingung einer kommunikativen, intersubjektiven Übereinkunft ab: „Mach die Augen zu, Fritzi - er kommt - siehst du ihn?" Die Schritte, die man bereits hören kann, könnten noch von jemand anderen herrühren; erst als die Freundin sich bereit erklärt, alles zu glauben, verändert sich die Realitätsebene auch für den Zuschauer und der Zauber beginnt.

*Edi: s' war scho höchste Zeit, daß mir a Tram in Erfüllung geht. Hörst, er kommt!*

*Fritz: Ja, wer denn?*

*Edi: Der Motor. Glei wird er ums Eck biegen! In mei Gassen -*

*Fritzi: Aber -*

*Edi: Glaubst ma's net? (Flehend:) Du must ma's glauben, Fritzi, und wann's a net wahr is. Glaubst ma's?*

*(Schweigen. [...])*

*Fritzi: Ja, Edi.*

*(Der Motor tritt auf ...)*[3]

Der Zauber der folgenden Handlung aber besteht in nichts anderem als der bewußten Aufhebung der Fremdheit der Maschinenmacht: die Maschine erscheint auf der Bühne als *freundliche* Macht, mit dem kumpelhaften Namen Pepi, und um sie gleichsam zu entmystifizieren, um ihr die Fremdheit zu nehmen, wird sie mit ganz menschlichen Eigenschaften ausgestattet. Als weiser Freund zeigt sich dem Lechner-Edi in Gestalt des Motors Pepi die Wissenschaft. Sie führt ihn, indem sie die Zeiten mühelos durchdringen, die historische Gewordenheit alles Seienden ihm veranschaulichen und selbst ihre eigene Geschichtlichkeit nachvollziehen kann, zu ihm selbst, zum Bedürfnis zumindest, sich die Welt handelnd anzueignen. Man mag die rapide Verkürzung dieses Wegs, die Reduktion der Geschichte auf komische Erfinder- und Entdeckerfiguren, und den raschen Schluß, der die allgemeine Erkenntnis Edis zu wenig vermittelt, kritisieren; man mag weiters einwenden, daß ja die Hauptfigur die wirklichen konkreten Ursachen der Arbeitslosigkeit, die in der kapitalistischen Eigentumsordnung begründet sind, gar nicht erkennt ... Man mag all das kritisieren - die einmalige Wirkung des Lechner-Edi-Stücks besteht doch in der verzauberten Beziehung zwischen Mensch und Maschine. Denn in dieser Verzauberung wird jene Verdinglichung aufgelöst, wie sie Marx als Kennzeichen der entwickelten kapitalistischen Ökonomie begriffen hat, nämlich „das unmittelbare Zusammenwachsen der stofflichen Produktionsverhältnisse mit ihrer geschichtlich-sozialen Bestimmtheit"[4] (Die Marxsche Bestimmung des Verdinglichungsbegriffs anzuführen, scheint heute nötiger als je, da der Begriff einerseits schon ins Vokabular des romantischen Antikapitalismus eingang gefunden hat, andererseits bei vielen Marxisten überhaupt kein Vertrauen mehr findet.) In dieser Auflösung der Vedinglichung findet die Sehnsucht nach nichtentfremdeten Beziehungen der Menschen zu den von ihnen geschaffenen Objektivationen einen unmittelbaren und intensiven poetischen Ausdruck wie selten in der Literatur dieses Zeitalters. Der prosaische Motor Pepi aus der kapitalistischen Fabrikswelt übernimmt kraft der Zauberdramaturgie die poetische Rolle von Zauberflöte und Glockenspiel, worin Mozart und Schikaneder älteste, durch das Volkstheater weitergetragene, magische und kultisch-fetischistische Traditionen der Volkskultur zur Bewußtheit des künstlerischen Mittels steigerten. *„Die Zauberflöte wird dich schützen, / Im größten Unglück unterstützen. / Hiermit kannst du allmächtig handeln, / Der Menschen Leidenschaft verwandeln, / Der Traurige wird freudig sein, / Den Hagestolz nimmt Liebe ein.*"[5] - so singen die drei Damen in Mozarts Oper. Wie in den großen, volksverbundenen Theaterformen der vergangenen Epochen - ob bei Shakespeare oder in der ‚Zauberflöte' - Elemente der ursprünglichen alten Form des Fetischismus und der Magie in den künstlerisch-bewußten Zauber der Kunst aufgelöst werden, so verwandelt sich auf der Kleinkunstbühne Jura Soyfers der moderne Fetischismus, der den entfremdet Arbeitenden durch die Maschine überfällt (und für den eben selbst der, jedem Analogisieren fernstehende, politische Ökonom Marx religionsgeschichtliche Anleihen machen mußte) in ein volkstümliches künstlerisches Gestaltungsmittel, das noch einmal jene schwebende Leichtigkeit verbreitet, die jede Gefahr der modernen Entfremdung - ohne ihre Realität als Lebensgewalt abzuschwächen - in der Komik überwindet.

*Anmerkungen*

1 Karl Marx: Grundrisse der Kritik der politischen Ökonomie. 2. Aufl. Berlin/DDR 1974, S. 584.
2 Jura Soyfer: Gesamtwerk. Hg. v. H. Jarka. Wien, München, Zürich 1980, S. 564.
3 Ebenda.
4 Karl Marx: Das Kapital. III. Bd. Berlin/DDR 1979 (MEW Bd. 25) S. 838.
5 1. Aufzug, 8. Auftritt - Wolfgang Amadeus Mozart/Emanuel Schikaneder: Die Zauberflöte. Eine große Oper in zwei Aufzügen. Textbuch. In: W. A. Mozart: Die Zauberflöte, Texte, Materialien, Kommentare. Hg. v. A. Csampai u. D. Holland, Reinbek 1982, S. 62.

# *Anhang*

# Die Zerstörung des Volksstücks

## Richard Billinger und die Tradition des Volkstheaters

„Die faschistische Kunst wird demnach nicht nur für Massen, sondern auch von Massen exekutiert. Danach läge die Annahme nahe, die Masse habe es in dieser Kunst mit sich selbst zu tun, sie verständige sich mit sich selbst, sie sei Herr im Hause: Herr in ihren Theatern und in ihren Stadien, Herr in ihren Filmateliers und in ihren Verlagsanstalten. Jeder weiß, daß das nicht der Fall ist. An diesen Stellen herrscht vielmehr ‚die Elite‘. Und sie wünscht in der Kunst keine Selbstverständigung der Massen."

Walter Benjamin[1]

### I

Was hat es zu bedeuten, wenn am Wiener Volkstheater im Jahr 1983 „Der Gigant" von Richard Billinger aufgeführt wird - ein Stück also, dessen ‚österreichische‘ Erstaufführung im selben Theater im Jahr 1941 stattfand?

Die von allen Seiten beklatschte Aufführung ist nur die Spitze eines Eisbergs; Dramen und Literatur aus dem Dritten Reich erfreuen sich etwas unterderhand einer regen Verbreitung und dauernden Würdigung in den Medien, in den Schulbüchern, im Fernsehen, im Feuilleton. Den antifaschistischen Positionen aber mangelt es seit jeher an einem theoretischen Instrumentarium, um dem kryptischen Fortleben des kulturellen Überbaus des Faschismus wirksam - und das heißt auch auf der Ebene der Ästhetik - entgegentreten zu können. Es genügt hier nicht, den Nachweis zu erbringen, daß Billinger den ‚Anschluß‘ auf der Ebene der Kulturpolitik vorbereitete, indem er sich im PEN-Club auf die Seite der Nazis schlug und in den einschlägigen Publikationen vor und nach dem März 1938 sein Schärflein zum Hitlergruß der ostmärkischen Dichter beitrug. So wichtig diese Tatsachen über die Vorgänge in den Schriftstellerorganisationen, Verlagen, staatlichen Institutionen, etc. sind, und so wichtig ihre Aufarbeitung in den letzten Jahren war,[2] so wenig reichen sie hin, dem Gehalt der Werke jener Autoren beizukommen. Das Verhältnis der Werke zum Faschismus muß konkreter bestimmt werden, nicht nur von der kulturpolitischen Aktivität ihrer Verfasser aus, sondern auch aus der Perspektive ihrer Inhalte und Formen im literarhistorischen bzw. theaterhistorischen Kontext. Ihre Stellung in diesem Kontext kann der Schlüssel sein zum Verständnis ihrer faschistischen Affinität.

Denn freilich ist etwa „Der Gigant" kein Stück, das direkt für die NSDAP wirbt oder den Führer Adolf Hitler verherrlicht, diesen etwa - wie in Richard Euringers ‚Deutscher Passion‘ - als Christus die Welt erlösen läßt oder ähnliches. Es hat sich allerdings gezeigt, daß die NSDAP und Hitler solche Art Stücke, bei denen sich Fahnen und Hakenkreuze auf der Bühne drängelten, für ihre faschistische Kultur gar nicht bevorzugten.[3]

Dennoch erweist es sich als schwierig, den Text des Billinger-Stückes allein vor Augen, sein konkretes Verhältnis zum Faschismus zu bestimmen. Man kommt dabei wohl kaum über einen sehr allgemein gehaltenen Irrationalismus-Vorwurf hinaus: das Stück arbeite mit seinem Menschenbild und seinem irrationalistischen Grundzug dem Faschismus in die Hände und stütze seine Ideologie. Aber damit ist nur wenig über den Gehalt des Stücks - und zudem auch über den Faschismus - ausgesagt. Um die Kritik konkreter zu machen, muß das Drama in seinem historischen Zusammenhang betrachtet werden - genauer: in seinem gattungshistorischen. Es kommt darauf an zu erkennen, an welche Traditionen Billinger anknüpft und wie er sie im Sinne des Faschismus transformiert. Es muß, mit einem Wort, vom Begriff und von der Geschichte des Volksstücks gesprochen werden.

Ein weiterer Schritt zur Konkretion der Kritik wäre freilich die - strikt ,theaterwissenschaftliche' - Erforschung der Bühnengeschichte der Stücke Billingers; doch zwingt der geringe Raum eines Aufsatzes dazu, sich vorerst bei einer literaturgeschichtlichen Betrachtung zu bescheiden.[4]


*II*

Werfen wir noch einen Blick auf diejenige Forschung, die Billinger schon immer in die Reihe von Raimund, Nestroy, Anzengruber situiert hat - allerdings nicht, wie es hier intendiert ist, als letztes Stadium in der Verfallsgeschichte des Volksstücks, sondern als genialen urwüchsigen Fortsetzer und Erneuerer der Tradition: die faschistische Literaturgeschichtsschreibung. Es braucht kaum erwähnt zu werden, daß diese Tradition biologistisch begründet wird, ,Blut' und ,Rasse' die Leitschnur für den Volksbegriff und für Formen und Inhalte abgeben. Gerade die „Literaturgeschichte der Stämme" kann ja beim Volksstück mit seinem regionalen Charakter ihre Triumphe feiern. Die realen Verschiebungen, die sich unter den Händen von Anzengruber, Schönherr und Billinger mit dem Volksstück vollzogen, werden jeweils aus der ,Stammeszugehörigkeit' des Dramatikers abgeleitet. Einmal mehr zeigt sich das Prinzip biologistischer und rassistischer Ideologien: Die Suche nach den realen Prozessen und ihren Ursachen wird an einem bestimmten Punkt abgebrochen, um die Probleme und Widersprüche, die sich aus der halbfertigen Arbeit ergeben, auf die rassistische Ebene zu verlagern, wo sie mühelos aufgelöst werden können.

Doch die Prinzipien der faschistischen Literaturwissenschaft gingen mit dem Faschismus nicht unter; ja sie behaupteten sich gerade am Gegenstand des Volksstücks am hartnäckigsten.[5] Dies führte u. a. auch dazu, daß Begriff und Gegenstand des Volksstücks für viele gegenwärtige Wissenschaftler inkriminiert sind, zumindest als verdächtig gelten und als wissenschaftliches Forschungsgebiet ausscheiden.

Die neuere Volksstück-Forschung, die dieses Dilemma zu überwinden sucht und das Volksstück als zentrales Objekt kultur- und kunstwissenschaftlicher Forschung und Theorie wiederentdeckt hat, reagiert allerdings in ähnlich ohnmächtiger Weise auf die Faschisierung von Volksstück und Volkstheatergeschichte: Das Problem spielt bei ihrer Begriffsbildung und Gattungsgeschichte keinerlei Rolle. Nun scheint aber dabei kaum etwas eine Rolle zu spielen. Es ist in der neueren Forschung vom Volksstückbegriff, nachdem er von den ‚Kategorien‘ Blut, Boden und Rasse gereinigt worden war, nur eine äußerst dürftige und fragwürdige Worthülse übriggeblieben; deren Bestimmung scheint einzig darin zu bestehen, die Widersprüche, Genese und Verfall des Volkstheaters zu überbrücken. Der Faden wird dabei zumeist vom Alt-Wiener Volkstheater (bzw. seinen Pendents in den anderen Städten) über Anzengruber und Schönherr, Thoma zu Horváth, Zuckmayer, Brecht und Fleißer, letztlich aber bis Kroetz, Turrini und Fassbinder gespannt - hinweg über den Abgrund der Faschisierung des Genres. Stücke verschiedensten sozialen und ideologischen Ursprungs und Gehalts, mit stark voneinander abweichenden ästhetischen Strukturen und ganz unterschiedlich angelegten dramatischen Kollisionen werden in einer Linie angeordnet - nur fehlt das, was sie verbinden soll. Die Verwaschenheit dieser ‚Methode‘ dämmerte kürzlich Gerd Müller: „Die Widersprüchlichkeit der von der Bezeichnung ‚Volksstück‘ umfaßten Inhalte hat einer wissenschaftlichen Beschäftigung mit der Gattung bisher im Weg gestanden".[6] Jürgen Hein kommt zu einem ähnlich traurigen Ergebnis - „Entwicklungslinien, Ansätze und Positionen lassen es heute unmöglich erscheinen, das zu beschreiben und zu definieren, was zur literarischen Gattungsbezeichnung Volksstück geworden ist."[7] Doch man zieht aus dem Dilemma keine Konsequenzen. Für Gerd Müller scheint festgelegt, welche Stücke man der Gattung subsumieren muß, nicht aber was die Gattung nun eigentlich sei. „Zwar läßt sich *aufgrund der Vielzahl* mit der Bezeichnung ‚Volksstück‘ versehenen dramatischen Gebilde durchaus von einer ‚Gattung‘ sprechen, doch fehlen ihr eben die für eine ‚Gattung‘ charakteristischen gemeinsamen Merkmale" [Hervorheb. v. m., G. S.].[8]

Die Ursache des allgemeinen Dilemmas mit dem Volksstückbegriff, das Müller nur bis zur letzten Spitze treibt, liegt im ahistorischen Ansatz begründet. Solange ein Gattungsbegriff nicht konsequent historisiert wird - und das heißt: in seiner sozialen, ideologischen und ästhetischen Historizität aufgesucht wird, solange besteht keine Chance, ihn als allgemeine ästhetische Kategorie aufrechtzuerhalten. Gerd Müller aber meint: „Einer genauen Bezeichnung der Gattung als solcher steht freilich auch der diffuse Bedeutungsinhalt des Teilkompositums ‚Volk‘ entgegen."[9]

Der Bedeutungsinhalt des Teilkompositums Volk und mithin des Begriffs Volksstück erscheint jedoch nur demjenigen diffus, der den Versuch unternimmt, Prozesse als Zustände wiederzugeben; der Kategorien und Gattungen nicht in ihrer historischen Genese, Entfaltung und ihrem Verfall betrachtet, sondern die verschiedenen Stationen ihrer Entwicklung als ‚Inhalte‘ sammelt, zu einem Stilleben arrangiert und dann vor der abstrakten Malerei die Achseln zuckt.

Heuristische Grundlage der folgenden Betrachtungen über Verfall und Zerstörung des Volksstücks ist ein Gattungsbegriff im weitesten Sinn; Volkstheater und Volksstück werden als spezifische Möglichkeit der dramatischen Gattung verstanden, sie wäre aus der spezifischen Struktur der dramatischen Gattung, ihrem Öffentlichkeitscharakter, ihrem engeren Verhältnis zum Publikum, etc. abzuleiten. Ihre Realisierung aber hängt von ganz bestimmten historischen Bedingungen ab. Die größte Dramatik, diejenige, die alle Gattungseigenschaften verwirklicht, hebt auch das Volkstheater im Hegelschen Sinn auf und vollendet sich - wie Shakespeare zeigt - gerade dadurch.[10]

Die neueren ‚Gattungsgeschichten‘ des Volksstücks[12] brechen bei Anzengruber, spätestens bei Schönherr oder Thoma ab, übergehen Heimatkunst und Faschismus, und greifen sich die ‚Erneuerer‘ der Gattung - Zuckmayer, Fleißer, Horváth, etc. - heraus. Der Faschismus, der schließlich die Gattung zu Tode beerbte, und der Antifaschismus, der - insbesondere in Österreich - einen produktiven Rückbezug auf die Tradition des Volkstheaters einleitete, kommen dieser Gattungsgeschichte als zentrales Problem nicht in den Blick. Sie begibt sich damit der Möglichkeit, aus dem Verfall des Volksstücks nach Anzengruber entscheidende Erkenntnisse über ihren Gegenstand zu gewinnen.


## III

Die zeitlich aufeinanderfolgende Dramatik Ludwig Anzengrubers (1839-1889), Karl Schönherrs (1867-1943) und eben Richard Billingers (1893-1965) bietet sich an für eine erste Skizze einer Verfallsgeschichte des Volksstücks. (Um über den Rahmen einer Skizze hinauszugehen, müßten zumindest die Dramen Ludwig Thomas, Franz Kranewitters, Ludwig Ganghofers hinzugenommen werden.) Eine solche Verfallsgeschichte stellt sich quer zu der verbreiteten Ansicht, Heimatkunst und ‚Blut- und Boden‘-Literatur wären *unmittelbarer* Ausdruck des Imperialismus auf ideologischer Ebene.[12] In unserem Zusammenhang hingegen wird der Imperialismus wahrgenommen werden als Umformung und schließlich radikale Umkehrung der Tradition des Volksstücks. Daß sich diese Umkehrung sehr langsam und widersprüchlich vollziehen konnte, zeigt, wie wir sehen werden, das Schaffen Schönherrs.

Jura Soyfer hat in seinem Nestroy-Aufsatz von 1937 in Nestroy den Gipfelpunkt der Volkstheatertradition beschrieben: „Denn Nestroy hat damals - wenn auch nicht für immer - das volkstümliche Theater aus einer tiefgehenden inneren Kriese gerettet. (...) Um die Jahrhundertwende wurde es merkbar, daß die Zeit des Kasperls vorbei war. Zumal in der großen Stadt änderte sich die Gedankenwelt des Volkes rapid (...) Es stellte kompliziertere Ansprüche an die künstlerische Form der Stücke, an die schauspielerischen Leistungen. Daß es den Hanswurst nicht mehr haben wollte, hieß aber im Grunde: Es wollte nicht mehr Hanswurst sein (...) Nestroy war es letzten Endes, der für das Wiener Volk und aus diesem Volk das Theater schöpfte, welches es nunmehr brauchte".[13] Doch dieser Gipfelpunkt war auch ein Endpunkt. Einerseits stellte Nestroy das Volk als lebendige politische Opposition auf die Bühne, wie uns Soyfer lehrt. Andererseits verschärft sich bei Nestroy der Widerspruch im Inneren dieses Volks, nämlich der Widerspruch zwischen Besitz und Besitzlosigkeit, den Nestroy kaum noch versöhnen konnte - auf dem aber gerade seine spezifische Komik beruht. So etwa, wenn er eine seine Bühnenfiguren - nachdem wieder einmal zu guter Letzt eine Erbtante gestorben ist - sagen läßt: „Nein, was's Jahr Onkel und Tanten sterben müssen, bloß damit alles gut ausgeht!"[14]

Daß dieser Komik, die die politische Opposition mit der Zuspitzung der eigenen Widersprüche noch verbinden konnte, nach den Ereignissen von 1848 der Atem ausging, leuchtet ein.

Der Widerspruch zwischen arm und reich, m. E. die Grundlage für die dramatische Kollision im Volkstheater (von der sich alle anderen Gegensätze - Stadt/Land, schön/häßlich, etc. - ableiten) begleitete, wie man weiß, den Konstitutionsprozeß der bürgerlichen Klasse; er war wirksam in jenem Volk, das die bürgerliche Revolution anstrebte, er war auch anwesend im Vorstadtpublikum und er fand - wenn auch mit mitunter kläglichen Mitteln - seine künstlerische Gestaltung im Volkstheater.

Mit einer Art naturwüchsigen Materialismus wurde selbst in den phantastischsten Zauberpossen auf diesen Widerspruch, auf die Macht des Geldes, etc. hartnäckig verwiesen. Als dieser Widerspruch total wurde und sich zum antagonistischen verschärfte, als sich aller Reichtum in Kapital, Armut fortschreitend in Lohnarbeit verwandelte und sich als solche endgültig unversöhnlich gegenüberzustehen begannen, veränderten sich auch die Bedingungen des Volkstheaters radikal.

In diesem tieferen Sinn ist das Ende des Alt-Wiener Volkstheaters nach Nestroy noch kaum untersucht worden. Man begnügte sich meist damit, die ‚Kommerzialisierung‘ oder ‚Kapitalisierung‘ des Theaterbetriebs, die die bald überhandnehmende Operette aus der Taufe hob, verantwortlich zu machen.[15]

Die Thesen vom Niedergang bleiben abstrakt, so lange im Sinne eines solchen ‚Theater-Ökonomismus‘ - wie ich es nennen möchte - argumentiert wird. Gemeint ist damit, daß die ‚kleine' ökonomische Basis des Theaters verabsolutiert wird. Die Wandlung der Inhalte wird allein aus der veränderten ökonomischen Lage der Theaterapparate abgeleitet. Doch das Theater ist kein monadischer Mikrokosmos der Gesellschaft, der ihre Gesetzmäßigkeiten in seinem Inneren reproduziert. Man darf die Kategorie der Totalität einer Gesellschaft nicht der materiellen Realität ihrer ideologischen Formen - und damit einem schlechten Materialismus - opfern. Der Zusammenhang zwischen Theater und Gesellschaft stellt sich nicht nur über die Theaterkassen her - er muß in seiner ganzen Komplexität erfaßt werden.

Gelang es also noch Nestroy, dem Publikum der Vorstädte seinen eigenen Widerspruch vorzuexerzieren und satirisch zuzuspitzen, so muß Ludwig Anzengruber aufs Land, ins dörfliche Milieu ausweichen, wo das Volk - wie es der bürgerliche Anzengruber verstand - noch nicht durch das Eigentum unversöhnlich zerteilt schien, wo er noch an beherrschbaren und begrenzten Widersprüchen seine demokratische und aufklärerische Haltung überzeugend vertreten konnte. Darin hatte er bereits in Friedrich Kaiser - dem Rivalen Nestroys - einen Vorgänger. Bisher war das Kontrastschema Stadt-Land im Alt-Wiener Volkstheater ein bevorzugter Topos, um die Widersprüche im Übergang zur bürgerlichen Gesellschaft komödiantisch entfalten zu können. Einerseits wurde über die Rückständigkeit des Landes gelacht, indem ein tumber Bauer in die Stadt gesetzt wurde; andererseits wurde aber auch sehr oft der Bauer als Vertreter eines idyllisch verklärten Landes zum Kritiker und Richter der städtischen Verhältnisse und ihres sich festigenden Klassengegensatzes. Besonders gegen Ende der ersten Hälfte des 19. Jahrhunderts wird das Kontrastschema zum feststehenden „Wunschbild Land und Schreckbild Stadt",[16] der Bauer wird als stehende Figur zum Hort von Ehre und Moral. Diese Verklärung des Landes hat freilich nichts zu tun mit der sogenannten Blut- und Boden-Literatur des Imperialismus. Sie erweist sich im Gegenteil oftmals als taugliches Instrument zur Kritik der bürgerlichen Gesellschaft.[17] Dennoch blieb ihr die beißende Ironie Nestroys nicht erspart: Vinzenz, seine Hauptfigur in „Die beiden Herren Söhne" von 1844, kommt vom Land in die Stadt und weiß geschickt das Klischee von der Unschuld vom Lande für sich auszunützen - „In der Stadt sind s'wenigstens so dumm und glauben, was vom Land kommt, is unverdorbene Natur;"[18]

Damit markiert Nestroy auch in dieser Beziehung einen Gipfelpunkt und einen Endpunkt zugleich. „Das Land, die natürliche Umgebung hat für die Stadt ihren Spiegelcharakter nicht verloren, doch ist es nicht mehr ein ebener, glatter Spiegel, sondern Verzerrtes spiegelt sich in einem Zerrspiegel; der nicht mehr intakten Gesellschaft der Stadt korrespondiert eine fragwürdige, verschlagene, ja berechnende Natürlichkeit".[19]

Nach Nestroy läßt sich das Gegensatzpaar in der alten Manier nicht mehr glaubwürdig anwenden.

Bei Kaiser und Anzengruber aber, die ins ländliche Milieu flüchten, verschwindet die Stadt als Gegenpol zur Gänze. Bezeichnenderweise scheiterte Anzengruber bei der Darstellung städtischer Lebensverhältnisse, die wiederum ohne den Antipoden des Dorfes auskommen muß. Die sozialen und familiären Verhältnisse und die Handlung des „Vierten Gebots" wirken ebenso abstrakt und konstruiert wie die Arbeiter-Figuren in dem Stück „Ein Faustschlag". Das durchschaubare Dorfmilieu und dessen einfache Konflikte waren dem kritischen Realismus Anzengrubers wesentlich förderlicher; hier im Dorf konnte er noch einmal den Kampf der bürgerlichen Aufklärung gegen unterdrückerische Religion und Obskurantismus heroisch führen, ohne die Korrumpierung der bürgerlichen Aufklärung durch das Bürgertum mitgestalten zu müssen. Daß er aber dieser Problematik seiner Epoche letztlich auch auf dem Schauplatz des Dorfes nicht entkommen konnte, zeigt etwa die dramatische Struktur seiner „Bauernkomödie mit Gesang" - „Die Kreuzelschreiber" von 1872. In diesem Drama stehen die gesellschaftlichen Kräfte, die die Ursache des dramatischen Geschehens bilden, außerhalb des Dramas: es handelt sich um den historischen Konflikt zwischen Liberalen und der Kirche in den sechziger und siebziger Jahren des vorigen Jahrhunderts in Österreich. Die dramatische Kollision ist damit eher zufällig verbunden. So wendet sich der Großbauer als Altkatholik gegen die Beschlüsse des Vatikanischen Konzils und steht damit aber auf der Seite der Liberalen. Er gewinnt die Bauern durch seine Machtstellung im Dorf dazu, mit drei ‚Kreuzel' gegen diese Beschlüsse zu unterschreiben. Die Frauen der Bauern werden wiederum von der Kirche gezwungen, ihre Männer dazu zu bringen, die Unterschrift zurückzunehmen. Bauern und Bäuerinnen erscheinen so als bloße Spielbälle der Mächtigen. Die Bauern also als dummes Stimmvieh, als bewußtlose Machtinstrumente in den Händen der Herrschenden - das allein kann keine Komödie ergeben, das wirkt eher traurig. Erst durch die Figur des Steinklopferhanns wird von einem unabhängigen Standpunkt aus komödiantisches Licht auf das Geschehen geworfen. In diesem Steinklopferhanns gelingt es Anzengruber, Traditionen des alten Volkstheaters zu bewahren und damit auch einen gewissen Moralismus, der manchmal seine Stücke gefährdet, abzuwenden. Mit dieser Figur knüpft er an die Schelmenrolle des Volkstheaters an, ohne allerdings deren direkte Kontaktnahme mit dem Publikum zu übernehmen. (Ebenso werden die eingebauten Lieder nicht mehr - die Handlung unterbrechend - zum Publikum gesungen, sondern thematisch motiviert). Man findet den Hanns am Tisch der ‚Buben', mit ihnen spottet er über die Dummheit der Bauern, besonders aber richtet er seine satirischen Attacken gegen den mächtigen Großbauern. Er kann sich als einziger gegenüber dem Großbauern und der Kirche behaupten, denn er ist besitzlos und auch kein Knecht - und glaubt infolgedessen auch nicht an den Gott der Besitzenden.

Der Steinklopferhanns zu den Burschen: „Habts'n (den Großbauern) grad auf mich hetzen müssen?!" Sepp: „Dir tut er's wenigste! Was kann er dir tan? Die Stoaner kann er dir doch nit aus der Welt hexen!"[20]

In ihm artikuliert sich - wenn auch vielfach gebrochen - der Standpunkt des Proletariats, wie es in der Epoche Anzengrubers in die Geschichte eintrat.

> *„Sixt, wann ich so auf der Straß bei dö Steinhaufen hock, da schleichen dir'n Tag über a Menge Leut vorbei, dö ausschaun wie'n Tod seine Spion und dö fast neidig auf mich rüberschaun, wann ich so lustig draufklopf und sing, s' sein Tagwerker und Kleinhäusler, die sich so in Elend mit Weib und Kind fortfretten; schau, Großbauer, (...) wann d'a Gschrift brächtst, wo drein stund: dö Großen solln nit mehr jed neu Steuerzuschlag von ihnerer Achsel abschupfen dürfen, daß er den arm Leuten ins Mehlladl, in Eierkorb und ins Schmalzhäfen fallt, sondern sie sollen ihn, wi er ihnen vermeint is, die's haben, auch alleinig tragen - ah ja, Großbauer, da setz ich dir schon meine drei Kreuzerl drunter."*[21]

Doch der Steinklopferhanns ist eben nur Stellvertreter der Arbeiter, er selbst steht seltsam und unwirklich zwischen Expropriation und Lohnarbeit. Die Isolation und Einsamkeit innerhalb der dörflichen Umgebung, die sich zwangsläufig aus dieser Statthalter-Funktion ergeben, werden aufgefangen durch ein intensives, epikureisches Verhältnis zur Natur.

> *„(...) wie ein Einsiedel habn s'mich da sitzen lassen (...) ohne Ansprach, und wie mich bald drauf a Krankheit hingworfen hat, hat mir aber kein Seel die geringste Handreichung tan.*
>
> *Nachher aber, wie ich dabei allweil matter und matter worden bin, und es laßt sich Tag um Tag neamd, aber neamd, kein menschlich Gsicht sehn, da ist mir zutiefst in die Seel hnein weh wordn! (...) da denk ich mir: Hnaus mußt - hnaus! - sollst versterbn, stirbst draußt; die grün Wiesn breit dir a weiche Tuchet unter, und d'Sonn druckt dir die Augen zu, du schlafst ein und wirst nimmer munter, der Tod is nur a Bremsler, was kann dir gschehn?! (...) dort, wo die zwei großen Tannbäum stehn, zwischen dö bin ich ins Gras gfalln, und dort hon ich die Eingebung ghabt (...) vor mir auf der Wiesen habn die Käfer und die Heupferd sich plagt und a Gschrill gmacht, (...) über mir im Gezweig sein die Vögel gflattert, und überalls hin is a schöne, linde Luft zogn. - Ich betracht dös - und ruck - und kann ohne Bschwer auf amal aufstehn (...) da wird mir auf einmal so verwogen, als wär ich von freien Stucken entstanden, und inwendig so wohl, als wär's hell Sonnenlicht von vorhin in mein Körper verblieben."*[22]

Natürlich artikuliert sich an dieser schönen Stelle auch direkt Anzengrubers, stark von Feuerbach geprägte Weltanschauung. Doch daß diese sich so frei und ungebrochen äußern kann, verdankt sie der besonderen Stellung des Steinklopferhanns im Drama. Anzengruber benötigt gerade diese Figur, um den progressiven Anspruch des Volkstheaters im dörflichen Milieu zu bewahren. Wir haben damit angedeutet, welche Konsequenzen es hat, wenn das Volksstück sein Sujet im dörflichen Leben sucht; daß es dabei der Totalität der historischen Entwicklung nicht entkommen kann, wenn es seinem sozialen Inhalt treu bleibt.

*IV*

Auch Karl Schönherr schreibt seine Stücke für ein städtisches Publikum über das dörfliche Leben. Sein Einakter „Die Karrnerleut'" von 1904 gleicht in vielem der Struktur der „Kreuzelschreiber". Die Karnerleut sind Wahlverwandte des Steinklopferhanns, Sie sind inmitten einer Welt, die durch das Eigentum geregelt wird, die Besitzlosen. Auch sie haben nichts als Spott für die Bauern, die Besitzenden und ihren Staat übrig; so singen sie ihr Bettlerlied:

*„Bettelleut haben s guet, haben s guet:*
*wir hocken beim Feuer, wir zahlen kein Steuer*
*Uns bricht kein Stier das Horn*
*Uns scheißt keine Maus ins Korn (...)"*[23]

Allerdings schleicht sich mit der Psychologisierung der Figuren, die Schönherr im Unterschied zu Anzengruber vornimmt, eine Art naturalistischer ‚Tragik' ein. Die Personen haben nur noch wenig mit den zwar grob gezeichneten aber selbständig handelnden Figuren der Alt-Wiener-Volkskomödie gemein; auf ihnen lastet ein seltsamer Fluch, den der Zuschauer leise spürt. Es riecht gewissermaßen nach Schicksal.

Daß mit diesem Naturalismus das Volksstück die Fähigkeit zur Komödie verloren hat, beweist gerade die drei Jahre später entstandene „Komödie" „Erde" von Schönherr. Allerdings unterscheidet sich dieses Stück wesentlich von dem frühen Einakter. Den glücklich vogelfreien Besitzlosen gibt es hier nicht mehr; das ganze Drama basiert hingegen auf dem Kampf ums Eigentum. Die Knechte und Mägde des Bauern Grutz befinden sich in totaler - physischer wie psychischer - Abhängigkeit. Entweder sie verfallen in einen Stupor, der ihnen sprachlich nur noch Stereotypien abverlangt wie „Is ja alles eins! Wenn man nur sein Essen hat" oder „Bauer, unser Arbeit schaff an!".[24]

Oder die Unterjochten streben mit fast übermenschlichen Kräften danach, das Eigentum zu erringen, das sie unterjocht. In dieser Perspektive sind die menschlichen, solidarischen Beziehungen der ‚Karrnerleut'-Familie undenkbar. Die Wirtschafterin Mena versucht mit allen Mitteln, den alten Bauern Grutz ins Grab zu bringen, um mit dessen Sohn den Hof übernehmen zu können. Die Beziehung zu diesem ist ihr dabei nur ein Werkzeug, das sie wegwirft, als das Vorhaben an der dämonischen

Unverwüstlichkeit des alten Grutz scheitert. Ihr Handeln wird im Stück motiviert durch die unmenschlichen Bedingungen ihrer Dienstboten-Existenz.

*„Mena (schneidend bitter): Ha, ha! Lustig ist s Dienstbotenlebn! Packst ein, packst aus, talaus, talein! He, Mena! Bleib a bißl stehen, putz mir Haus und Heimatl sauber, kannst glei wieder gehn! Ha, ha, ha! (... Ihr bitteres Lachen geht in Weinen über). Alles für die anderen!"*[25]

Hierin erinnert das Drama noch an thematische Grundzüge Anzengrubers, etwa an den Inhalt des „Sternsteinhof"-Romans. Doch mit der Gestaltung des Bauern Grutz verläßt Schönherr endgültig den Boden des alten Volkstheaters. Am Verhältnis zur Natur läßt sich diese Wandlung deutlich ablesen: Für den Bauern Grutz verschmilzt Natur mit Privateigentum und unter dieser Voraussetzung vereinigt er sich selbst mit der Natur - im Unterschied zum Steinklopferhanns, der das unmittelbare, ohne Eigentum vermittelte Verhältnis zur Natur noch fand.

*„Grutz: Wer mier auf meinem Feld über die Jungsaat lauft, da ist mier grad, als trampelt mier eins auf mein Leib umanand! Und wer mit der Hackn in meine Bäum einhaut, der trifft mi, verstanden?"*[26]

Wie beim Steinklopferhanns steht auch bei Grutz die Genesung, die Rettung vor dem erwarteten Tod in Zusammenhang mit dem Naturerlebnis; doch wird Grutz dabei zum auferstehenden Frühlingsgott in Lederhosen:

*„Totenweibele: Jetzt werd i dich schon betn machen, du alter Heid! ... Nur eini, so lang er noch warm ist (Will zweite Tür links ab. Die Tür springt, von einem mächtigen Windstoß gerüttelt, vor ihr von selber auf.)*

*Totenweibele (entsetzt): Heiligs Kreuz, die viereckige Seel geht um! ... Der alte Heid!*

*Grutz (... steht, wie eben aus dem Grab auferstanden, im Rahmen der Tür)*

*Grutz (die Augen weit offen, ganz irr, heiser): Roggen schneidn, wer hilft mier Roggen schneidn? (...) Glegen bin i, mittelt im schnittreifen Roggnfeld. Über mier die Sonn, brennheiß auf mich nieder; durch und durch hat sie mich gscheint. Und unter mier der Erdboden gedampft; und der Dampf mir brustein, brustaus, lungenauf und nieder wie a Pflueg, und reißt mir kreuz und quer die Luftweg auf!"*[27]

Das Stück endet damit, daß der Bauer seinen eigenen Sarg „mit gewaltigen Hieben" in Trümmer haut.

Die plumpe Symbolik und die - mit dem Maßstab des alten Volksstücks gemessene - sprachliche Armut dieser „Komödie", die oft als ‚holzschnittartiger Stil' bewundert werden, bekunden den, mit dem inhältlichen Verfall einhergehenden formalen Niedergang der Gattung. Schönherr präsentiert hier ein Modell einer erstarrten sozialen Ordnung, das nicht einmal mehr den Generationswechsel zuläßt. Endeten Anzengrubers Stücke oft damit, daß die (meist ebenso besitzgierigen) Bauern ihren Hof freiwillig oder erzwungen an Besitzlose weitervererbten („Meineidbauer", „G'wissenswurm", etc.), um offenbar der Hoffnung nach einem Klassenkompromiß unter der Ägide des Eigentums Ausdruck zu verleihen, so wird bei Schönherr die Einheit von Eigentum und Eigentümern zu einer mythischen Macht gesteigert, die sogar den Tod überwindet.

Suchte Anzengruber die Sache des demokratischen Bürgertums im Dorf, so verwendet Schönherr diese, der Stadt entrückten Verhältnisse dazu, einen Mythos zu entwickeln, der das Bürgertum auf das Menschenbild des Imperialismus einstimmen soll. Der Irrationalismus, der sich in der wüsten Symbolik und Sprache entlädt, bildet dabei das genaue Gegenstück zu den Zauber-Handlungen des Alt-Wiener Volkstheaters, bei dem der ‚Zauber' stets in einen rationalen Rahmen gefaßt war, als Zauber erkennbar und bewußt blieb (nicht selten auch ironisiert wurde). Auch Anzengruber beschäftigte sich mit den Mythen besonders des ländlichen Lebens, doch bei ihm erhalten diese niemals eine selbständige Realität sondern figurieren als halberfundene Geschichten des verschmitzten Steinklopferhanns; sie sind als ‚Märchen' und Träume kenntlich gemacht, deren Realitätsgehalt jedoch nicht abgestritten, sondern im Gegenteil hervorgehoben wird. In diesem Umgang mit Mythos unterscheidet sich Anzengruber von dem flachen Aufklärertum, dem er oft irrtümlich zugerechnet wird.

Der Gegensatz zwischen „Karrnerleut'" und „Erde" ist demnach sehr groß. Er findet sich oftmals in Schönherrs Schaffen. So zeigt das Drama „Die Bildschnitzer" einen kranken Mann, der unter dem äußersten Druck der Armut sein Leben opfert, um seiner Frau die Ehe mit einem anderen Mann zu ermöglichen, der sie und das Kind ernähren kann. Dem „Weibsteufel" wird in dem gleichnamigen Stück hingegen ein „kränkliches und blutschwaches Manndl" an die Seite gestellt, das dem brunftenden, jungen Jäger im Kampf um das ‚Weib' unterliegt. Die sozialen Verhältnisse - in den „Bildschnitzern" das Drama noch ausfüllend - geben im „Weibsteufel" nur noch den Hintergrund ab für den Kampf der beiden Männchen.[28]


*V*

Wenden wir uns nun zu Billinger zurück. Die von Schönherr inaugurierte Sphäre des Unheimlichen, Überirdischen - das aber der christlichen Religion geradezu entgegengesetzt ist - wird bei Billinger stark ausgeweitet. Sie gewinnt selbständige Gestalt in einem Dämon, der im Moor hockt und als eine Art Gegengott über die Heimat und ihre Ordnung wacht.

*„Leidwein: Ihr Fräulein Tochter hat mir eine Geschichte erzählt, von einem Dämon, der da im Moorwasser hausen soll und alle verschlingt, die die Heimat böswillig verlassen und verraten (...)*

*Dub: O sagen Sie das nicht! Der da im Moor hockt, der lebt noch. Der wacht, daß niemand sein Herz verrät, Böses tut, um die Schande wirbt.*"[29]

Auch bei Billinger findet man die scheinbar obligate Magd, die mit aller Kraft nach dem Besitz des Hofs strebt (Maruschka); auch sie geht über Leichen: sie verhindert am Ende des Stücks, daß der Bauer sich mit seiner Tochter Anuschka wieder versöhnt und ihr schließlich den Hof übergibt. Sie treibt Anuschka damit in den Selbstmord, während sie selbst zur Frau des Bauern aufsteigt. Doch ihr Handeln wird überhaupt nicht mehr dramatisch motiviert, es erwächst vielmehr aus ihrer unartikulierten, dämonischen Natur, die sie zum ‚Großen' hintreibt und aus ihrer Vergötterung des Bauern.

*„Maruschka: Der Bauer wird klein, geht ins Ausgedinge, tut tote Fliegen von der Wand fangen. Dem Tag fluchen, der Nacht fluchen, weil ohne Mächtigkeit mehr. Er ist sehr groß! Er lebt wie der Blitz, wie der Donner, wie ewiges Wasser. (...) Mein Herz liebt nur Großes - mein Herz schrumpft vor Kleinem. Und Weh frißt mich"* usw. usf.[30]

Mit sprachlichen Anleihen beim Expressionismus wird aus der Magd ein geheimnisvoller Dämon gemacht - das Geheimnisvolle erspart es dem Dramatiker, das Handeln seiner Gestalten zu motivieren, er läßt sie einfach wie Magnete aufeinander prallen, dumpf und sprachlos.

Tatsächlich bietet sich der ‚Magnet' als Kennwort für die granze Struktur des Dramas (und dieser Art von Dramatik) an.

*„Dub: Maruschka hat die Kraft, wildgewordene Tiere zu beruhigen, mit einem Wort - was Magnetisches ist in ihr."*[31]

Mit einem stummen, magnetischen Blick zieht letztlich die Magd in der letzten Szene den Bauern an sich und hält ihn davon ab, seiner Tochter zu folgen. Sprache und Dialog haben nur mehr begleitende Funktion, aus ihnen wächst weder Handlung noch Charakter.

Die Aushöhlung der dramatischen Charaktere - wie sie am Beispiel der Magd Maruschka gezeigt wurde - korrespondiert mit der Grundkonzeption des Stücks, mit der besonderen Anlage seiner ‚dramatischen Kollision' - oder besser: der Anlage, die an die Stelle einer dramatischen Kollision tritt. Der Widerspruch zwischen Besitzenden und Besitzlosen, der auch noch das Drama Schönherrs - trotz aller Mystifizierung - bewegte, hat bei Billinger keinerlei Bedeutung mehr. An seiner Stelle taucht die Stadt wieder als negativer Gegenpol auf, der die dramatische Spannung ermöglichen soll. Aber der Gegensatz Stadt-Land wird nun *ontologisiert*: er ist nicht mehr, wie im Alt-Wiener Volkstheater, mit den realen sozialen Verhältnissen, historischen Widersprüchen und Klassenantagonismen vermittelt. Stadt und Land stehen sich nicht als soziale Teilsysteme einer Gesellschaftsformation, einer Totalität gegenüber, die wechselseitig Licht aufeinander werfen, indem ihre Menschen in - meist komische - Kollisionen miteinander geraten. Sie gleichen vielmehr ewigen Magneten, deren Kräften die Menschen ausgeliefert sind.

Der vom Dämon und dämonisierten Bauern und Gesinde bevölkerten ‚Heimat' wird eine Stadt gegenübergesetzt, in der Sodom und Gomorrha herrschen. Die Schwägerin des Bauern schläft dort mit ihrem Bettgeher, ihr Sohn wiederum mit seiner Chefin und bestiehlt diese zwischendurch. Es herrschen Geld, Diebstahl und Unzucht. Die Wohnung der Schwägerin in Prag wird in den Regieanweisungen als „bürgerlich" und „spießig-bequem" geschildert. Verstaubte, kitschige religiöse Andenken von Wallfahrten stehen herum. Die Menschen der Stadt Prag sind ‚entwurzelt', sie sind entweder oberflächlich oder unglücklich.

Aus dem ontologisierten Gegensatz kann das Handeln der dramatis personae nicht mehr motiviert werden. Diese Entleerung des Dramas kommt den faschistischen Intentionen durchaus entgegen. Schönherr konnte das Handeln seiner Dienstbotin Mena noch aus ihrer Position im Drama, aus ihrem Widerspruch zum Bauern Grutz entwickeln. Die eigentliche Hauptperson in Billingers Stück, die Tochter des Bauern, Anuschka, die den Hof verläßt, weil sie die Stadt „wie ein Magnet" anzieht, entbehrt solcher dramatischer Motivation. Dies eröffnet dem Irrationalismus eine weitere Dimension des Dramas, schlägt eine neue Einbruchsschneise für die faschistische Ideologie. Denn Anuschkas Handeln wird in einem zufälligen Dialog damit erklärt, daß sie von Geburt ein Art ‚Zwischenwesen' ist, weder am Land noch in der Stadt zu Hause; diese Eigenschaft, die sie zum Untergang verdammt, ist ihr angeboren. Anuschka hat sie, wie ihr Vater bekundet, von ihrer Mutter ererbt, die ebenfalls daran zugrunde gegangen war.

Die Figuren des Stücks sind alle derart determiniert - entweder als Zwischen- (Anuschka, der Ingenieur Leidwein, ...), Stadt- (Schwägerin, Sohn, Chefin ...) oder Landwesen (Bauer und Gesinde). Es gibt für sie keine Möglichkeit von Entscheidung, von eigenem Willen und bewußtem Handeln, weil das Drama in dem ontologisierten Gegensatz eingefroren wurde. Der Schluß des Stücks zeigt die Grundtendenz des Ganzen deutlich: Als Anuschka zum Moor geht, um sich umzubringen, ruft eine Magd: „Ich lauf' ihr nach, nimm's dem Wassermann!" Ein Knecht hält sie zurück: „Kannst sie nimmer derlaufen. Ist auch der Wind laut geworden draußen. Tu nicht dem, was sein muß, dawiderhandeln. Es muß sein."[32] Musil hatte einmal - bei Gelegenheit eines anderen Billingerstücks - diese Art von ‚Tragik' prägnant charakterisiert: „Tragisch, wie wenn ein schwerer Schrank umfällt; bum!"[33] Die antihumanistische Gestaltung der dramatischen Personen geht Hand in Hand mit der Liquidation des Volksstücks - im strengen Sinn des Dramas überhaupt. (Man könnte sagen, daß die Dramatik Billingers soetwas wie eine faschistische Lösung der ‚Krise des Dramas', wie sie Peter Szondi beschrieben hat, intendiert.)

An der Peripherie des dramatischen Geschehens im „Gigant" taucht mehrmals ein Landstreicher - „der Stromer" - auf. Dunkle Andeutungen erregen den Verdacht, er sei der Dämon, der im Moor hockt und wacht. Stellt man diesen Stromer dem Steinklopferhanns gegenüber, so hat man in nuce vor Augen, was mit dem Volksstück seit Anzengruber geschehen ist.


## VI

Auf den ersten Blick scheint Richard Billingers älteres Stück „Rosse" (1931) noch einen realen sozialen Widerspruch zum Ausgangspunkt zu haben: Der Roßknecht droht seine Arbeit zu verlieren, weil der Bauer Traktoren kauft und begeht nach einer sinnlosen Attacke auf den ‚Maschinenhändler' schließlich Selbstmord. Doch zur Ursache für das ganze Übel wird durchgehend die Technik gemacht. „Von der Maschine erlöse uns - o Herr" lautet die Fürbitte der armen Landbevölkerung. Diese Technikfeindschaft. die mit der Großstadtfeindschaft aufs engste verwandt ist, bildet das sichere Reservat des romantischen Antikapitalismus, wie vielfach bereits erkannt wurde.

„Indem im technikfeindlichen Affekt die Technik als Basis von Unterdrückung und Ausbeutung erscheint, wird der angeblich von keiner technischen Errungenschaft beleckte Bauernhof zur herrschaftsfreien Sphäre."[34] Mehr als das. Die realen Eigentumsverhältnisse treten derart in den Hintergrund, daß das Herrschaftsverhältnis Bauer-Knecht geradewegs umgedreht werden kann: Der Knecht wird - bevor ihn die Maschinen verdrängen - als Herr am Hof dargestellt, ungeachtet der wahren Abhängigkeitsverhältnisse. Der Bauer zum Maschinenhändler:

*„Haben Sie nicht Ihr Plakat von den Fordmaschinen da? Möchte den Roßknecht schrecken, den Tyrann! Meinen Vater hat er buchstäblich tyrannisiert, kein Pferd wollte er verkaufen lassen, der Satan. Lebt da wie ein Herr, wie der Zentaur selber."[35]*
Über die Eigentumsverhältnisse hinweg zum Tyrannen erhebt ihn seine Beziehung zu den Arbeitsmitteln - den Pferden. Der Knecht verschmilzt mit Produktionsmittel, die als pure Natur imaginiert werden, und gewinnt daraus eine dämonische Macht, die nur von der Maschine zerstört werden kann. Das Verhältnis des Arbeiters zur Natur wird gar als sexuelle Beziehung angedeutet:

*„Zerstampfeten die Rösser mich, ging ich mit wem, mit einem Weibsbild, dahinein! (in den Roßstall) Hab mich ihnen dadrin ja versprochen, angelobt, muß der Treue also bleiben."[36]*
Der Gegensatz zwischen der dämonisierten Einheit Mensch-Natur und der Maschine ist von derselben, ontologischen Art wie jener zwischen Stadt und Land. Nichts wäre kurzsichtiger, darin volkstümliche antikapitalistische und umweltschützerische Momente zu loben. Partiell ergaben sich auch Widersprüche zwischen Billingers Stücken und anderen faschistischen Positionen. Billinger wurde zum Beispiel von NS-Literaturhisto-

rikern angegriffen, entweder weil seine „plumpe Primitivität und sinnlose ja geradezu schmutzige Entgleisung ins Perverse"[37] nicht in das, von manchen favorisierte Konzept einer „NS-Hochkultur" paßten; oder weil man eben einem faschistischen Fortschrittsdenken anhing, dem Billinger in seiner Rigorosität tatsächlich widersprach. Bemerkenswert ist allerdings, daß er weiterhin einer der meistgespielten Autoren im Dritten Reich blieb, während die Nazis sonst ja die ‚Blubo'-Literatur gegen Ende der dreißiger Jahre wieder · verschwinden ließen. Vielleicht überlebte Billinger gerade deshalb, weil er weithin als ‚Volkstheater'-Dramatiker galt und man ihm daher die ‚Primitivität' nachsah.[38]

Jura Soyfer griff in seinem Stück „Der Lechner Edi schaut ins Paradies" von 1936 den Gegensatz zwischen Arbeiter und Maschine ebenfalls auf. Konträr zu Billinger, der ihn - wie wir sahen - ontologisierte, gestaltet Soyfer den Gegensatz. Bemerkenswert ist dabei außerdem, daß er dies nicht in der Form einer „proletarischen Feierstunde" bewältigte, wie noch in den Jahren vor 1934,[39] sondern indem er ein Volksstück schreibt und auf die Tradition von Raimund, Nestroy und Anzengruber zurückgreift. Damit aber gelingt es ihm, im Kampf gegen den Faschismus eine Tradition jenseits ihres Verfalls zu beerben, die von der Arbeiterkultur lange abgewiesen wurde. Soyfer erkennt im Angesicht des Faschismus, daß das Publikum Nestroys noch lebt - „Gewiß leben sie noch und denken gar nicht dran auszusterben, die kleinen Kaufleute, die Handwerker, die Lohnarbeiter der äußeren Wiener Bezirke."[40] Daß er bei den ‚kleinen Leuten' Kaufleute und Handwerker - also das Kleinbürgertum - zuerst nennt, beansprucht immerhin einige Beachtung. Soyfer wendet sich damit nicht nur gegen den Faschismus, der den ‚kleinen Mann' in der ‚Volksgemeinschaft' und in ihrem ‚völkisch-heroischen Realismus' aussterben lassen wollte, sondern auch selbstkritisch gegen die aggressive Kleinbürger-Kritik der Arbeiterbewegung, gegen ihre These vom alsbaldigen Aussterben des Kleinbürgertums, die einem hegemonialen Bündnis im allgemeinen im Weg stehen, im antifaschistischen Kampf jedoch besonders fragwürdig werden.

Das von Billinger dämonisierte Arbeitsverhältnis wird bei Soyfer mit den phantastischen Mitteln der alten Zauberposse wieder ins rechte Licht gerückt. Als der Lechner-Edi die Ursache für seine Arbeitslosigkeit in der Maschine zu sehen vermeint und ausruft: „Weißt, wer die Schuld hat? Die Maschin, die verfluchte. Kruzifix, wann i s'vor mir hätt - i tät s'zammhaun! Jetzt auf der Stell!"[41] - tritt die ‚Maschin' - getreu den Gesetzen der Zauberposse - leibhaftig auf die Bühne und stellt sich als ‚Pepi' vor. Gemeinsam unternehmen es Edi und Pepi, die wahren Ursachen für beider Arbeitslosigkeit zu suchen und reisen zurück in die Geschichte bis zu Adam und Eva (ohne sie freilich dort zu finden).

Nach all dem hier Gesagten können die Parallelen dieser Fabel zu einem der „Märchen des Steinklopferhanns" von Anzengruber nicht

mehr als Zufall bewertet werden. Bei Anzengruber begegnet der Steinklopferhanns, nachdem er zusammen mit Arbeitslosen die Maschinen in
einer Fabrik demoliert hat, einer riesigen, phantastischen Maschine, die
ihn aufsteigen läßt und mit ihm in die Zukunft reist.

*„Is die ganze Welt wie verändert gwesen, (...) es rührt der Mensch nit
selber mit seine Händ dran, das haben Maschinen alles, was man denken und
sinnen kann,. daß nur möglich ist, das haben Maschinen gschaffen, und an
den Maschinen sind sie gstanden, die neuchen Leut, unverkrüppelt, unver-
krümmt, schön groß, stark, und hat ihnen die Gesundheit und die Gscheit-
heit aus dö Augen gleucht, ist jeder wie ein König an der Maschin gstanden,
die er gemeistert hat bis aufs letzte Radl.“* [42]

Diese Zukunft scheint auch Soyfers ‚Lechner-Edi‘ zu verheißen - auch er
läßt ja bei der Frage Arbeiter und Maschine die Eigentumsverhältnisse
unberührt, was eine gewisse Schwäche des Stücks ausmacht.

In „Astoria“ geht Jura Soyfer einige bedeutende Schritte weiter: der
Gegensatz zwischen den Besitzenden, die sich einen Staat kaufen, und
den Landstreichern durchdringt jetzt das ganze Stück und schafft eine
neue Einheit von Volksstück und politischer Satire.

Wie immer sind Sprache und Form des Dramas Gradmesser für den
historischen Zustand der Gattung. Soyfer gelingt es nach dem Verfall der
Sprache zu stereotyper Stumpfsinnigkeit bei Billinger, dem Volk wieder
‚auf's Maul zu schauen‘ und der Sprache des Volksstücks ihren Reichtum
und ihre Lebendigkeit zurückzugeben, die die Rede der Sprachwissen-
schaft vom „restringierten Code“ Lüge strafen.

Wie oft wird eigentlich Jura Soyfer am Wiener Volkstheater gespielt?

*Anmerkungen*

[1]  Walter Benjamin: Pariser Brief (I) 1936. In: W. B.: Ges. Schriften, Bd. III -
     Werksausgabe 9. Bd. Frankfurt/M. 1980, S. 488.
[2]  Vgl. vor allem: Gerhard Renner: Österreichische Schriftsteller und der Natio-
     nalsozialismus. Der „Bund der deutschen Schriftsteller Österreichs“ und der
     Aufbau der Reichsschrifttumskammer in der „Ostmark“. Wien: phil. Diss.
     1981. Klaus Amann: Die literaturpolitischen Voraussetzungen und Hinter-
     gründe für den „Anschluß“ der österreichischen Literatur im Jahre 1938. In:
     Zeitschrift für deutsche Philologie 101 (1982), S. 216-244.
[3]  Vgl. dazu: Hildegard Brenner: Die Kunstpolitik des Nationalsozialismus.
     Reinbek 1963.
[4]  Als Anmerkung ein paar Daten zu Person und Werk Richard Billingers:
     Geboren 1890 wird er in den zwanziger Jahren als Lyriker von Hofmannsthal
     und Max Mell gefördert; 1924 bekommt er den Literaturpreis der Stadt Wien.
     In Deutschland wird er als Dramatiker bekannt durch die Stücke „Rauh-
     nacht“ und „Rosse“ von 1931. Er schrieb daneben Drehbücher für die Luis-
     Trenker-Filme „Der verlorene Sohn“ und „Der Berg ruft“. „Der Gigant“
     wurde 1937 am Berliner Staatstheater unter der Regie Jürgen Fehlings urauf-

geführt. Es folgten weitere Aufführungen in 15 Städten des Dritten Reichs - darunter eben 1941 in Wien. Das Stück diente auch als Vorlage für den bekannten Film von Veit Harlan „Die goldene Stadt". Nach 1945 wird er zum typisch österreichischen Dichter erklärt, zahlreiche Aufführungen, 1959 bekommt er den Grillparzer-Preis.

5  Vgl. dazu als besonders krassen Fall die Dissertation von Monika Bärnthaler: Der gegenwärtige Forschungsstand zum österreichischen Volksstück seit Anzengruber. Graz 1976.

6  Gerd Müller: Drei Thesen zu Begriff und Problem des Volksstücks. In: Akten des VI. Internationalen Germanisten-Kongresses. Teil 3. Basel, Frankfurt / Main / Las Vegas 1980 (Jahrbuch für Intern. Germanistik, Reihe A, Bd. 8) S. 252-258. Hier S. 252.

7  Jürgen Hein: Das Volksstück. Entwicklung und Tendenzen. In: J. H. (Hg.): Theater und Gesellschaft. Das Volksstück im 19. und 20. Jahrhundert. Düsseldorf 1973, S. 9-28. Hier: S. 21.

8  G. Müller: Drei Thesen ..., S. 255.

9  Ebd. S. 253.

10  Robert Weimann hat diesen Zusammenhang in seiner großartigen Shakespeare-Studie auf den Begriff gebracht. - Robert Weimann: Shakespeare und die Tradition des Volkstheaters. Soziologie-Dramaturgie-Gestaltung. Berlin/DDR 1977.

11  Vgl. dazu auch: Gerd Müller: Das Volksstück von Raimund bis Kroetz. Die Gattung in Einzelanalysen. München 1979.

12  Unter dieser Annahme leidet auch die - sonst sehr verdienstvolle - Arbeit Bruno Fischlis über „völkisch-faschistischen" Dramatik. - Bruno Fischli: Die Deutschendämmerung. Zur Genealogie des völkisch-faschistischen Dramas und Theaters. Bonn 1976.

13  Jura Soyfer: Das Gesamtwerk. Wien, München, Zürich 1980, S. 470.

14  J. N. Nestroy: Sämtliche Werke. Hrsg. v. F. Brukner und O. Rommel. Wien 1924-1930. Bd. III, S. 234.

15  Vgl. etwa Jürgen Hein: Das Volksstück, S. 17 - Otto Rommel: Die Alt-Wiener Volkskomödie. Wien 1952, S. 975.

16  Vgl. dazu: Friedrich Sengle: Wunschbild Land und Schreckbild Stadt. Zu einem zentralen Thema der neueren deutschen Literatur. In: Studium Generale 16 (1963), S. 625.
Wendelin Schmidt-Dengler: Das Kontrastschema Stadt-Land in der Alt-Wiener Volkskomödie. In: Jürgen Hein (Hg.): Theater und Gesellschaft, S. 57-68.

17  Wendelin Schmidt-Dengler: Das Kontrastschema ..., S., S. 62.

18  J. N. Nestroy: Sämtliche Werke, Bd. XII, S. 337.

19  Wendelin Schmidt-Dengler: Das Kontrastschema ..., S. 65/66.

20  Ludwig Anzengruber: Werke in zwei Bänden. Berlin, Weimar 1977. I. Bd., S. 18.

21  Ebd. S. 22.

22  Ebd. S. 58/59.

23  Karl Schönherr: Gesammelte Werke. Hrsg. v. V. Chiavacci jun. Wien 1948. 1. Bd., S. 425.

24  Ebd. S. 574 und 579.

[25] Ebd. S. 617/618.

[26] Ebd. S. 578.

[27] Ebd. S. 613/614.

[28] Diese Widersprüchlichkeit im Werk Schönherrs mag auch dazu beigetragen haben, daß die österreichischen antifaschistischen Künstler im „Laterndl" - ihrer Londoner Exilbühne - Schönherrs Stücke aufführten („Bildschnitzer" und „Weibsteufel"!) in der Absicht, das österreichische Volksstück und seine Tradition gegen den Faschismus zu mobilisieren. Inzwischen hatte aber Karl Schönherr selbst diese Widersprüchlichkeit zumindest in seiner Weltanschauung überwunden und war in hohem Alter noch zum Parteigänger der Nazis geworden. Vgl. dazu Gerhard Renner: Österreichische Schriftsteller und der Nationalsozialismus, a. a. O. (Anm. 2).

[29] Richard Billinger: Der Gigant. Berlin (Suhrkamp) 1942, S. 12.

[30] Ebd. S. 27.

[31] Ebd. S. 11.

[32] Ebd. S. 94.

[33] Robert Musil: Gesammelte Werke. 9. Bd. (Kritik) Reinbek 1978. S. 1669.

[34] Bruno Fischli: Die Deutschendämmerung, S. 114.

[35] Richard Billinger: Rosse, in: Ges. Dramen. Hrsg. von H. Gerstinger, Salzburg 1957, S. 172.

[36] Ebd. S. 179.

[37] Hellmuth Langenbucher - zit. n. Bruno Fischli: Die Deutschendämmerung, S. 116.

[38] Bei der berühmten Verfilmung des „Gigant" unter dem Titel „Die goldene Stadt" wurde - vermutlich in Rücksicht auf die breitere Wirkung eines Films - einiges an der Handlung geändert. Die zivilisatorische Reaktion geriet an einigen Stellen in Widerspruch zur politischen der Nazis.

[39] Jura Soyfer: Das Gesamtwerk, S. 501 ff.

[40] Ebd. S. 469.

[41] Ebd. S. 564.

[42] Ludwig Anzengruber: Werke, S. 312.

# Vom „Arbeitslosen" zum Lechner-Edi

## Einige Thesen zur antifaschistischen Kritik des proletarischen Theaters

Dem „Jura-Soyfer-Theater am Spittelberg" gewidmet

> „Wichtiger ist die Lebendigkeit der Charaktere, die keine bloß personifizierten Interessen sein dürfen, wie es zum Beispiel bei unseren jetzigen dramatischen Dichtern nur allzu häufig der Fall ist. Solche Abstraktionen bestimmter Leidenschaften und Zwecke bleiben schlechthin wirkungslos; auch eine bloß oberflächliche Individualisierung genügt in keiner Weise, indem dann nach Art allegorischer Figuren Inhalt und Form auseinanderfallen. Tiefe Gefühle und Gedanken, große Gesinnungen und Worte können für diesen Mangel keinen Ersatz bieten. Das dramatische Individuum muß im Gegenteil an ihm selber durch und durch lebendig, eine fertige Totalität sein ..."
>
> G. W. F. Hegel[1]

Es ist üblich geworden, vom „proletarischen Theater" der zwanziger Jahre - womit die verschiedenen Theaterformen von den Agitprop-Gruppen bis zu Piscator gemeint sind - eine gerade Linie zu jener Dramatik und Theaterarbeit zu ziehen, der der Kampf gegen den Faschismus das Gepräge gab. Sei dies nun eine absteigende Linie von kompromißloser revolutionärer Kunst zu „Rückzugsgefechten" und - wenn auch historisch unvermeidlichen - „Kompromißlösungen"; oder eine aufsteigende von sektiererischen Tendenzen zu vergrößerter Bündnisfähigkeit oder schließlich eine horizontale Linie eines linken Theaters, das sich immer den jeweiligen Verhältnissen optimal anpaßt.

Demgegenüber soll hier mit einigen Thesen - die sich ihrer Vorläufigkeit bewußt sind - der Gegensatz zwischen diesen beiden Theater- und Dramenkonzeptionen herausgearbeitet werden und die Entwicklung einer wahrhaft antifaschistischen Dramatik nicht als kontinuierliche, sondern als zutiefst widersprüchliche angedeutet werden - als Umschlagen in eine neue ästhetische Qualität.

Es ist weiters üblich, diese Problematik immer nur am Gegenstand der deutschen Literaturentwicklung zu diskutieren - obgleich wir in der österreichischen Geschichte ebenso auf beide Traditionen zurückblicken können: auf eine „proletarische Literatur", die freilich weniger ausgeprägt war wie in Deutschland und wenig eigenständig, und auf eine ungleich bedeutendere und eigenständigere antifaschistische Tradition. Jura Soyfer hatte teil an beiden. An seiner Entwicklung von den frühen „Agitprop"-Stücken und „Proletarischen Feiern" zu den späteren sogenannten „Mittelstücken" sollen daher die Thesen in der Hauptsache veranschaulicht werden - ohne dabei hoffentlich das Auseinandertreten einer deutschen und einer österreichischen Entwicklung, das gerade im

Übergang zu antifaschistischen Konzeptionen virulent wurde, zu verwischen.

Dennoch muß zunächst von Erwin Piscator gesprochen werden, wenn das „proletarische Theater" umrissen werden soll. Piscator war es auch, der den Begriff eigentlich prägte: Anfang der zwanziger Jahre gründete er in Berlin das erste Projekt eines „proletarischen Theaters", dem weitere folgten. Es ist bezeichnend, daß das proletarische Theater nicht vom Drama her begründet wurde, sondern gewissermaßen am Regiepult entstand, und tatsächlich fällt in vieler Hinsicht die Entstehung des proletarischen Theaters mit jener des modernen Regietheaters zusammen. Für beide gilt gleichermaßen die berühmte Andeutung Piscators, die - wahrscheinlich gegen seinen eigenen Willen - ins Schwarze trifft: „Vielleicht ist die ganze Art meiner Regie nur entstanden aus einem Manko der dramatischen Produktion."[3]

Das Manko der dramatischen Produktion bestand tatsächlich: Die Krise des Dramas war von den Richtungen der Moderne nicht wirklich beseitigt worden, wenngleich viele bedeutende Dramen aus ihnen hervorgegangen waren. Was aber Piscator natürlich konkret meinte, war das Manko eines großen sozialistischen Dramas - eines Dramas, das etwa den Romanen Gorkis an die Seite gestellt werden könnte. Aus der Spannung zwischen diesem realen Manko und der Intention eines sozialistischen Theaters gingen die verschiedenen Formen des proletarischen Theaters hervor.

Das proletarische Theater machte aus der Not eine Tugend: Die Opposition zum geschlossenen Drama wurde ihm zum Wesenselement. Dies dürfte auch der tiefere Grund sein, warum etwa die Arbeiterbewegung nicht in dem selben Maß Dramatiker hervorgebracht hat, wie die Arbeiterkorrespondentenbewegung Lyriker und Erzähler. Es herrschte in dieser Bewegung die Auffassung vor, daß sich das Theater auf die sogenannte Agitprop-Arbeit konzentrieren und mithin auf das Drama und den Dramatiker geradezu verzichten müsse. Erst Anfang der dreißiger Jahre wurde dieser Standpunkt zum Drama, der die Entwicklung eines sozialistischen Dramas behindern mußte, in der Arbeitertheaterbewegung etwas zurückgedrängt.

Mit dem Drama und dem Dramatiker bekämpfte man zugleich Kunst und Ästhetik allgemein. „Hier handelt es sich nicht um ein Theater, das Proletariern Kunst vermitteln wollte, sondern um bewußte Propaganda, nicht um ein Theater für das Proletariat, sondern um ein proletarisches Theater (...) Wir verbannten das Wort Kunst radikal aus unserem Programm. Unsere ‚Stücke' waren Aufrufe, mit denen wir ins aktuelle Geschehen eingreifen, ‚Politik treiben' wollten."[4]

Erstens glaubte man mit dem Angriff auf *die* Kunst und *die* Ästhetik unmittelbar die bürgerliche Gesellschaft zu treffen. Zweitens aber vermeinte man, durch künstlerische Maßstäbe an dem eigentlichen Hauptgeschäft des proletarischen Theaters: der Entfaltung aller Propaganda-möglichkeiten des Theaters gehindert zu werden.

Man bediente sich dabei auch des Mittels des Dadaismus, die einzelnen Kunstgattungen gegeneinander auszuspielen, um den Kunstcharakter aufzuheben. Mit filmischen Projektionen, Musik, Tonbandeinspielungen, etc. wurde eine Art Gesamtkunstwerk angestrebt zu dem Zweck aber, die Kunst - wie Peter Bürger sagt - aus ihrer Autonomie in die „Lebenspraxis" zurückzuholen. Im Unterschied zum Dadaismus trug diese Lebenspraxis konkretere Züge: sie hieß Parteipropaganda.

Piscator adaptierte vornehmlich die expressionistische Dramatik für sein Theater und ging dabei natürlich weit über die übliche dramaturgische Einrichtung von Stücken hinaus. Die Abstraktheit dieser Dramatik bot ausreichend Raum, mit den Mitteln des Theaters „dazwischenzukommen" und konkrete soziale und politische Inhalte in großem Maßstab auf die Bühne zu bringen. Als geeignetes Instrument, um zu eben diesem Zweck die Dramenform weiter aufzuweichen, erwies sich die Revue. (Sie ist ihrerseits aus der expressionistischen Stationenform hergeleitet; deren „episches Subjekt", um das sich die Stationen gruppierten, wird quasi auf der Ebene des Theaters in die „Objektivität" verschoben. Damit haben die Stationen ihr organisierendes Zentrum verloren und werden zu völlig selbständigen Szenen, die einzig von jener „Objektivität" aus zu einer Einheit gelangen.) Mit der Revue und dem entfesselten Theaterapparat konnte aber lediglich die eine Seite der Totalität der Wirklichkeit, die der gesellschaftlichen Objektivität, zum Gegenstand gemacht und konkretisiert werden - die andere der Subjektivität hingegen geriet zu deren bloßer Funktion, zu einem weiteren Darstellungsmittel des Theaters, nichts sonst.

Da aber das Ganze mehr ist als die Summe seiner Teile, fehlte in diesem Theater nicht einfach die subjektive Seite, der subjektive „Faktor", „den man immer vernachlässige" - sondern die Darstellung der Objektivität selbst wird davon affiziert. Mit Hilfe der modernen Theatermittel (Film, Projektion, Tonband ...) werden Fakten aus der gesellschaftlichen Objektivität, Ausschnitte aus der Wirklichkeit montiert; vor diesem Hintergrund bewegen sich schemenhaft die Personen der Stücke - nicht als handelnde, sich im Dialog gegeneinander Aussprechende sind sie auf die Bühne gestellt, sondern gleichsam als Zitate dieses Hintergrunds. Die Vermittlung der Objektivität zur Subjektivität handelnder Individuen ging - aus welchem Grund immer - verloren. Dies schlägt zurück auf die Seite der Objektivität und droht, sie zum Fetisch erstarren zu lassen.

Am deutlichsten zeigt sich dieser Zug des proletarischen Theaters, wenn es die abstrakte Typisierung der expressionistischen Dramatik übernimmt. Nur agiert in diesem Fall nicht mehr „der Vater", „der Sohn", „der Einsame", etc. - sondern wie etwa in „Rußlands Tag" (von Lajos Barta, von Piscator 1920 aufgeführt): „Der Weltkapitalismus", „Der

Pfaffe", „Der deutsche Arbeiter", „Ein Professor der Soziologie aus der Schule Kautskys" und die „Stimme des russischen Proletariats".[5] Es handelt sich um Allegorien von Systemen, Ideologien, Klassen und Theorien. Nicht objektive Mächte verselbständigen sich hier in Individuen, sondern Begriffe suchen sich ein menschliches Kleid, ein theatralisches Darstellungsmittel unter anderen.

Im Unterschied zu Piscator versucht Bertolt Brecht bei seinem Beitrag zum proletarischen Theater vom Drama auszugehen. In seine Konzeption fließen zwar sehr viele Elemente des Piscator-Theaters ein, es bleibt aber für sie konstitutiv, daß sie sich wieder auf die „Fabel" , auf eine einheitliche Handlung orientiert und so die Revueform überwindet. Im Rahmen einer zurückgewonnenen einheitlichen Handlung rückt Brecht nun genau das brennende Problem des proletarischen Theaters in den Mittelpunkt und macht es zu seinem eigentlichen, bewußten Thema: die menschliche Subjektivität, das Individuum.

Grundlegendes Thema aller seiner (Lehr-)Stücke nahezu bis zur „Mutter" ist die Auflösung des Individuums - das alte „Mann-ist-Mann"-Motiv, das am Ende der zwanziger Jahre proletarisch gewendet wird. Auch Brecht stellt freilich kein konkretes Individuum dem proletarischen Kollektiv gegenüber, sondern eine Allegorie des Individuums.

Der Chor ist das kollektive epische Subjekt, es erzählt den Tod des Individuums; mit ihm schwindet sein Gegenstand und das Lehrstück endet. Dies ist die Grundstruktur des Lehrstücks. In allen Brecht-Stücken um 1930 wiederholt sich fast zwanghaft dieser Prozeß. Während dieser Sisyphus-Arbeit konkretisiert Brecht aber jedesmal Individuum und Kollektiv ein wenig mehr. In diesem Versuch, die Allegorien in besondere, konkrete Individuen und Kollektive umzuwandeln, äußert sich der Marxismus bei Brecht wahrhaft dramatisch - während er hingegen in jenen, den Lehrstücken oft aufgesetzten Weltveränderungsparolen allemal eine „Lehre" bleibt, die durch eine andere ersetzt werden kann.

Der eigentliche Umschlag im dramatischen Schaffen Brechts erfolgt jedoch erst im Kampf gegen den Faschismus. An den Kommentaren zu „Mann ist Mann" aus der Mitte der dreißiger Jahre läßt sich noch der Versuch Brechts erkennen, die alte Konzeption mit Hilfe der Bühne so zu konkretisieren, daß sie gegen den Faschismus aussagt. Die Auflösung des Individuums - zuvor noch als unausbleibliches und wünschenswertes Ergebnis des geschichtlichen Fortschritts dargestellt - wird nun zur Faschisierung des Individuums umgedeutet. „Die Parabel ‚Mann ist Mann' kann ohne große Mühe konkretisiert werden. Die Verwandlung des Kleinbürgers Galy Gay in eine menschliche Kampfmaschine kann statt in Indien in Deutschland spielen. Die Sammlung der Armee zu Kilkoa kann in den Parteitag zu Nürnberg verwandelt werden (...)"[6] Doch die Bühne allein kann dieses Konkrete und Besondere, das die Handlung verweigert, nicht erzeugen. Das braune Gewand macht noch keinen deutschen SA-Mann. Das Individuum muß in der alten Konzeption, die auf der abstrakten Spannung zwischen Einzelnem und Kollektiv beruht, letztlich immer machtlos, handlungs- und entscheidungsunfähig, zum untragischen Untergang verurteilt bleiben.

Tatsächlich schlägt die „Mann-ist-Mann"-Konzeption genau in jener Zeit um in ihren Gegensatz: Die großen Brecht-Stücke des Exils - „Galilei", „Mutter Courage", „Kaukasischer Kreidekreis", „Der gute Mensch von Sezuan", „Schweyk", „Furcht und Elend des Dritten Reiches", ... - ließen sich alle vereinen unter der Formel „Mann ist nicht Mann" bzw. (und sogar bevorzugt) „Frau ist nicht Frau". Ihre Figuren treten uns in Situationen der Entscheidung und Kollision gegenüber, in denen sich persönliche und epochale Bedingungen zur konkreten Handlung verdichten. Georg Lukács hat diese entscheidende Wendung in der Dramatik Brechts (die dieser übrigens in seiner Theatertheorie wenig nachvollzog) vor dem Hintergrund der Besonderheit der dramatischen Gattung beschrieben: „Erst als er (Brecht) im Laufe des Kampfes gegen den Hitlerismus immer klarer die Rettung der menschlichen Substanz aus ihrer äußeren und inneren Gefährdung als Zentralproblem der dramatischen Gestaltung erkannte, begann in seiner Szenik die Dualität von Mensch und Hintergrund zu verschwinden, die im Guten wie im Bösen schicksalhaft wirklich aktiv gewordenen Personen begannen ihr Wesen und Geschick aus sich heraus, das heißt rein dialogisch auszudrücken. So entstanden Gipfelszenen, die sich auch von den besten bürgerlichen Dramen qualitativ unterscheiden ..."[7]

Die Äußerungen und Stücke des „frühen" Soyfer (von vor 1934) weisen ihn als Vertreter des „proletarischen Theaters" aus - wenn auch als einen, der in manchen Äußerungen bereits darüber hinausgeht. Seine theatertheoretischen Überlegungen aus der Zeit vor 1934 sollen den Bruch mit dem „Theater des Bürgertums" vertiefen helfen; Soyfer möchte mit ihnen eine „klare Grenze zwischen dem Theater der Arbeiterklasse und dem Theater des Bürgertums (...) ziehen", eine „Abgrenzung unseres Theaters von dem der feindlichen Klasse" erreichen. (Im folgenden wird aus der Gesamtwerk-Ausgabe - hrsg. v. H. Jarka, Wien, München, Zürich 1980 - zitiert; hier: S. 466 u. 468.) Soyfer leitet dabei den proletarischen Charakter des Theaters ganz einfach von der soziologischen Zusammensetzung des Publikums ab - „Für uns ist nicht die ästhetische Wertung, sondern die klassenmäßige Gliederung des Publikums entscheidend. Unser Ziel ist es nicht, für irgendein nebelhaftes, ‚kunstsinniges', ‚schöngeistiges' Publikum zu spielen; wir kennen die leibhaftigen Menschen, die wir in unseren Theatersaal hineinbekommen wollen: es sind die Proletarier." (S. 466)

Doch an einigen Stellen seiner Überlegungen scheint er bereits über den engen Horizont der „Tendenzbühne" hinauszureichen, und es finden sich Elemente einer Kritik des „proletarischen Theaters".

„Können und dürfen wir dem Proletariat, der unterdrückten, freudlosen Klasse, die im Theater Zerstreuung und Buntheit, Humor und Bewegung sucht, dieses Vergnügen rauben? Gewiß nicht! (...) Der Salonrevolutionär, der ‚proletarische Dramen' schreibt, will von der Sehnsucht des Proletariats nach Spiel und Glanz nichts wissen. Wie will er in seiner Fremdheit das Arbeiterpublikum gewinnen?" (S. 467)

Und mehrmals versucht Soyfer auch die frontale Opposition zum Kunst- und Ästhetikbegriff zu überwinden, zumindest ein Verhältnis dazu zu gewinnen, wenn er die Frage aufwirft: „Und ist dieser Wille, die Klassengenossen gesinnungsmäßig nachwirkend zu beeinflussen, dieser Wille, der jeder aufwärtsstrebenden Klasse eigen ist, nicht zugleich der Motor, der ihre Propaganda allmählich zur hohen Kunst steigern kann?" (S. 467/468)

Soyfers „proletarische Feiern" und „Agitprop"-Stücke aus dieser Zeit arbeiten demgemäß mit den Mitteln des proletarischen Theaters wenn auch freilich nicht auf jener Höhe technischer Perfektion und in jener Konsequenz wie Piscator oder Brecht. In „Christbaum der Menschheit" - „einer proletarischen Weihnachtsfeier" wird der Klassengegensatz durch eine Simultanbühne dargestellt, auf deren linker Seite der „Arbeitslose" und seine Familie, der „Landarbeiter" und die „Kriegerswitwe" agieren, auf deren rechter Seite eine Bankiersfamilie, der „Großgrundbesitzer" samt Familie, weiters General, Diplomat und Naziführer residieren. Vorbild dieser Zweiteilung der Bühne in zwei voneinander unabhängige Handlungsebenen ist aber nicht Nestroys „Zu ebener Erde und erster Stock", wo ihr die Satire entspringt, sondern das russische Revolutionstheater, etwa die berühmt gewordene Aufführung der „Erstürmung des Winterpalais" von 1920, bei der satirische Effekte von untergeordneter Bedeutung bleiben; stattdessen überwiegt hier die Funktion, durch Kontraste ein Elendsbild herauszuarbeiten. Der abstrakten und im Prinzip undramatischen Widerspiegelung des Klassenantagonismus in Gestalt von zwei Bühnenhälften entspricht die Zeichnung der Personen. Diese entbehren jeder charakterlichen und individuellen Konkretion, sie gehen restlos auf in ihren ökonomischen Funktionen. Aus dieser Konstellation kann sich auch praktisch keine Handlung - und damit auch keine „Zukunft", keine Überwindung des vorgezeigten Zustandes - entwickeln; die *Bilder* einer proletarischen und einer großbürgerlichen Weihnachtsfeier werden vergleichend nebeneinandergestellt - die Handlung und die Zukunft müssen von außen, von einem Sprechchor, hinzugetragen werden. Vom Sprechchor werden die Zuschauer emphatisch aufgefordert, endlich die gedankliche Konsequenz aus dem Vergleich zu ziehen:

*„Stimme des Predigers: Die Glocken läuten Freude für alle Menschen einmal im Jahr.*

*Sprechchor (seitlich aufgestellt): Ist das wahr?*

*Stimme des Predigers: Die Welt ist gerecht und wunderbar!*

*Sprechchor: Ist das wahr? Ist das wahr? Wir fragen euch!" (S. 503)*
Am Schluß übernimmt der Sprechchor schließlich vollständig die „Handlung" und führt dem Publikum die richtigen Konsequenzen aus dem
Vergleich vor, formuliert für die Zuschauer die „richtige" Entscheidung
vor:
> *Sprecher: Ihr großen Herren, ihr möget euch trösten. Wir feiern, wenn*
> *wir uns selber erlösten!*
> *Für uns wird der erste Christmorgen tagen.*
> *Sprechchor (im Takte der Worte auf die Mächte der Reaktion zumar-*
> *schierend, dabei zum ersten Mal die Mitte der Bühne überschreitend): Wenn*
> *wir euch einst zum Teufel jagen!*
> *(Die Reaktionäre verschwinden. Der gesamte Sprechchor steht jetzt in*
> *einer Front im Vordergrund) (...)*
> *Gesang: ‚Internationale'. Volles Licht. Alle roten Fahnen werden entrollt-*
> " *(S. 506/507)*

Soyfers „proletarische Weihnachtsfeier" „dramatisiert" seinen bekannten Vers „Zwei Menschensorten hat es stets gegeben / In dieser wunder-
schönen Welt". Die Welt - und weniger Österreich- scheint auch der Ort
der Weihnachtsfeier zu sein: Die Besonderheit der österreichischen
Sozial- und Wirtschaftsstrukturen - etwa der für Österreich typische
„kleine" und „mittlere" selbständige Bauer - verschwindet hinter dem
vorangestellten Weltgegensatz, aus dem dann für die Provinz der Gegensatz „Landarbeiter" - „Großgrundbesitzer" abstrakt deduziert wird (-
dies sicherlich auch in Anlehnung an die deutschen Verhältnisse).
Durch den Bezug der „Weihnachtsfeier" aber auf das christliche Ideal
der Nächstenliebe, der hier nicht von satirischen Intentionen abgedrängt
wird, gewinnt Soyfers Darstellung der tristen Realität einen humanistischen Fluchtpunkt. In der „Roten Spieler"-Szene „König 1933 ist tot —
Es lebe König 1934!" verschwindet dieser wieder hinter der satirischen
Intention. Auch abstrahiert Soyfer darin noch viel stärker von den konkreten Individuen und gibt sie - in der Manier des Agitprop - als
Gegenstände der Darstellung eigentlich ganz auf, um sie nur mehr als
Darstellungs*mittel* zu verwenden - für begrifflich gefaßte Verhältnisse
und Ideologien; mit einem Wort: er allegorisiert.
Es treten auf: „Herr Kapital", „General Faschismus", „Frau Gesellschaftsordnung" u. a. Das „Jahr 1934" - „ein hübscher Junge" - erscheint
als Allegorie des Volks, das sich wieder einmal von Herrn Kapital, Frau
Gesellschaftsordnung und General Faschismus an der Nase herumfüh-
ren läßt. Das „Jahr 1933" - „ein häßlicher Greis" - ist das Volk, das sich
bereits verführen hatte lassen und betrogen wurde von den drei genann-
ten Herrschaften. Solche Allegorisierung als künstlerische Methode
bringt natürlich gewisse Möglichkeiten bei der Darstellung komplexer
gesellschaftlicher Verhältnisse; so kann zum Beispiel buchstäblich auf der
Bühne gezeigt werden, wie der Faschismus in den Armen des Kapitals

liegt (S. 514). Doch diese direkte Darstellbarkeit abstrakter Verhältnisse und begrifflicher Erkenntnisse ist teuer bezahlt: der Mensch als Gegenstand des Theaters, als konkretes Individuum muß abdanken zugunsten personifizierter gesellschaftlicher Mächte. Soziale Verhältnisse können nur sehr oberflächlich plausibel gemacht werden - ihre historische Ableitung und Perspektive bleibt notwendig ausgeschlossen. Diese Mängel wirken sich bei der Faschismuskritik besonders fatal aus: General Faschismus stellt sich als „uraltes" Prinzip vor.

*„General Faschismus: (...) gestatten / Einem alten, bewährten Soldaten,/ Schützer und Retter in mißlichen Fällen / Sich gehorsamst vorzustellen,/ Mein Name ist uralt: Militarismus / Mich nannten die letzten Jahre: Faschismus" (S. 512)*

Auch Herr Kapital und Frau Gesellschaftsordnung machen den Eindruck uralter und sogar ewiger Herrschaft. Dementsprechend hilflos, dumm und passiv verhält sich das „Volk" in Gestalt des „Jahres 1934"; keine Chance kann man ihm geben, daß es einmal die Herrschaft von Kapital, Gesellschaftsordnung und Faschismus abwerfe. Sprang im vorigen Stück gegen Ende noch der Sprechchor ein, um die historische Perspektive einzubringen, die Änderung der Gesellschaft wenigstens als voluntaristischen Akt zu retten, so hat der Soyfer von der Jahreswende 1933/34 diesen Optimismus nicht mehr. Er kann ihn in der realen Situation Österreichs an der Wende zum Faschismus, kurz vor dem Februar, nicht mehr aufbringen und läßt dem Fatalismus freien Lauf und das Stück mit einem zynischen „Prosit" von Herrn Kapital, Frau Gesellschaftsordnung, General Faschismus und dem „Jahr 1934" enden. Niemand rebelliert dagegen - das alte Jahr, das die Erkenntnis dazu hätte, tritt mit einem resignierenden „Adieu" (zur Melodie des Barbara-Songs aus der „Dreigroschenoper") ab.

Die dramatische Form des frühen Soyfer stößt hier an ihre Grenzen: im Zusammenhang mit dem Faschismus treten sie deutlicher denn je hervor. Jura Soyfer mußte sie hinter sich lassen, um dem Faschismus wirklich etwas entgegensetzen zu können.

Soyfers Aufsätze zum Theater und seine Theaterkritiken aus dem Jahr 1937 legen eindrucksvolles Zeugnis ab von dieser Wendung zum wirklichen antifaschistischen Theater. Es geht nicht an, diese Wendung auf eine Schutzmaßnahme, auf eine Tarnung gegenüber der, nach 1934 verschärft eingesetzten Zensur zu reduzieren; es gilt vielmehr das Prinzipielle der Wendung herauszuarbeiten.[8]

Genau besehen handelt es sich bei allen Texten um Aufsätze zum Volkstheater. In seinem berühmten Nestroy-Aufsatz (zu dessen 75. Todestag) bestimmt Soyfer wiederum das Theater vom Publikum aus. Doch wie anders bestimmt er nun dieses Publikum: galt es vormals als streng klassenmäßig gegliedert, rein proletarisch oder rein bürgerlich - so heißt es nun:

„Wer ihm (Nestroy) zu einem längst verdienten ewigen Engagement am österreichischen Theater verhelfen könnte - sind nur seine Zuschauer von Anno dazumal (...) Ob sie selbst noch leben? Gewiß leben sie noch und denken nicht daran, auszusterben, die kleinen Kaufleute, die Handwerker, die Lohnarbeiter der äußeren Wiener Bezirke!" (S. 469)

Um den progressiven Charakter der Nestroyschen Stücke herauszustellen, bringt er folgendes Zitat aus einem davon:

„- ‚Weiß er Plebejer, daß ich von Rittern stamme?'- ‚Meine Voreltern waren Bandlkramer. Die Ritter haben vom Stegreif gelebt, den Krämern Zoll abgenommen, auf deutsch, sie ausg'raubt! Jetzt frag' ich also: Warum is das edler, wenn man von die Räuber als wenn man von die Beraubten abstammt?'" Und Soyfer fügt hinzu: „Zwischen Nestroy und seinen Zuschauern gab es recht oft Meinungsdifferenzen. Über obige Frage niemals." (S. 471)

Wie man sieht, scheut sich Soyfer nicht, mit Nestroy auf die Seite der Krämer zu treten. Offenbar hatte er erkannt, daß wieder Räuber drohen, die - wie sie selbst sagten - das Rad der Geschichte in die Zeit vor 1789 zurückdrehen wollten und das demokratische Erbe des Bürgertums kassierten. Freilich kritisiert er auch im selben Atemzug mit Nestroy das österreichische Bürgertum, „welches seine eigene Revolution verriet" (S. 471). Hier läßt sich bereits ablesen, daß Soyfer gelernt hat, auf die historisch-konkreten österreichischen Klassenverhältnisse und -auseinandersetzungen einzugehen, um nicht mehr wie zuvor, über den weltgeschichtlichen Klassengegensatz die nationalen Besonderheiten zu vergessen.

Auch der tiefempfundene Aufsatz über Mozarts „Figaros Hochzeit" (anläßlich einer Aufführung im Volksbildungshaus Stöbergasse) erweist sich letztlich als Aufsatz über das Volkstheater, in dem Aneignung des Erbes und Humanismus zusammenfließen.

„Jetzt werden wir sehen (...) ob Mozart auch den armen Leuten gehört. Oder sagen wir's genauer: Ob sie schon verstehen, daß er ihnen gehört (...) Unendlich anmutig und melodiös, proklamiert sie (die Musik) für alle Ewigkeit jene Losungen, unter denen die freiheitsliebenden Bürger von dazumal gegen ihre Unterdrücker auszogen: Empfindsamkeit des Gemütes, wahre Liebe und Freundschaft, tiefer Schmerz, edle Freude — mit einem Wort: echte, leidenschaftliche Menschlichkeit, die den Puppen und Schranzen des Rokokos fremd geblieben war." (S. 479/480)

In den Stücken, die Jura Soyfer nun schreibt, die sogenannten „Mittelstücke" für die Wiener Kleinbühnen, begegnen wir nicht mehr dem „Arbeitslosen" und der „Frau des Arbeitslosen", und schon gar nicht mehr „Herrn Kapital". Dafür tritt uns der arbeitslose Lechner-Edi mit seiner Freundin Fritzi gegenüber - zwei plastische Figuren, die weit über ihre ökonomische Funktion im kapitalistischen System hinaus gestaltet sind und in ihrer Besonderheit die Totalität menschlicher Individuen zumindest andeuten. Das „glasklare" proletarische Klassenbewußtsein der früheren Figuren ist der Darstellung eines konkreten Bewußtseins gewichen, das sexuelle Bedürfnisse, „Wiener Schnitzel und a Viertel Heurigen" ebenso kennt wie die Reize der Vergnügungsindustrie. So bewegen sich diese Figuren im Spannungsverhältnis zwischen der konkreten Erkenntnis ihrer eigenen Lage und den Angeboten der herrschenden Ideologien. Auch ihre Sprache ist historisch konkret. Der Proletarier der früheren Stücke und Szenen der Roten Spieler sprach gestochenes Hochdeutsch, dem der rhythmisierte Sprechchor noch das Pathos des griechischen Chors abzugewinnen suchte; und der Wiener Dialekt diente nahezu ausschließlich zur satirischen Entlarvung von Monarchisten und reaktionären Wiener Hausherrn, so daß man also über die österreichische Besonderheit in der Sprache nur wie über etwas Veraltetes, Anachronistisches, lachen konnte. In einem Stück wie dem „Lechner-Edi" jedoch wird der Dialekt zum lebendigen, zeitgemäßen Ausdrucksmittel der „kleinen Leute", der in seiner konkreten Vermischung mit aktuellen Ausdrücken und Sprüchen verwendet wird, wie sie durch den zunehmenden Einfluß der Massenmedien Verbreitung fanden. Daß Soyfer dabei nicht in naturalistische Figuren- und Sprachgestaltung zurückfällt, verhindert die Volksstück-Dramaturgie, die dem ganzen Stück unterlegt ist. Gemäß den Gesetzen dieser Dramaturgie tritt - als der Lechner-Edi wütend ausruft - „Weißt wer die Schuld hat? Die Maschin, die verfluchte. Kruzifix, wann i s'vor mir hätt - i tät s'zammhaun (...)" (S. 564) - der Elektromotor namens Pepi leibhaftig auf die Bühne.

Nicht mehr der wirklich Schuldige an der Arbeitslosigkeit - Monsieur Capital oder die Charaktermasken der Bankiersfamilie treten also dem Arbeiter gegenüber, sondern der „unschuldige" Motor Pepi. Der Dramatiker scheint erkannt zu haben, daß sich ein gesellschaftliches Verhältnis oder eine begriffliche Erkenntnis nicht personifizieren läßt, ohne auf den Erkenntniswert einer Karikatur herabzusinken (wobei der Karikatur eine spezifische Erkenntnismöglichkeit nicht abgesprochen werden soll). Das Kapital als eigentliche Ursache der dramatischen Kollision, der Arbeitslosigkeit Edis, bleibt hingegen das ganze Stück über im Hintergrund. Darin liegt einerseits die Stärke gegenüber den frühen Agitprop-Stücken, andererseits die entscheidende Schwäche gegenüber dem Stück „Astoria" - weil die Eigentumsverhältnisse überhaupt im Hintergrund bleiben. Wenn aber der Motor, die Maschine, menschliche Züge erhält, dann hat dies nichts mehr zu tun mit der früheren Personifikation von Ideologien und Verhältnissen, sondern steht bereits ganz in der Tradition des Alt-Wiener-Volkstheaters und seiner Zauberdramaturgie. Soyfer verwendet sie dazu, um gleichsam durch die Verlebendigung der Dinge der Verdinglichung des lebendigen Menschen entgegentreten zu können. Die Personen von „Lechner-Edi" handeln nämlich aus sich selbst heraus, das Geschehen und mithin der Zauber werden aus dem Dialog entwickelt —

wenn auch oft bemüht und etwas vordergründig, doch auch dies gehört freilich zur Volkstheater-Tradition. Ihr Handeln ist motiviert von den sozialen Widersprüchen, denen sie ausgesetzt sind. Während die Erkenntnisse in den Agitprop-Stücken nach der Vorführung von Zuständen - und nicht von Handlung - von einem Sprechchor hinzugetragen wurden, gewinnen die Personen in „Lechner-Edi" ihre Erkenntnisse aus ihrem eigenen Handeln, so ihre wichtigste am Ende: „Auf uns kommt's an."

In „Astoria" geht Soyfer einige Schritte weiter. Auch hier ist der Ausgangspunkt eine realitätsnahe Szene - die Szene auf der Landstraße mit den beiden Landstreichern Hupka und Pistoletti. Wieder wird vom Protagonisten die Zauberhandlung förmlich herbeizitiert: Hupka schwärmt angesichts seiner ärmlichen Existenz von einem Packard-Auto samt Millionärin - die auch prompt vor ihm auffahren. Die Phantastik der Handlung hat ihren Ursprung in der Phantasie Hupkas als gattungsmäßiger Eigenschaft, die selbst wiederum durch sein klägliches Landstreicherdasein, wie es im Dialog mit Pistoletti entwickelt worden war, motiviert wird. Im Unterschied zum „Lechner-Edi" gelingt es Soyfer hier erstmals, in der folgenden Zauberhandlung eine politische Satire zu entfalten, die die Phantastik dazu nützt, die realen gesellschaftlichen und politischen Widersprüche zu überzeichnen, um sie dem Gelächter preiszugeben. Sie überzeichnet sie in dem Sinn, als sie die Konturen des Realen bewahrt, die Kontraste aber verschärft. Daß der Staat vom Kapital allmählich gekauft wurde, kann man im letzten Kapitel der Geschichte des absolutistischen Staats nachlesen. Daß es sich im konkreten Fall Österreichs vor allem um ausländisches Kapital handelte und in den zwanziger Jahren sehr viel amerikanisches Kapital nach Europa floß, nimmt Soyfer zum Ausgangspunkt seiner Fabel von der amerikanischen Millionärin Gwendolyn, die ihrem Grafen als Dank für den Adelstitel, den er in die Ehe mitbrachte, einen europäischen Staat kaufen möchte. An ihrer Figur sind noch am ehesten die Spuren der früheren, allegorisierenden künstlerischen Methode zu erkennen. Dennoch besitzt sie bereits so etwas wie Eigenleben und Ansätze zu einer besonderen Individualität. Unentschieden zwischen Allegorie und satirischem Symbol angelegt, repräsentiert sie jedenfalls jene Macht, die Staaten aufkaufen kann und diese, wenn sie in Schwierigkeiten geraten, dem Faschismus übergibt. Sie läßt daher Hupka, den sie vorher noch zum Legationsrat gemacht hat, fallen, als er beginnt, sich ihren Interessen entgegenzusetzen und setzt James an seine Stelle. James aber erweist sich auch nicht als Marionette in ihren Händen, er verlangt „die ganze Macht" von ihr; allerdings sind nun Gwendolyn und ihr Graf durchaus zufrieden mit seiner selbständigen Arbeit, und James verkündet schließlich den faschistischen Staat:

*„Astoria besitzt kein Land. Was besitzt Astoria? Astoria besitzt den besten Beamtenapparat, die beste Armee der Welt. Was braucht Astoria*

*noch? Einen noch besseren Beamtenapparat und eine noch bessere Armee. Und was weiter? Etwa Weizenfelder? Lachhaft! Jeder moderne Mensch weiß, daß Flugzeuge wichtiger sind als Getreide. Wohnhäuser? Der Großteil unserer Männer wohnt in den Kasernen verbündeter Staaten, der Großteil der Frauen in den Kantinen. Das sind insgesamt dreißig Prozent der Bevölkerung. Weitere dreißig wohnen in diversen, uns liebenswürdigerweise zur Verfügung gestellten Gefängnissen.* " (S. 624/625)

In dieser satirischen Überzeichnung kommt Soyfer - die notwendige ästhetische Distanz zum Objekt eingerechnet - dem realen Gegenstand tatsächlich sehr nahe: er legt mit dieser satirischen Darstellung in einer Weise das Wesen des faschistischen Staates frei, wie es einer peniblen Beschreibung seiner verschiedenen Erscheinungsformen in Deutschland, Österreich und Italien kaum gelänge: die Unmenschlichkeit, die totale Formierung der Menschen in Armee und Staatsapparaten, ihre Vernichtung in Lagern wird sinnfällig gemacht durch die Metapher vom Staat ohne Volk - aber mit Massenbasis.

*„Astoria, der modernste Staatstypus, ist uns strahlend erstanden als die konsequenteste, restloseste, kompromißloseste Vollendung des modernen Staatsgedankens: Der Staat an und für sich; der Staat, befreit von allen Nebenerscheinungen, die anderswo diesen Begriff verunreinigen; der Staat, reduziert auf den Staatsapparat!"* (S. 625)

Was Soyfer daher dieser entmenschten Macht entgegensetzen kann, ist nichts weniger als sein emphatischer Begriff der Gattung. Er tritt auf in seiner österreichischen Ausprägung im Gegensatz zum internationalen Flair von Gwendolyn und der übrigen Herrscherclique. Hupka, Pistoletti, Paul, Hortensia und Rosa sind viel eher „arme Leut'" als klassenbewußte Proletarier - eigentlich sind es „Lumpenproletarier". Statt einer formierten revolutionären Klasse treten arme Vagabunden auf als letzte Enklaven von Humanität und - wenn auch noch so utopistischer - Hoffnung auf eine bessere Welt, auf eine wirkliche Heimat für die armen Leute. Im Bund nur mit der Zeit, auf deren bloßem Vergehen bereits ihre ganze Hoffnung ruht, machen sie sich wieder einmal bereit zum Überwintern.

*„Die Heimat mein Wandergeselle*
*Wird einem nie geschenkt*
*Drum nimm dir Pflug und Sparen*
*Und halte dich bereit*
*Und hol herbei deine Kameraden*
*Und wo ihr grade seid:*
*Dort ist das Land, das dir gehört*
*Auf diesem Erdenrund*
*Such nicht Astoria*
*Mein Bruder Vagabund.*
*Die Zeit, die ihre Straße zieht*

*Sie ist mit dir im Bund -*
*Marschier mit ihr und sing dein Lied*
*Mein Bruder Vagabund!"*

Man mag darin eine Apologie der Vagabondage und das Heimischwer-
den in einer weiteren Form der Entfremdung sehen - auch geht gewissermaßen der Gedanke einer österreichischen Nation auf deren Kosten -,
man sollte aber dabei nie vergessen, in welchem konkreten Zusammenhang, gegen welche Mächte gerichtet, sich Soyfer auf den Vagabunden
beruft.

Die beiden Welten - der Herrscher von Astoria einerseits, des Volks,
das nicht sein darf, andererseits - stehen nicht isoliert nebeneinander als
Abstraktionen (wie im Agitprop Kapital und Arbeit), sondern greifen
konkret ineinander in Gestalt der Individuen und ihrer Kollisionen.
Hupka, ursprünglich ein Landstreicher, wird unversehens zum Legationsrat gemacht und nimmt als solcher aktiv an der Betrügerei und
Unterdrückung Anteil. Als er aber die faschistische Stoßrichtung der
ganzen Entwicklung erkennt, da mit brutaler Gewalt gegen seine ehemaligen Leidensgenossen vorgegangen wird, gerät er in den Widerspruch
zwischen seinen plebejischen Freunden Pistoletti und Paul einerseits und
dem Staat andererseits und gewinnt darin in einem inneren und äußeren
Ringen seine Identität zurück.

*„Pistoletti (zu Hupka): Da schau' her! Jetzt erkennen sie mich auch*
*schon? Wir machen Fortschritte.*

*Hupka: Pisto! Warum tust du mich nicht duzen? (...) Wie kommst du in*
*die Livree?*

*Pistoletti: In die Livree komm' ich, weil man sonst nicht an sie heran-*
*kommt, Verehrtester. Aus dem Spital bin ich heraus, weil ein armer Teufel*
*einen schweren Stand hat gegen den Hasardteufel.*

*Hupka: Das verstehe ich nicht.*

*Pistoletti: Eben. - Deswegen duze ich Sie nicht. (...)*

*Gwendolyn (zu Hupka): Sie rufen öffentliche Skandale hervor! - Sie*
*konspirieren ohne Krawatte mit aufrührerischen Lakaien! - Ihr Platz ist*
*nicht hier, sondern beim Mob!*

*Pistoletti: Dagegen möchte ich mich im Namen des Mobs schärfstens*
*verwahren! (...)*

*Hupka (hilflos zwischen beiden): Ich ... ich verstehe die Welt nicht mehr ...*
*Pisto, warum verstehe ich nichts mehr?*

*Pistoletti: Das kommt vom Stehkragen ... Sie gestatten doch (reißt ihm*
*den Kragen herunter)."*

*Als Gwendolyn aber lachend Nein sagt zu Hupkas Forderung, nun endlich*
*ein wirkliches Land für alle zu kaufen, antwortet er:*

*„Nein? Dann pfeifen wir auf euer Astoria. Und daß Sie's wissen, noch*
*heute lasse ich die ganze Seifenblase platzen!*

*Pistoletti: Hupka! Spezi!*

*Hupka: Pisto! Kollega!*
*Gwendolyn: James, nehmen Sie die Leute fest!"* (S. 618/619)

Hupkas Entscheidung entwickelt sich im Dialog, der ureigensten Ausdrucksform des Dramas; die Determinanten und Alternativen seines Handelns bleiben dabei sichtbar in Gestalt von Pistoletti und Gwendolyn.

Die große Wirkung von „Vineta", die vielleicht diejenige von „Astoria" noch übertrifft, beruht gerade darauf, daß dort ein ebensolches zur Handlung und zum Dialog fähiges Individuum in eine Welt von Menschen gerät, die in totaler Entfremdung erstarrt sind. Was in „Astoria" noch auf die Sphäre des Staats beschränkt blieb und mit satirischen Mitteln gestaltet wurde, hat in „Vineta" bereits die Menschen erreicht und durchdrungen - und Soyfer greift zur Groteske. Denn Hupka konnte den Sieg des Faschismus nicht verhindern. Als er die Rednerbühne stürmen will, um die Masse umzustimmen auf eine Heimat des Volks - ohne Staat, lacht man ihn bereits aus, packt ihn beim Kragen und wirft ihn mit einem Fußtritt hinaus. Hierin aber zeigt sich, wie bei den großen Brecht-Stücken des Exils, jener unbestechliche Realismus, der einen falschen und gefährlichen Optimismus und „Hurra-Antifaschismus" zurückweisen muß, um ein Abbild der epochalen Auseinandersetzungen geben zu können, das der spezifischen Aufgabe und Möglichkeit der Kunst wirklich entspricht.

*Anmerkungen*

[1] G. W. F. Hegel: Vorlesungen über die Ästhetik III. Werke, Bd. 15. Frankfurt / Main 1980, S. 499/500.

[2] Vgl. etwa als stellvertretend für diese drei Tendenzen: F. N. Mennemeier / Frithjof Trapp: Deutsche Exildramatik 1933-1950. München 1980; Reiner Steinwegs Arbeiten zum Brechtschen Lehrstück, z. B.: R. S.: Das Lehrstück. Brechts Theorie einer politisch-ästhetischen Erziehung. Stuttgart 1972; sowie Werner Mittenzweis neuere Arbeiten über eine sogenannte „Materialästhetik", z. B. W. M.: Brecht und die Schicksale der Materialästhetik. In: Dialog 75. Almanach 30 Jahre Henschel Verlag. Berlin 1975.

[3] Erwin Piscator: Das politische Theater. Berlin 1929, S. 128.

[4] Ebd, S. 36.

[5] Vgl. hierzu: Klaus Kändler: Drama und Klassenkampf. Beziehungen zwischen Epochenproblematik und dramatischen Konflikt in der sozialistischen Dramatik der Weimarer Republik. Berlin, Weimar 1974, S. 199 f.

[6] Brechts „Mann ist Mann". Hrsg. v. Carl Wege. (Materialien) Frankfurt/Main 1982, S. 249.

[7] Georg Lukács: (Über einen Aspekt der Aktualität Shakespeares.) G. L. Werke Bd. 6. S. 634. Vgl. hierzu auch G. Lukács-Werke, Bd. 4, S. 545 ff.

[8] Vgl. hierzu: Angelika Sternegg, Harald Sattek: Jura Soyfer und die Kabarettbewegung. Entwicklungen und Veränderungen vor und nach 1933/34. In: Antifaschistische Literatur in Österreich 1933-1945. Aufrisse 3 (1982) Nr. 2. S. 37 ff.

# Die schöpferischen Methoden des Widerstandes
## Ansätze zu einer Begriffsbestimmung der Satire

Warum ist eine Satire über den Faschismus immer eine riskante Gratwanderung, bei der jederzeit ein Absturz in Verharmlosung oder Mißverständnis droht? Und warum haben dennoch so viele, der gegen den Faschismus Kämpfenden zu dieser künstlerischen Gestaltungsform gegriffen, sie oft sogar als tauglichstes Mittel der Kunst im Kampf gegen den Faschismus verstanden?

Diese Fragen ergeben sich fast zwangsläufig demjenigen, der sich mit antifaschistischem Kabarett und antifaschistischer Satire beschäftigt. Sie lenken den Blick auf die Besonderheit der satirischen Gestaltungsform; freilich gibt es diese Besonderheit nicht jenseits der Geschichte sondern nur in ihr, und daher wird immer sogleich zu fragen sein, inwieweit die Auseinandersetzung mit dem Faschismus die satirischen Darstellungsmöglichkeiten veränderte, beschränkte oder bereicherte.

Es ist natürlich hier nur möglich, einige wenige - wenn auch grundsätzliche - Probleme aufzugreifen, ohne sie in extenso behandeln zu können. Auch sollten die folgenden Überlegungen nicht als Definitionsversuch mißverstanden werden. Es handelt sich vielmehr um den Versuch einer Bestimmung im strengen Sinn; die Bestimmung betrachtet sich von vornherein als etwas Vorläufiges, Ergänzungsbedürftiges, als etwas, zu dessen Wesen es gehört, weitergeführt, konkretisiert zu werden (im Gegensatz zur Definition, die ihre eigene Partialität als etwas Endgültiges fixiert).

Noch bevor sich die Fragen in dieser Brisanz stellen konnten - im Jahre 1932 -, versuchte Georg Lukács in seinem Aufsatz „Zur Frage der Satire" aus der Kritik der Hegelschen Bestimmung der Satire seine eigene zu entwickeln. Hegels Verfahren, die Satire nicht als Gattung in sein System einzuordnen sondern als historisches Stadium in der Entwicklung des Schönen, des Ideals, führt Lukács über in die Erkenntnis, daß es sich tatsächlich nicht um eine Kunstgattung handle, sondern um eine „schöpferische Methode", die in verschiedenen Gattungen und Medien Eingang finden kann.

Hegel wertete die Satire deutlich ab: Die ideale Identität von Bedeutung und Gestaltung der griechisch-antiken Kunst tritt in ihr zum Gegensatz von abstrakten Grundsätzen und einer schlechten, „entarteten" Wirklichkeit auseinander. Den Fortschritt gegenüber dem klassischen Ideal sieht zwar Hegel darin, daß hier erstmals „die geistige Welt für sich frei wird"; er gilt ihm jedoch als relativer: „Dies Subjekt aber, das die Äußerlichkeit von sich stößt (...) ist, als von dem Gegensatz gegen das Wirkliche behaftet, eine bloß abstrakte, endliche unbefriedigte Subjektivität."[1] Weil die Satire aber diesem Gegensatz verhaftet bleibt, weist sie Hegel als „prosaisch" aus dem Reich der Kunst. Zugleich bezieht und beschränkt er sie damit auf die „römische Welt", die in seinem Denken, in seiner geschichtsphilosophischen Konzeption gerade diesen Gegensatz verkörperte, von diesem Gegensatz als Ganzes beherrscht ist. Die „römische Welt" bedeutet bei Hegel jedoch soetwas wie eine Präformation der bürgerlichen - und oft kritisierte er an jener, was in Wahrheit der bürgerlichen Gesellschaft zugehört. Die Projektion der Kritik an bestimmten Erscheinungen der bürgerlichen Gesellschaft auf ihre historischen Vorstufen oder auf ihre frühen Stadien, um diese selbst davon freisprechen zu können, macht in gewisser Hinsicht das Geheimnis der Hegelschen Versöhnung mit der Gegenwart aus (sieht man einmal von der mystischen, totalen Versöhnung im identischen Subjekt-Objekt ab). So kann er auch im Fall der Satire schließlich zufrieden hinzufügen: „Heutigentags wollen keine Satiren mehr gelingen."[2] Man könnte daher mit einigem Recht annehmen, daß Hegel die Satire deshalb in die Vergangenheit verdammt und selbst dort noch kritisch verfolgt wie sonst nur zeitgenössische Erscheinungen (etwa die „romantische Ironie"), weil er sie doch als Methode in der Gegenwart fürchtete, die seine große geschichtsphilosophische Anstrengung zur Versöhnung gefährden könnte. Und es wirft wohl einiges Licht auf die Bedeutung der Hegelschen Philosophie und Ästhetik, daß sein aufmerksamer Schüler Heinrich Heine zum großen Satiriker wurde; auch Marx und Engels standen ja - besonders in der Phase ihrer Loslösung von Hegel und ihrer Auseinandersetzung mit den Linkshegelianern - der satirischen Ausdrucksweise nicht fern.

Zurück zu Lukács: er wendet in seiner Kritik der Satiretheorie Hegels die Abwertung und „Historisierung" der satirischen Methode um ins genaue Gegenteil. Indem er die Satire als „offen kämpferische literarische Ausdrucksweise" begreift, gewinnt er gerade aus dem, von Hegel beklagten, Gegensatz zwischen Subjektivität und Äußerlichkeit ihre entscheidende Qualität: „Es wird in ihr nicht bloß das *wofür* und *wogegen* gekämpft wird, sowie der Kampf gestaltet, sondern die *Gestaltungsform selbst* ist von vornherein unmittelbar die des *offenen Kampfes*".[3] Aus dieser positiven Bestimmung der Satire vor dem Hintergrund der Auffassung der Geschichte als eine von Klassenkämpfen ergibt sich wie von selbst die neue Historisierung und vor allem die Bedeutung der Satire für die Gegenwart, in der ja - nach Lukács' damaliger Auffassung - der alles entscheidende, letzte dieser Kämpfe unmittelbar vor der Entscheidung steht.

Bei dieser vollständigen Umkehrung der Hegelschen Satiretheorie behält Lukács aber dennoch Hegels zentrale Bestimmung des Verhältnisses von Wesen und Erscheinung im gesamten Bereich des ‚Lächerlichen' (also Satire, Komik, Humor und Albernheit umfassend) bei - „Lächerlich kann jeder Kontrast des Wesentlichen und seiner Erscheinung werden"[4] - und Lukács fügt hinzu: „Der schöpferischen Methode der Satire liegt der *unmittelbare* Gegensatz von Wesen und Erscheinung zugrunde".[5] Im Unterschied nämlich zu allen anderen ästhetischen Verfahren schalte sie die vielfältigen Vermittlungen zwischen Wesen und Erscheinung ganz aus, sodaß der Gegensatz in voller Schärfe zutage tritt. Lukács schränkt aber in der Folge die Möglichkeiten satirischer Darstellung empfindlich ein, wenn er ihr nur zugesteht, Zufall und Notwendigkeit anders zu verknüpfen als die Wirklichkeit - „Die satirische Wirkung beruht darauf, daß wir den betreffenden Gesellschaftszustand, das betreffende System, Klasse etc. dadurch als charakterisiert ansehen, daß in ihr soetwas überhaupt möglich ist. Wir untersuchen gar nicht, ob es durchschnittlich, typisch oder wahrscheinlich ist, die bloße Möglichkeit - selbst wenn wir ihre ‚Zufälligkeit' zugeben - reicht aus, um den Gegenstand der Satire hinreichend charakterisiert zu finden."[6] Damit hat er unzweifelhaft einen wichtigen Typus der Satire tief erfaßt - man denke etwa an Karl Kraus. Die Dialektik von Zufall und Notwendigkeit ist aber nur eine Ebene des Verhältnisses von Wesen und Erscheinung, das eben noch ganz andere Möglichkeiten für die satirische Gestaltung birgt. Und Lukács selbst bringt dafür reichliche Beispiele - etwa Swifts ‚Gullivers Reisen': Riesen und Zwerge, Pferde mit idealen menschlichen Eigenschaften wird man schwerlich als ‚Möglichkeiten' des Wirklichen betrachten können; so wird Lukács' Argumentation gerade bei den phantastischen Mitteln der Satire ungenau („die Satire steigert tatsächlich ihre Gestaltung in die Richtung des Phantastischen, des Grotesken, ja zuweilen des Gespenstischen hin"[7]). Auch beim Phantastischen handelt es sich aber darum, daß die Satire Erscheinung und Wesen anders verknüpft als die Wirklichkeit - nur greift sie dabei über die Beziehung von Zufall und Notwendigkeit weit hinaus. So nimmt Swift zur Verkörperung menschlicher Tugenden eine Erscheinungsform, die möglichst weit abliegt von der menschlichen: die Pferdegestalt, um sie vollkommen entmenschten Lebewesen gegenüberzustellen, die nun aber die äußeren Züge des Menschen tragen; in dieser Konfrontation zweier ‚falscher', quasi vertauschter Erscheinungsformen versucht Swift gerade das Wesen der Entfremdung des Menschen in der bürgerlichen Gesellschaft zu fassen und zu gestalten.

Die Satire hat also auch die Möglichkeit, um ihren Gegenstand im Kern zu treffen, zu ganz anderen Erscheinungen - sogar möglichst weit abliegenden - zu greifen und sie an die Stelle der wirklichen zu setzen. Ihre Legitimation dazu hat sie in einem Gesellschaftszustand, in dem der Kontrast zwischen dem Wesen und bestimmten Erscheinungen zu solcher Schärfe gediehen ist, daß sie nach Vorgängen und Zuständen aus anderen, wirklichen und unwirklichen (phantastischen) Bereichen suchen muß, um die wirkliche, aber verzerrende Erscheinung zu unterlaufen.

Ob die Satire nun ihre Wirkung aus dem Zufall, dem in der Wirklichkeit bloß Möglichen gewinnt oder aus der Konfrontation mit phantastischen - von der Wirklichkeit sozusagen weiter als der Zufall entfernten - Erscheinungen, in jedem Fall konstituiert sie eine neue Einheit zwischen Wesen und Erscheinung, die gerade durch ihren unvermittelten Gegensatz unmittelbar wirkt. Diese Einheit muß für den Rezipienten geradezu unwiderstehlich sein, sodaß er gar nicht dazu kommt, die Zufälligkeit oder Phantastik des gezeigten Geschehens als „unwahr" zu empfinden. Wenn sie ganz ausgestaltet ist und bis ins kleinste Detail hinreicht - der Gegensatz aus jedem Detail herausspringt - und nichts von außen erklärt und vermittelt werden muß, sondern alles mit unmittelbarer Evidenz und sofortiger Suggestionskraft wirkt - dann tritt der typische satirische Effekt ein: Das Wesen eines Gesellschaftszustands, eines gesellschaftlichen Verhältnisses wird *entlarvt*; das Lachen dabei entzündet sich an dem geschaffenen „fiktiven" Kontrast zwischen Wesen und Erscheinung, mit dem die Satire den realen Kontrast parodiert. Im Rahmen dieser sehr allgemeinen Bestimmung wären nun die zahlreichen und vielfältigen, speziellen Methoden der Satire zu begreifen: Montage, Übertreibung, Parodie, Travestie, „Beim-Wort-Nehmen", ...

Die satirische Methode setzt gegenüber anderen Gestaltungsformen einige besondere Fähigkeiten voraus, um zur Anwendung und zur Wirkung zu kommen. Entschiedene Parteilichkeit und Widerstandshaltung, Analyse und Wertung eines gesellschaftlichen Phänomens oder Zustands - Lukács spricht vom „heiligen Haß" des Satirikers - bilden die Antriebskräfte, mit denen sich der Satiriker von der unmittelbaren Wirklichkeit weit entfernen kann, ohne ihre wesentlichen Zusammenhänge aus den Augen zu verlieren. Diese Haltung ist dem eigentlichen Schaffensprozeß vorausgesetzt, sie ist das Motiv, das den Schriftsteller zur Satire greifen läßt. Das Gegenstück zu dieser Voraussetzung stellt bei den Rezipienten eine Haltung und ein Wissen dar, die sie die neue Verknüpfung von Wesen und Erscheinung auf Anhieb erkennen lassen. So hat die Satire auf der Seite der Rezeption eine Gemeinschaft relativ Gleichgesinnter zur Bedingung ihrer Wirkung und stellt auch in dieser Hinsicht andere Ansprüche. Freilich handelt es sich hierbei nur um Bedingungen und Voraussetzungen. Die eigentliche Mission der Satire kann sich nicht darauf beschränken, eine solche Gemeinschaft Gleichgesinnter - ein Gemeinschaftsgefühl angesichts eines gemeinsamen Gegners - zu erzeugen und zu befestigen oder bloße Parteilichkeit und Widerstandshaltung zu demonstrieren. Sie bestünde vielmehr darin, durch die überraschende Verknüpfung des Wirklichen mit dem Unwirklichen, des Zufalls mit der Notwendigkeit etc. Einsichten, Gefühle und Erkenntnisse über die verhaßten Verhältnisse zu vermitteln, die den Kampf gegen sie leichter und aussichtsreicher machen können; sie kann einen Prozeß der Bewußtmachung über bisher nicht oder unzureichend wahrgenommene Seiten dieses Kampfes einleiten und damit eine Vertiefung des eigenen Selbstbewußtseins befördern, die auf einer realen Bereicherung beruht.

Im antifaschistischen Widerstand erhielt die Satire schlagartig eine ungewöhnlich große Bedeutung für viele Künstler, die mitunter ganz verschiedene ideologische Positionen und ästhetische Konzepte vertraten und auch innerhalb verschiedener Gattungen und Medien wirkten. Sie alle einte das Bestreben, angesichts der unmittelbaren Bedrohung durch den Faschismus die Gestaltungsform selbst zum Instrument des Kampfes zu machen. Man wollte nicht nur den Gegner und die Ziele sowie den Kampf selbst in den Werken abbilden, diese nicht nur als neue Inhalte aufnehmen, sondern griff - um den Ausdruck von Lukács wieder heranzuziehen - zur Gestaltungsform des unmittelbaren Kampfes. Die Bedeutung der satirischen Methode für die antifaschistische Kunst läßt sich gerade aus dem Willen und der Entscheidung vieler Künstler zum „Gegenangriff" ableiten, aus dem Bestreben, den faschistischen Angriff sofort zurückzuschlagen, wissend, daß man selbst bereits mit dem Rücken an der Wand steht.

Die Situation des Gegenangriffs zwingt dazu, jede Schwäche des Gegners zu nützen, jeden Schritt, den er tut, direkt zu beantworten; die Realität des Faschismus gibt der Satire unmittelbarer als sonst ihre genauen Angriffspunkte vor - und sie tut es in reichlichem Maß. Die Eigenart faschistischer Herrschaftsformen provoziert geradezu ihre satirische Darstellung; Uwe Naumann hat diesen Zusammenhang hervorgehoben, um das Aufleben der Satire im Kampf gegen den Faschismus und überhaupt bei seiner Darstellung zu begründen -"(...) die Darstellungsform Satire wird offenbar nahegelegt vom literarischen *Gegenstand* Faschismus (...)" - „Wenn Faschisten in der deutschsprachigen Kunst der letzten sechzig Jahre als Lügner, Schauspieler, Masken, Marionetten dargestellt werden, wenn in antifaschistischen Satiren das Überleben oft als nur in der Opportunisten- oder Schelmenrolle möglich erscheint, das Widerstehen als ohne Verstellung nicht denkbar, dann ist das kein immanent ästhetisches Phänomen, sondern ein Reflex auf die reale Erfahrung faschistischer Wirklichkeit. Der Faschismus als Herrschaftssystem legitimiert sich durch eine nur scheinhafte Auflösung und Harmonisierung sozialer wie politischer Gegensätze und Spannungen; Lüge und Verstellung gehören zu seiner Herrschaftspraxis."[8] Der Aufwand an Schein und Inszenierung - die Theatralik der Massenveranstaltungen, die Ritualisierung des öffentlichen Lebens - der ganze „Pomp", den der Faschismus zu seiner Herrschaft benötigte, ist bereits vielfach beschrieben worden - von Walter Benjamin etwa als „Ästhetisierung der Politik", um nur einen prominenten zeitgenössischen Theoretiker zu nennen. Ernst Bloch hat als erster darauf hingewiesen, wie sehr der Faschismus bei seiner Verstellung und Kostümierung die großen sozialen Bewegungen - insbesondere die Arbeiterbewegung - bestohlen hat; durch diese „Entwendungen aus der Kommune" dienten die verschiedenen Ausdrucksformen nun der Verstellung und der täuschenden Kostümierung. Nur darum konnte es wohl auch Klaus Mann gelingen, mit einer Schauspieler-Biographie - „Mephisto" - das faschistische Herrschaftssystem so tiefgreifend zu entlarven. Auf die Funktionen des gigantischen Aufwands an theatralischer Täuschung und Verstellung wies bereits das Zitat Uwe Naumanns hin: Er dient zur Herstellung von „Volksgemeinschaft" - zur scheinhaften Auflösung und Harmonisierung sozialer und politischer Gegensätze und Spannungen und bildet im System faschistischer Herrschaft das Pendant zum unermeßlichen Terror. Der Gegensatz zwischen jener auf die Spitze getriebenen Scheinhaftigkeit unter faschistischen Verhältnissen und den realen Lebensumständen greift aber die menschliche Identität in besonderem Maß an, er durchdringt das Leben des einzelnen Menschen. Wenn nun die antifaschistische Satire sich gerade und bevorzugt an diesen Schein heftet, um ihn als Schein zu zerstören, so gibt sie zum einen - mehr oder weniger bewußt - das Wesen faschistischer Herrschaft preis: die Weiterführung der Klassengesellschaft mit anderen Mitteln; zum anderen entblößt sie den Zustand der menschlichen Identität im Faschismus - „Wer am herrschenden System erfolgreich partizipieren will, muß ein Schauspieler, ein Lügner, eine Marionette sein. Wer überleben will, muß sich verstellen können. Wer widerstehen will, muß listig seine Identität verleugnen und seine Rollen besser spielen können als die Faschisten. Satirische Faschismuskritiken handeln daher von Masken und Schelmen, von Schauspielern und Doppelgängern, von Vorspiegelung und Nachahmung. In der ästhetischen Konzeption dieser Satiren steckt eine politische Kritik: die Menschen unter dem Faschismus kommen nicht zu sich selbst."[9] Die Kostümierung und Ausstaffierung der Menschen in den Satiren, die jene realen Entstellungen und Täuschungen überbieten will, reflektiert einerseits diesen Angriff auf die menschliche Identität, andererseits wird gerade die Ausstaffierung zur entscheidenden satirischen Waffe gegen den Faschismus gewendet, mit ihr wird in den Satiren der Faschismus bekämpft oder entlarvt. Es läßt sich kaum ein besseres Beispiel finden für diese Methode, den Spieß immer wieder umzudrehen, den der Faschismus den Menschen an die Brust setzt, als die Schwejk-Figur, die in verschiedensten Varianten zu einem bevorzugten Topos der antifaschistischen Satire wurde. Sie nämlich treibt in Rede und Handlung die Entfremdung (des „kleinen Manns") durch faschistische Ideologie und Militarismus derart auf die Spitze, daß das Einverständnis mit dem System - bewußt oder unbewußt - umschlägt ins Gegenteil und das System entweder beeinträchtigt oder entlarvt - oder beides. (Während etwa Brecht bei seinem „Schweyk" die Unterwerfung und die „Blödheit" als eine Frage von Strategie und Taktik vorführt, gleicht der „Hirnschal" Robert Lukas' eher dem ursprünglichen „Schwejk" Hašeks, bei dem das umschlagende Einverständnis scheinbar ohne Absicht und Bewußtsein der Figur geschieht.)

In den Satiren vom Typus Schwejks tritt - so könnte man sagen - der Satiriker selbst ins Werk hinein; d. h. erst durch sein Auftreten wird die dargestellte Welt der Lächerlichkeit preisgegeben, von ihr aus fällt das satirische Licht auf die faschistische Macht und durch sie verliert diese ihre Ungreifbarkeit und Allmächtigkeit. Dies bringt der Satire den Vorteil ein, daß sie die Herrscher und Büttel zunächst und immer wieder dazwischen in ihrer ganzen Unmenschlichkeit und Gefährlichkeit zeigen kann und so der Gefahr entgeht, sie zu verharmlosen. Ebenso verhindert auf der anderen Seite das Auftreten der Schwejk-Figur mit ihrem umschlagenden Einverständnis das Erstarren der dargestellten Welt zu einer des lückenlosen und darum unangreifbaren Unheils. Diese Gratwanderung zwischen Verharmlosung und Dämonisierung faschistischer Macht muß jede Satire bewältigen. (Die „Groteske" - sofern sie sich zur eigenständigen Gestaltungsform entwickelt und nicht als Mittel der Satire - ließe sich vielleicht so bestimmen, daß hier zwar ebenso die reale Entfremdung überboten und übertrieben wird, dies aber nicht zum Angriff und zur Entlarvung der entfremdenden Mächte gewendet werden kann. So erschöpft sich ihr „Angriff" in Unbestimmtheit, in der bloßen Verzerrung der äußeren Erscheinungsformen.)

Die Satire vom „aufhaltsamen Aufstieg des Arturo Ui" zeigt uns eine geschlossene, vollständige Welt des Unheils und Verbrechens; man kann darin etwa nicht mit einer Schwejk-Figur sympathisieren. Warum diese Darstellung des Faschismus dennoch nicht zum lückenlosen und unaufhaltsamen Unheil des Absurden und Grotesken gerät, liegt eben daran, daß Brecht die „Spiele der Mächtigen" vollständig umkleidet in die gewaltsamen Auseinandersetzungen von Shakespeare deklamierenden Chikagoer Gangsterbanden. Weil diese Analogie überzeugend durchgeführt und ausgestaltet ist, gelingt die Entlarvung und Ausleuchtung der Mechanismen faschistischer Herrschaft. Durch den durchgehaltenen Bezug auf die Gangsterwelt werden sie wie an einem Gipsabdruck sichtbar.

Die Qualität dieser Satire Brechts zeigt sich im Vergleich mit dem früheren Versuch „Die Rundköpfe und die Spitzköpfe"; in diesem gelingt es noch nicht die faschistische Ideologie und Politik in eine andere Sphäre zu übersetzen, sodaß ein lehrhaftes, episches Subjekt einspringen muß, um diese Vermittlung zu leisten und die alte Lehrstück-Schematik von abstrakter These und abstraktem Beweis wieder durchdringt. Im „Arturo Ui" Stück hingegen ist kein Beweis einer These - die „Herr Bertolt Brecht" aufgestellt hat - mehr notwendig - „Denn was sie heute abend sehen, ist nicht neu / Nicht erfunden und ausgedacht / Zensuriert und für sie zurechtgemacht: / Was wir hier zeigen, weiß der ganze Kontinent / Es ist das Gangsterstück, das jeder kennt!"[10] Für den Rezipienten werden durch diese Analogie gewisse faschistische Strukturen durchschaubar und damit angreifbar, das falsche Pathos in der Sprache der Gangster macht jenes der faschistischen Führer lächerlich (ohne die dahinterstehende Brutalität und Grausamkeit zu eskamotieren) - der Aufstieg Uis erscheint als aufhaltsamer. Jedoch erscheint er dies sowenig für die Personen des Stücks, wie es möglich ist, mit der Analogie zur Gangsterwelt die Totalität der realen gesellschaftlichen Zusammenhänge wiederzugeben. Einmal und nur ganz kurz taucht im „Arturo Ui" ein Opfer - und zugleich eines, das zum Widerstand aufruft, - auf. (Szene Nr. 9a „Die Frau") Nicht zufällig herrscht Unsicherheit über die Anordnung dieser Szene mit der „blutüberströmten Frau", die nur wenige Sätze gegen „Ui und den Rest" herausschreien kann, bevor sie von einem Maschinengewehr niedergeschossen wird, und nicht zufällig wird gerade diese Szene bei vielen Aufführungen nicht gespielt[11] - sie bricht in gewisser Weise mit der satirischen Gestaltungsform. Es scheint, als ob der Preis, den der Satiriker für seine aggressive Kritik und seine leidenschaftliche Negativität zu zahlen hat, eine charakteristische Verengung seines Blickwinkels bedeutet, oder anders ausgedrückt: bestimmte Schwierigkeiten bei der Darstellung der Opfer und des aktiven Widerstands, die in der Wirklichkeit den zu negierenden Mächten gegenüberstehen. Er zieht quasi die Funktion und die Situation von Opfer und Widerstand auf seine Gestaltungsweie zusammen, sodaß sie im Dargestellten nur bruchstückhaft zurückbleiben oder überhaupt verschwinden. Die vorhin angedeutete Gratwanderung der Satire läßt sich so etwa konkretisieren: Fehlt in der satirischen Handlung der aktive Widerstand, so droht die Dämonisierung des Faschismus - fehlen hingegen die Opfer, dann muß der Satiriker gegen die Verharmlosung des Faschismus ankämpfen. Im übertragenen Sinn könnte man vielleicht für die Satire doch auch anwenden, was Hegel allein für aristophanische Komik gelten lassen wollte: Im *Widerschein* der Zerstörung des Nichtigen, sollen wir das Wahre erblicken.

Adorno hat am prononciertesten gegen die antifaschistische Satire als solche Einspruch erhoben; etwa im Fall von Brechts „Arturo Ui" oder Chaplins „Großer Diktator" - „Anstelle der Konspiration hochmögender Verfügender tritt eine läppische Gangsterorganisation, der Karfioltrust. Das wahre Grauen des Faschismus wird eskamotiert; es ist nicht länger ausgebrütet von der Konzentration gesellschaftlicher Macht, sondern zufällig wie Unglücksfälle und Verbrechen. So verordnet es der agitatorische Zweck; der Gegner muß verkleinert werden, und das fördert die falsche Politik (...)" - Es ist jedoch bei seiner Argumentation bemerkenswert, wie deutlich er dabei das Wesen und die Besonderheit der satirischen Gestaltungsform überhaupt verkennt, ja verkennen muß - so heißt es z. B. an derselben Stelle: „Hegels Logik hat gelehrt, daß das Wesen erscheinen muß. Dann ist aber eine Darstellung des Wesens, welche dessen Verhältnis zur Erscheinung ignoriert, auch an sich so falsch, wie die Substitution der Hintermänner des Faschismus durchs Lumpenproletariat."[12] Dabei verlangt auch Adorno in seiner Ästhetik - die nicht unwesentlich durch die Erfahrung des Faschismus geprägt ist - die reale Entfremdung des Menschen im Kunstwerk noch zu überbieten, um ihr überhaupt standhalten zu können. Doch darf dies bei ihm niemals umschlagen in den offenen Kampf, ohne sofort als „Verkleinerung des Übels", als Akkomodation ans falsche Ganze, zu gelten; Adorno verlangt

von der Kunst nur mehr ihre „Vergrößerung" und die endgültige Preisgabe jener Perspektive, die sie immer wieder zum „Engagement" gegen
das „Falsche Ganze" wenden könnte: Die Perspektive auf eine menschliche Identität. Bei Kafka und Beckett fand er seine Gegenkonzeption zur
antifaschistischen Satire.

Auf derartige Vorwürfe gegen die antifaschistische Satire antwortet
Uwe Naumann mit zwei Einschränkungen: Erstens gelange die satirische
Methode als solche an die Grenzen ihrer Darstellungsmöglichkeiten,
dort, wo sie die Totalität von Faschismus erfassen will, also auch die
Widerstandskräfte und Opfer; und zweitens kann sie sich thematisch auf
Teilaspekte der Wirklichkeit beschränken, weil sie primär ein Medium
der politischen Selbstverständigung unter gleichgesinnten Zeitgenossen
im Exil ist. Sowenig aber die Rezeptionsästhetik von der ästhetischen
Wertung, der Betrachtung des Form-Inhalt-Verhältnisses suspendieren
kann, sowenig können diese beiden Einschränkungen davon entheben zu
entscheiden, ob eine bestimmte Satire dieses Verhältnis bewältigte oder
ob sie scheiterte und zur Verharmlosung oder Dämonisierung ihres
Gegenstands tendiert. Die Widersprüche zwischen den Intentionen der
Satiriker und der Rezeption, die vielen Mißverständnisse rund um die
antifaschistischen Satiren verweisen eben nicht nur auf die Spezifik der
Satire, sondern auch auf die Frage der Qualität der einzelnen Satire.
Diese läßt sich freilich nur am konkreten Gegenstand, in der Analyse der
einzelnen Satire selbst beantworten. Als ersten Schritt dazu wird man
zunächst die Besonderheit der Gattung oder des Mediums, deren sich die
satirische Methode „bedient", in die Betrachtung hereinnehmen müssen.
In unserem Fall heißt daher die Frage: In welchem Verhältnis stehen
Satire und dramatische Gattung bzw. Theater? In welchen Formen findet
die Satire ihren Ausdruck im politischen Kabarett?

Doch scheint es insgesamt ein Merkmal der Satire zu sein, die Unterschiede zwischen den verschiedenen Gattungen zu minimieren, um umso
leichter von einer zur anderen zu wechseln: So finden wir immer wieder
das Phänomen, wie einzelne satirische Motive und Typen von einem
Medium zum anderen wandern, gleichsam im System der Gattungen
flottieren, ohne viel von ihrer Substanz und ihrem Gehalt einzubüßen
oder zu verändern. Ebenso auch zieht die Satire das Band ganz eng
zusammen, das das Alltagsleben mit dem großen Kunstwerk verbindet.
Vom Flüsterwitz über literarische kabarettistische Kleinformen bis zur
großangelegten Gestaltung der ganzen Epoche im Roman oder Drama
reicht ihr Wirkungsfeld; und wie schnell wandert darin ein Flüsterwitz
aus dem Alltag ins Kabarett oder vergegenständlicht sich in einer Photo-
montage und vice versa. Nicht zuletzt daraus ergibt sich der große
Reichtum satirischer Darstellungen und vor allem auch ihre unmittelbare
Volkstümlichkeit, ihre Fähigkeit, die tiefe Problematik der modernen
Kunst mit der Kraft des Lachens zu überspringen.

Das politische Kabarett läßt sich zunächst bestimmen als satirische Kleinform am Theater; mit seinem Nummern-Programm übernimmt es die Revue-Form und integriert darin „nahezu alles, was sich mit dem Begriff ‚kleine Form‘ umschreiben läßt, vom Chanson über Blackout, Sketch und Szene bis zum Klaviersolovortrag und zur Tanzdarbietung“.[13] Zusammengehalten sind diese Szenen und Nummern einzig durch den gemeinsamen Gegner, den sie satirisch attackieren. Geht dieses einheitsstiftende Zentrum verloren, so droht das Kabarett - begünstigt durch seine Form - in Albernheit zu zerbröckeln. Diese Gefahr verweist auf die zwiespältige Herkunft des Kabaretts: Zum einen ging es aus dem ‚Cabaret‘, dem elitären Amusement-Betrieb des Bürgertums, hervor, zum anderen reicht es zurück in die Praxis des Arbeitertheaters - nicht nur des Agit-Prop der zwanziger Jahre, sondern auch des Arbeitertheaters des 19. Jahrhunderts.[14] Jura Soyfers Entwicklung vom satirischen Agitprop-Stück zu den sogenannten Mittelstücken der Wiener Kleinkunstbühnen ist wohl das bekannteste Beispiel für die Verschmelzung beider Traditionen unter dem Druck des Faschismus. Die Satire der Agitprop-Stücke - es handelte sich meist nur um kurze Szenen - war auf den Klassenfeind konzentriert: der Hausbesitzer, der Großgrundbesitzer, der Bankier etc. boten die Zielscheibe; oft griff sie dafür zur Allegorie, sodaß das Kapital ‚leibhaftig‘ auf die Bühne trat. Ihre Schlagkraft bestand meist noch nicht in der Fähigkeit, aus der Entstellung der menschlichen Identität unmittelbar die Waffen zur Entlarvung und komischen Preisgabe der entstellenden Mächte zu gewinnen; ihre satirischen Effekte beruhten eher darauf, die sonst so ungreifbaren oder selbstherrlichen Mächte und Mächtigen in allegorischer Verkörperung greifbar und zur Lächerlichkeit ‚verkleinert‘ vor das Publikum zu stellen.

In den späteren Mittelstücken erlaubt die Zauber-Dramaturgie der Alt-Wiener Volkskomödie Soyfer, verschiedenste satirische Effekte innerhalb größerer einheitlicher Handlungskonzeptionen anzuwenden. Mit ihr gelingt es Soyfer nämlich, seine Hauptfiguren (Hupka, Jonny, ...) in die satirische Darstellung eines gesellschaftlichen Phänomens (faschistischer Staat, moderne Entfremdung) hineinzuzaubern; meist ist es sogar erst die Konfrontation einer dieser Figuren mit der „verkehrten Welt“, aus der die satirische Wirkung und Entlarvung entspringt. Durch die Zauber-Dramaturgie behalten jedoch - und dies unterscheidet die Mittelstücke von anderen Satiren - diese zentralen Figuren ihre Selbständigkeit, ihr eigenmächtiges Handeln und Entscheiden gegenüber der sonst alles unterwerfenden satirischen Perspektive. Sie werden zwar in das satirisch Dargestellte, in den satirisch dargestellten Gegenstand (durch den Zauber) verwickelt, Soyfer kann sie aber wieder aus der Satire „herausnehmen“. Dadurch aber kann er auch die Situation der Opfer und die aktive Widerstandshaltung gestalten; er entgeht - etwa in „Vineta“ - auf diese Weise der Gefahr, nur mehr die Aussichtslosigkeit des lückenlo-

sen Unheils menschlicher Entfremdung zu reproduzieren, wie er - etwa in
„Astoria" - verhindern kann, den Faschismus und seine Macht zu unterschätzen, obwohl er ihn der Lächerlichkeit preisgibt. Diese Bereicherung
der satirischen Gestaltung gewann Soyfer aus einer spezifischen Tradition der dramatischen Gattung: aus der Wiener Volkstheater-Tradition.
Sie vor allem ermöglichte es ihm auch, zu großen einheitlichen Handlungskonzeptionen zu finden. Als einzigem aus der Sphäre der Kleinkunstbühnen der dreißiger Jahre gelingt es ihm, die Nummern-Pro-
gramme und die Revue-Form hinter sich zu lassen; seine Stücke sind
„Mittelstücke" im emphatischen Sinn: Sie drängen die übrigen Nummern
und Szenen des Abends an den Rand und stehen heute für sich selbst.
Auch dies macht Soyfers Einzigartigkeit unter den österreichischen antifaschistischen Satirikern aus.

## Anmerkungen

[1]   G. W. F. Hegel: Vorlesungen über die Ästhetik II. Werke Bd. 14, Frankf./M.
      1980, S. 122.
[2]   Ebd. S. 125.
[3]   Georg Lukács: Zur Frage der Satire. In: G. L. Werke Bd. 4 (Essays über
      Realismus), Neuwied, Berlin 1971, S. 87.
[4]   G. W. F. Hegel: Vorlesungen über die Ästhetik III. Werke Bd. 15, Frankf./M.
      1980, S. 527.
[5]   Georg Lukács: Zur Frage der Satire, S. 90.
[6]   Ebd. S. 93.
[7]   Ebd. S. 91.
[8]   Uwe Naumann: Zwischen Tränen und Gelächter. Satirische Faschismuskritik
      1933 bis 1945. Köln 1983, S. 12 und S. 14/15.
[9]   Ebd. S. 8/9.
[10]  Bertolt Brecht: Ges. Werke Bd. 4. Frankf./M. 1982, S. 1723.
[11]  Vgl. hierzu die editorische Anmerkung in Bd. 4 der Ges. Werke Brechts, wo
      angedeutet wird, daß die betreffende Szene auch als Schlußszene gedacht sein
      könnte.
[12]  Theodor W. Adorno: Engagement. In: Th. W. A.: Ges. Schriften Bd. 11
      (Noten zur Literatur), Frankf./M. 1974, S. 417 u. 419.
[13]  Rainer Otto u. Walter Rösler: Kabarettgeschichte. Abriß des deutschsprachi-
      gen Kabaretts. Berlin/DDR 1977, S. 9.
[14]  Friedrich Knilli u. Ursula Münchow (Hrsg.): Frühes deutsches Arbeiterthea-
      ter 1847-1918. Eine Dokumentation. Berlin/DDR 1970 und
      Richard Hamann u. Jost Hermand: Epochen deutscher Kultur von 1870 bis
      zur Gegenwart, Bd. 3: Impressionismus. Frankfurt 1977, S. 122 ff.

# Statt eines Nachworts

Primus-Heinz Kucher

*Jura Soyfer - Literatur zwischen Hoffnung und Widerstand*

„Denn nahe, viel näher als ihr es begreift, / Hab ich die Erde gesehen ..."
*(Kometen-Song)*

„... Die Immanenz der Gesellschaft im Werk ist das wesentliche gesellschaftliche Verhältnis der Kunst ..."
(Th. W. Adorno: Ästhetische Theorie)

Jura Soyfer galt bis Mitte der siebziger Jahre im Grunde als literarischer Geheimtip, der weder in der Forschung und schon gar nicht in der akademischen Lehre einen festen Platz hatte, sondern Heimatrecht in eher kryptischen und politisch engagierten Zirkeln (der ‚Linken') genoß, in Kreisen also, die sich gegen die herrschende politische Öffentlichkeit kaum zu behaupten mochten. Ohne gleich in Euphorie zu verfallen, darf mittlerweile festgehalten werden, daß sich die schlechte Situation der faktischen Nicht-Rezeption mit der Herausgabe des Gesamtwerkes 1980 gebessert hat. Die Wiedereinbürgerung eines Ausgebürgerten und Verdrängten war in diesem und in vergleichbaren Fällen allerdings keine Selbstverständlichkeit. Als deklarierter literarischer Streiter gegen den Faschismus und als Opfer der NS-Barbarei wurde Soyfer weniger den demokratischen als vielmehr den ‚suspekten' Traditionen zugeschlagen. Es bedurfte einiger Sisyphusarbeit - angefangen von der ersten Edition Otto Tausigs (1947), über die in Österreich kaum zugänglichen DDR-Ausgaben (1962, 1979) bis hin zu den Gesamtausgaben von Horst Jarka (1980 u. 1984) -, die Voraussetzungen zu schaffen, damit die Diskussion in der Literaturkritik, wenn auch zögernd, so doch noch eingesetzt hat. Ja, es scheint fast so, als würde Soyfer schrittweise den ihm gebührenden Rang in den neueren Ansätzen und Arbeiten einer österreichspezifischen Literaturgeschichtsschreibung gewinnen, wie die ständig wachsende Zahl von Arbeiten zu oder unter Berücksichtigung Soyfers andeuten. Manches spricht dafür, daß wir im Fall Soyfers ein einigermaßen gelingendes Projekt politisch-literarischer Aufklärung miterleben. Aber trotz dieser Anläufe und der beachtlichen Dichte von Soyfer-Inszenierungen in Wien, Graz, Salzburg oder Klagenfurt (zuletzt im Mai 1988 mit *Weltuntergang* - Schwerpunkt der Theater-Jugendwoche) ist Skepsis angebracht.

Denn bei genauerem Hinsehen zeigt sich, daß die Soyfer-Rezeption und Renaissance kein Anliegen des ‚offiziellen' Österreich ist. Seine

Wiedereinbürgerung wird eher halbherzig zur Kenntnis genommen. Die Überlebensprobleme des Jura-Soyfer-Theaters in Wien dokumentieren es ebenso wie das geringe Echo auf die kenntnisreiche Biographie von Horst Jarka 1988. Es wäre auch an der Zeit, Soyfer dort einen Platz zu sichern, wo ein wichtiger Teil seiner Adressaten zu finden ist: in der Schule, insbesondere im Deutschunterricht. Denn seine Texte stellen Bereiche zur Diskussion, die ungeachtet ihres präzisen zeitgeschichtlichen Hintergrunds nichts an Aktualität und Relevanz eingebüßt haben. Soziale Gerechtigkeit, menschenwürdige Zukunft, Frieden und Widerstand gegen Ungerechtigkeit zielen letztlich auf ein großes humanistisches Projekt: auf die weitgehende Aufhebung der Entfremdung des menschlichen Daseins. Soyfer ist daher nicht nur als literarische Leitfigur des (österreichischen) Widerstandes zu begreifen, sondern in seiner Einheit von Leben und Werk als Beispiel einer verwirklichbaren, konkreten Utopie, die im frei schaffenden Menschen eine alte Sehnsucht Wirklichkeit werden ließe:

*„Die Wurzel der Geschichte aber ist der arbeitende, schaffende, die Gegebenheiten umbildende und überholende Mensch. Hat er sich erfaßt und das Seine ohne Entäußerung und Entfremdung in realer Demokratie begründet, so entsteht in der Welt etwas, das allen in die Kindheit scheint und worin noch niemand war: Heimat."* (Ernst Bloch)

Heimat war Soyfer bekanntlich wenig gegönnt, seine Integration im Wien der Zwischenkriegszeit von aufkündbarer Natur. Wie der Komet Konrad in seinem Stück *Weltuntergang* (1936) tauchte er unerwartet und für kurze Zeit am düsteren Firmament der österreichischen Literatur der dreißiger Jahre auf. Obwohl er wie Konrad sehr schnell die grundlegenden Fragen dieser ‚Erde', des Planeten, der die ‚Sphärenharmonie' mit einer ‚ekelhaften Dissonanz' durcheinanderbrachte, zu erkennen und deren Potential von ‚Reichtum und Armut ohne Maß' zu erfassen in der Lage war, blieb es ihm nicht erspart, Opfer der Geschehnisse zu werden, die er vorausgesehen hatte.

Wohl waren die frühen Erfahrungen des 1912 in Charkow geborenen Jura vom Lebensstil des wohlhabenden jüdisch-russischen Bürgertums geprägt. Allerdings brach in die seit 1914 trügerische Idylle der kulturell aufgeschlossenen Industriellenfamilie 1917/18 die Oktoberrevolution ein und in der Folge die erste Fluchterfahrung. Als sich 1920 die Rote Armee schließlich durchgesetzt hatte, ging die Familie ins Ausland; über Konstantinopel nach Wien, in der Hoffnung, von hier aus im Handelsgeschäft neu anfangen zu können.

Für Soyfers spätere Entwicklung waren diese frühen Erfahrungen zwar nicht entscheidend, wurden aber doch Teil seiner Identität. Seine bohemehaften und individualistischen Züge haben vielleicht hier ihre ersten Wurzeln. Im literarischen Selbstverständnis gewannen diese Erinnerungen wohl nicht so deutliche Konturen wie bei anderen zeitgenössischen

Schriftstellern mit osteuropäisch-jüdischer Herkunft. Die Erfahrung der Mehrsprachigkeit und die bewußte Entscheidung für das Deutsche als Sprache der eigenen Literatur wurde jedoch auch für Soyfer zu einer zentralen Erfahrung von Heimat und Identität. Spracherfahrung als Welterfassung bedeutete diesen Schriftstellern daher auch immer ein grenzüberschreitendes Moment, ein Vorwärtstreiben des ‚Möglichkeitssinns‘. Die Sicherheit im Sprachlichen, der gekonnte Wechsel der Sprachebenen und die facettenreiche Sprachironie in Soyfers literarischer Produktion - geradezu prädestiniert, das Nestroysche Vermächtnis fortzuführen - stehen dafür.

Dazu kam die ebenso wichtige Auseinandersetzung mit der Theorie und Praxis des Sozialismus, die Soyfers literarisch-politisches Verständnis prägte. Schon in den ersten Mittelschuljahren las er Schriften von Marx und Engels. Das für die Geschichte der Ersten Republik so folgenschwere Jahr 1927 wurde auch für Soyfer ein Schlüsseljahr. Die blutigen, die Wende ankündigenden Ereignisse des 15. Juli 1927, Ereignisse, die selbst ‚bürgerliche‘ Schriftsteller von Kraus bis Musil zu seltener Solidarität mit der Sozialdemokratie veranlaßten, haben Soyfers Eintritt in eine der zahlreichen Organisationen der SDAPÖ, den Mittelschülerverband (VSM), gewiß mitbestimmt und erleichtert. Beim VSM fand Soyfer auch die prägenden Kontakte und Freundschaften, seinen ‚Kreis‘ also, nicht zuletzt wegen der anregenden ideologischen Debatten und des dort herrschenden Geistes der Opposition - auch gegen manche offizielle Vorgaben durch die Parteiführung. Max Adlers Vorstellungen vom ‚Neuen Menschen‘ wurden ebenso diskutiert wie die schon ‚verdächtigeren‘ sexualpsychologischen Ideen Wilhelm Reichs, Vorträge von Paul Lazarsfeld gehört und Ernst Fischers literarische Anfänge miterlebt. Besonderes Interesse kam natürlich der zeitgenössischen Kunst und Literatur zu, wobei keineswegs nur Autoren aus dem Bereich der kanonisierten und austromarxistischen ‚Arbeiterliteratur‘ zur Diskussion standen: Döblin, Gladkow, Th. und H. Mann, Dos Passos, Remarque, Wassermann, Freud, Kubin und nach 1934 unter anderen auch Rolland, Klabund und Musil. Die Beschäftigung mit der zeitgenössischen Moderne, die aus diesem Katalog hervorgeht, wird sich im Sinn einer kritischen Rezeption ab 1935 auch in den theoretischen Essays und Skizzen spiegeln, - und zwar durchaus unter dem Postulat einer Dialektik von Gehalt und Form, das Analogien zu den Positionen von Lukács‘ späterem Essay *Die weltanschaulichen Grundlagen des Avantgardeismus* aufweist. Soyfer anerkennt z. B. die Form, um die sich ‚junge Autoren‘ bemühen, klassifiziert sie aber auch als ‚erlernte‘. Der Gehalt wäre für ihn nur zu gewinnen über das „widerspruchsvolle, problemerfüllte, lebendige Leben von heute ...“, was auf Lukács Konzeption ‚großer realistischer Dichtung‘ als „... das lebendige Wechselspiel von jeweiligen zentralen Widersprüchen ...“ hindeutet. Auch das Fazit des Nachrufes auf Hofmannsthal als Dichter eines traumatisch erfahrenen Lebens - „... Er war einer, der die Augen nicht verschließen konnte ..." deckt sich im Grunde mit der Richtung der Kritik bei Lukács, wenn es dort heißt, Hofmannsthal zeige „... die schreckhaft erstarrten Züge des Ungreifbaren". Der Versuch, sich mit dem avantgardistischen und surrealistischen Theater (Paul Raynald, Louis Aragon, Armand Salacrou) auseinanderzusetzen, stand ebenfalls unter der Prämisse, die Auflösung der Wirklichkeit ins Pathologische und Assoziative zwar als Verfahren, als Technik, nicht aber als Gestaltungsprinzip zu akzeptieren. Das Spiel mit der Form könne nämlich die ‚ewige Quelle aller Kunst' nicht aufwiegen: die Leidenschaften des Volkes, „... mit seinen tausendfältigen *lebendigen* Lebensproblemen."

Daß avantgardistische Mittel für Soyfer durchaus zeitgemäße waren, kann aus seinen Besprechungen neuer Filme entnommen werden, insbesondere von Chaplins *Modern Times* und des Films *Hej-rup!* der Prager Komiker Voscovec & Werich - und zwar dann, wenn das Experimentelle der Form zur Verschärfung des sozialkritisch Gestalteten führte. Soyfers literarische Sensibilität zeigt sich gerade in der Fähigkeit einer verständigen und präzisen Auseinandersetzung mit bürgerlichen Traditionen und Tendenzen am augenscheinlichsten. Von daher erscheint es kaum verwunderlich, daß Soyfer im Wiener Landesgericht 1937/38 nicht nur Goethe als tröstende Lektüre angibt, sondern einen geradezu häretischen bzw. dekadent anmutenden Bogen durch die Moderne spannt: von Nietzsche über Kafka und Verlaine hin zu Zeitgenossen des ‚Verfalls' wie Broch und Celine.

Seit 1932 trafen zumindest die Leser der sozialdemokratischen Zeitungen immer häufiger auf Kurzprosa und Gedichte, die mit *Jura* gezeichnet waren. Der Eintritt in die literarische Öffentlichkeit - wenngleich unter dem Aspekt der Schaffung einer Gegenöffentlichkeit - war vollzogen. Zu einer Zeit, als die Blut- und Bodendichter sich anschickten, die Literaturlandschaft zu erobern, als dem zweiten Band von Musils *Mann ohne Eigenschaften* kaum eine Beachtung durch Kritik und Leser zuteil wurde, als Josef Roth sich resignativ und restaurativ dem habsburgischen Mythos im *Radetzkymarsch* zuwandte und gerade nur Horváth mit seinem Volksstück *Italienische Nacht* (1931 auch am Raimund-Theater in Wien aufgeführt) die Bedeutung des aufkommenden Faschismus thematisierte, zu dieser Zeit also reifte mit Jura Soyfer eine Stimme heran, die in wenigen Jahren die eigentlichen Grundfragen poetischen Schaffens und Selbstverständnisses im Angesicht einer faschistisch-repressiven Wirklichkeit aufzuwerfen im Stande war.

Jura war, wie der englische Schriftsteller und Freund Soyfers John Lehmann in seiner Autobiographie (1955) schrieb, „ein eher schmächtiger junger Mann" mit einem „sanften Gesichtsausdruck". „Aber hinter diesem ruhigen Äußeren verbargen sich, wie mir erst im Lauf unserer

Freundschaft klar werden sollte, nicht nur eine subtile Einsicht in seine Mitmenschen, sondern auch Willensstärke und verhaltene Tapferkeit. Seine Arbeit als Schriftsteller und der Dienst an seinen politischen Idealen nahmen ihn völlig gefangen ...."

Wie sehr Soyfer diese als Symbiose empfundene Arbeit gefangen nahm, dokumentieren seine Texte. Sie sind von Anfang an als Zeitanalysen und Kassandrarufe angelegt und belegen, daß die nationalsozialistische Herrschaftswirklichkeit von Beginn an in ihrer zerstörerischen Potenz vorhersehbar und deshalb keineswegs bloß als Betriebsunfall der Geschichte zu beklagen war. Soyfers Reportagen aus Deutschland vom Sommer 1932 für die Arbeiter-Zeitung, zugleich Meisterwerke zeitgenössischer Kurzprosa, die an Polgar und Kuh denken läßt, bestätigen dies. Etwa *Ein Sonntag in Deutschland:*

*".... Was in Deutschland jetzt vorgeht, liegt außerhalb aller menschlicher Begriffe, die bisher Geltung hatten. Totschlag, Mord, das Hinschlachten von friedlichen Passanten, von Frauen und Kindern. In Deutschland ist das alles alltäglich geworden."*

Ein Bericht über das Berliner Anti-Kriegs-Museum begann wiederum mit den prophetischen Feststellungen:

*„Die Zukunft Deutschlands ist nicht nur grau, sie ist feldgrau."*

Soyfer, wahrscheinlich der letzte Besucher dieses Museums, das auf Druck der Nazis schon im Sommer 1932 geschlossen werden mußte, legte mit dieser Reportage ein Manifest gegen jede Schlachtenheroik vor, gleichsam eine in Prosa gesetzte Fassung der Brechtschen *Legende vom toten Soldaten*. Aus herumliegenden Fotografien rekonstruierte Soyfer das ganze Ausmaß der Unmenschlichkeit und beschrieb, wie sich soldatische Romantik und Heldentum nach einem Giftgasangriff, zwischen Stacheldrähten und Granattrichtern mit aufgerissenen Leibern als hohle Phrase und bloßer Ekel zu erkennen geben. Der ‚Hauch der großen Zeit', den viele zu vernehmen glaubten, roch für die Aufmerksamen schon im Oktober 1932 nach Leichengestank:

*„Es liegt doch was in der Luft? Jawohl*
*Es riecht nach Leichenmoder,*
*Es riecht nach Giftgas und Karbol,*
*Es riecht nach Wrucken und nach Kohl*
*Vom Rhein bis an die Oder!"*

Grau erschien Soyfer aber nicht nur der deutsche Himmel. Der grün eingefärbte österreichische Faschismus mit seinem barocken Fronleichnamsgehabe wurde von ihm als ebenso dümmliche wie gefährliche Parallelaktion erkannt und denunziert. Das Gedicht *Unsere Papenheimer*, das schon eindringlich auf den anstehenden Leichenmoder aufmerksam gemacht hatte, deutete in einer weiteren Strophe unmißverständlich auf die substantielle Gemeinsamkeit faschistischer Aspirationen. Die tagesbezogene Argumentation - Soyfer verstand seine Gedichte nicht zuletzt

als ‚Zeitstrophen' - war dabei bewußt Mittel einer ‚politischen Ästhetik',
die vordergründig nicht der Kunst, sondern der Propaganda verschrieben
war, sich zugleich aber auch mittels eines ungewöhnlichen Rückgriffes
auf die Forderung Rilkes - Gedichte sind Erfahrungen - aus ‚höchsten'
Traditionen begründen ließ.

In Dollfuß und der Heimwehr erblickte Soyfer keineswegs das ‚klei-
nere Übel' wie mancher Zeitgenosse, sondern die Steigbügelhalter des
Nationalsozialismus, weshalb auch nicht das ‚Wort entschlief', „... als
jene Welt erwachte ..." Im Gegenteil, es wurde nur umso lauter und
heftiger, und zwar schon vor dem Erwachen jener Welt, um auf die
strukturellen Parallelitäten aufmerksam zu machen: „... Dieselbe Krise,
dasselbe Schlamassel, / Warum nicht dasselbe Säbelgerassel?" Das
Säbelgerassel vom Februar 1934 zeigte in seiner Brutalität schließlich
auch die ganze Niedertracht des Austrofaschismus. Trotz vordergründi-
ger ‚Konkurrenz' zum Dritten Reich erkannte Soyfer sehr schnell in der
politischen Wirklichkeit wie in der kulturellen Repräsentation (Grenz-
mythos, ‚österreichische Sendung' nach Süd-Osteuropa, Schollenmy-
thos, Großstadtkritik, Antisemitismus usw.), daß es sich hier nur um ein
Zwischenspiel handeln und die absurde Idee vom zweiten deutschen
Staat langfristig nur in einen aufgehen konnte. Der österreichische
Faschismus als ständisch verfremdeter Wegbereiter des Nationalsozialismus und des ‚Anschlusses' vom März 1938: diese Einsicht, für die z. B.
Soyfers Satire auf die faschistischen Herrschaftspraktiken in *Astoria*
einsteht und auf die in den Gedichten um 1933/34 angespielt wird (u. a.
im *Testament des Christlichsozialen*, vorletzte Strophe) soll gerade heute
(1988) nicht übersehen werden.

Auf bürgerliche ‚Tugenden' blieb seit 1932 nur mehr eine Moritat zu
singen. „... Kein Bürger erhob die Hand zum Protest ..." So lautet denn
auch das Leitmotiv, unter dem der Vormarsch der Gewalt, die Ausliefe-
rung der Menschlichkeit an die Internationale der Henker vonstatten
ging. So düster die Aussicht sein mochte, so wahr sollte sie sich bald
erweisen: „... Üb immer Treu und Redlichkeit / Bis in das Massengrab ..."
Blasphemisch vielleicht, aber ebenso grauenhaft real - zwischen dem
Mythos vom Kindersegen und Mutterkreuzen - sprach der Schluß vom
*Schlaflied für ein Ungeborenes* die eigentliche Wahrheit hinter dem
Abtreibungsverbot aus: die Sicherung des menschlichen ‚Materials' für
den nächsten Krieg:

„... Halt die Ehe hoch in Ehren / Wenn's nicht anders geht, im Prater, /
Denn mein Volk soll sich vermehren (...) Sprach der Staat zu deinem
Vater. / Schlaf, Kindlein, schlaf. / Dich schützt der Paragraph / Dich
treibt die Mutter schon nicht ab, / Dich braucht der Staat fürs Massengrab ..."

Soyfers Zeitstrophen treten uns nicht bloß als Manifeste der Propaganda entgegen, sondern vor allem als satirische Anklagen der doppelbö-

digen Moral des deutschen und österreichischen Bürgertums. Die Themen sind dabei zwar tagesbezogen, z. B. Waffenaffären, Tendenzjustiz und Wahlentscheidungen, daneben aber auch von struktureller Bedeutung, wenn es um den schnell erkannten Zusammenhang zwischen Arbeitsdienst und Konzentrationslagern, Arbeitslosigkeit und Kriegsgefahr geht, um letztlich eine Chronik bürgerlicher Korruption und Selbsttäuschung zu ergeben. Wenn ihnen auch der lange analytische Atem fehlt, wie ihn z. B. Thomas Mann seit Beginn der dreißiger Jahre schonungslos gegen seine Generation wendete, um später im *Doktor Faustus* das deutsche Wesen und sein brüchiges Wertgefüge bloßzustellen, so wurzelten sie doch im selben Grund und zielten auf vergleichbare - wenn auch literarisch unvergleichliche - Vorhaben. Die intellektuell-akademische Kollaboration war z. B. ein solches. Während Th. Mann 1936 die Aberkennung seiner Ehrendoktorwürde hinnehmen mußte, durfte Soyfer schon 1931 an der Wiener Universität die ersten Vorklänge künftiger deutscher Wissenschaft bei Srbik und Nadler, die auch den Ausschreitungen gegen jüdische und sozialistische Studenten positive Aspekte abgewinnen konnten, vernehmen, um die Universität nach zwei Semestern enttäuscht zu verlassen. Seine Parodie auf die akademische ‚Hymne‘ ließ allerdings nicht lange auf sich warten:

„.... *Gaudeamus igitur / längst vorbei, längst vorbei. / Die Bourgeoisie, die alte Hur / schwärmt jetzt nur von Diktatur / Und von Hitlerei.*"

Auch für Österreich galt, was C. Pavese hinsichtlich der Spannung zwischen Kollaboration und Hermetismus - eine Konstante der italienischen zeitgenössischen Literatur - festhielt: daß nämlich die bürgerliche Kultur in den dreißiger Jahren „... in der Illusion der Existenz herrschaftsfreier Nischen lebte." Symptomatisch für Österreich ist ja gerade der Fall Musil und in dieser Hinsicht illustrativ sein Beitrag vor dem ‚Internationalen Schriftstellerkongreß für die Verteidigung der Kultur‘ im Juli 1935 in Paris mit seiner leitmotivischen Maxime: „Kultur ist an keine politische Form gebunden ..."

Soyfer hingegen setzte bis zum Februar 1934 auf die gut organisierte österreichische Arbeiterbewegung, insbesonders auf deren Wiener Avantgarde. Obwohl die Sozialdemokratie seit dem März 1933 kaum übersehbar der Niederlage entgegenging, hoffte er auf die Entscheidung zum Widerstand. So hieß es auch - analog zur verordneten Bauerschen ‚revolutionären Geduld‘ - im Gedicht *Lenz hier und außer Landes*: „Nun ist nur mehr ganz kurze Zeit / der Bourgeoisie gegeben ..." Diese Erwartung ging bekanntlich nicht auf, vielmehr aber die Bauersche Parole in den Kanonaden und der Niederlage vom Februar 1934 unter.

Soyfers Konsequenz: der Beitritt zur illegalen KPÖ - eine Entscheidung, die sich aus seiner bisherigen Biographie geradezu notwendig ergab. Im großkoalitionär-stickigem Österreich nach 1945 hat sich dieses Bekenntnis leider verhängnisvoll auf die Rezeption ausgewirkt. Sie fand, in fast logischer Eintracht mit dem Brecht-Boykott und dem offiziellen Desinteresse an der emigrierten Kultur, in der allgemeinen kulturellen Öffentlichkeit nicht statt. Als ‚Kommunist‘ und ‚Antifaschist‘ blieb Soyfer den bescheidenen Sphären der KPÖ-Kulturpolitik überlassen. Und dabei ist festzuhalten, daß er auch nach 1934 undogmatische marxistisch-ästhetische Positionen vertrat und in seinem Werk durchscheinen ließ.

Das zeigt allein schon der Aufbau seines einzigen Romans, der eine Darstellung des Weges der Sozialdemokratie in die Februarniederlage werden, allerdings Fragment bleiben sollte: *So starb eine Partei.* Aus der internen Perspektive und dem Handeln verschiedener Exponenten der Parteiorganisation - des basisorientierten, aufrechten, zunehmend verbitterten und dennoch hoffenden Bezirksfunktionärs Ferdinand Dworak, des unglaubwürdigen Parteibonzen Dreher („das bäuchige Kompromißgenie“) des kämpferischen Paares, des rebellierenden Jungfrontmitgliedes Erich Weigel, von Schutzbündlern, aber auch Mitgliedern des Kommunistischen Jugendverbandes und andererseits aus der Perspektive des ‚gegnerischen‘ Maschinenmeisters F. J. Zehetner entfaltet Soyfer eine große satirische und zugleich politisch prägnante Skizze der entscheidenden Monate vor dem Februar. Zehetner, der kleinbürgerliche Mitläufer bei allen Parteien, wird dabei gleichsam zum Spiegel jenes durchschnittlichen Opportunisten, an dem die Erste Republik überhaupt gescheitert ist. Die Schmach, ‚Prolet‘ zu sein in seiner niedrigen Beamtenrolle, staut in ihm tiefe, emotionale und völlig unreflektierte Rachegefühle auf, die sich vordergründig gegen die ‚Roten‘, insgesamt aber gegen die Republik richten, und läßt ihn zum Typ des ‚faschistoiden österreichischen Spießers der Ersten Republik‘ werden.

Diesem dumpfen Charakter steht eine ideologisch wie kulturell weit überlegene Arbeiterbewegung gegenüber, die allerdings - wie die Standarte der Bezirksorganisation des Kassiers Robert Blum symbolisiert - ‚alt und ehrwürdig‘ geworden ist und so durchorganisiert, daß sie sich in ihrem Organisationsmodell verfängt und aufgibt, wie A. Pfabigan überzeugend herausgearbeitet hat. Der ‚entfesselte Klassenkampf‘ war seit 1933 zunehmend zur rhetorischen Selbstinszenierung degeneriert: Funktionäre hetzen von einer Versammlung zu anderen, ohne an wirklichen Widerstand zu denken:

*„... Man mobilisierte die Masse. Bauer hielt vor einer tobenden Versammlung der Wiener Vertrauensmänner eine Rede, die wahrscheinlich zu den gewaltigsten seines Lebens gehörte (...) 482 Sektionsversammlungen (infolge der neuen Verordnung als Versammlung für geladene Mitglieder kaschiert) wurden gleichzeitig in Wien abgehalten ...“*

Der Auflösung des Schutzbundes setzt die Parteiführung die unrealistische Hoffnung entgegen, „daß der Faschismus sich an einer zähen, gewaltlosen Defensive totlaufen wird.“ Und Dworak, der bei Bauer vergeblich den bewaffneten Aufstand gefordert hat, muß als ‚disziplinier-

ter Offizier' der Sozialdemokratie der kampfbereiten Kompanie Kaliwo-
das den Auftrag erteilen, die Straße von den eigenen demonstrierenden
Genossen zu säubern, - wohl das bittere Präludium zum baldigen Ende.
So unvollendet der Roman auch geblieben ist: als Obduktionsbefund
einer Selbstpreisgabe zählt er zu den außergewöhnlichen Prosatexten der
zeitgenössischen österreichischen Literatur. Rolf Schneider hat den ‚Verlust' des Gesamttextes gar mit den Worten beklagt: „... Hätten wir dieses
Buch zur Gänze, es wäre der wichtigste politische Roman, den wir in
deutscher Sprache besäßen ..." Diese Einschätzung - und der folgende
Vergleich mit der Sprache Canettis - ist vor dem Hintergrund der
deutschsprachigen Literatur des Exils gewiß leicht überzeichnet. Im Kontext der Texte zum ‚finis Austriae' und zum Februar 1934 kommt dem
Roman allerdings europäische Geltung zu. Weit subtiler als die reporta-
geähnliche Darstellung I. Ehrenburgs *Der Bürgerkrieg in Österreich*
(1934) und fern jeder Mythisierung, wie sie etwa später in R. Brunngra-
bers *Der Weg durch das Labyrinth* (1949) erfolgte, darf dieser Text sowohl
politisch als auch literarisch einen Rang beanspruchen, wie er Anna
Seghers *Der Weg durch den Februar* (1934), Christopher Isherwoods
*Prater Violet* (1945, deutsch: Praterveilchen, 1953) oder Manès Sperbers
*Wie eine Träne im Ozean* (1961) zukommt.
Unter den Bedingungen der Zensur und des Austrofaschismus entstan-
den außerdem jene subtilen Texte für die oppositionellen, satirisch ausge-
richteten und höchst politischen Kleinkunstbühnen - für den literarischen
Untergrund also, den sich die österreichische Diktatur nach 1934 zur
Imagepflege und aus ‚Schlamperei' leistete. In kürzester Zeit schrieb
Soyfer die sogenannten Mittelstücke: *Der Weltuntergang, Der Lechner-
Edi schaut ins Paradies, Astoria* und *Vineta*, um nur die wichtigsten, die
auch im Mittelpunkt der Studie Scheits stehen, zu nennen; und im Jahr
1937 mehrere literaturkritische Essays für die Zeitschrift *Wiener Tag*, die
überzeugende Synthesen einer marxistisch inspirierten Auseinandersetzung mit dem bürgerlich-demokratischen Erbe des 19. Jahrhunderts
entwickelten. Das Aphoristische und Skizzenhafte ist dabei nur ein
Moment ihrer ästhetischen Stringenz. Denn stets gelingt es ihnen, eine
dialektische Beziehung zwischen künstlerischer Subjektivität und
geschichtlicher Situation sichtbar zu machen. An Nestroy werden z. B.
Aspekte der Geschichte der Wiener Volkskomödie ebenso herausgearbeitet, wie Fragen des Realismus und eines demokratischen Theaterall-
tags. So liegt in diesem Essay eine „begeistert großzügige Skizze eines
marxistischen Nestroybildes" (Jarka) vor. Das Börne-Porträt themati-
siert hingegen die aktuelle Tradition der Exilierung kritischer deutscher
Intelligenz, und weicht dabei auch nicht dem im Austrofaschismus subtil
betriebenen Antisemitismus aus. „... Zwar war er nicht nur als Bürger-
sohn, sondern auch als Jude geschlagen worden ..." - dieser Satz war
symbolhaft auf die deutsche Reaktion der Vergangenheit wie der Gegen-

wart bezogen. Und der ‚unsterbliche Lump‘ François Villon dient Soyfer zum Brückenschlag zu Brechts *Dreigroschenoper*. Aber auch die entwurzelten Außenseiter-Figuren seiner Stücke, z. B. die Vagabunden in *Astoria*, haben in Villon, dem „genialsten Bohemien aller Zeiten“, dem zwar seine Widersprüche unlösbar bleiben, der sie aber als Manifestation eines ‚gewaltigen sozialen Umbruchs‘ erkennt und hinausschreit, einen Fürsprecher.

Soyfers Stücken, die eine „wundersame Mischung aus Realitätsnähe und -ferne“ (Ulrich Weinzierl) kennzeichnet, verdanken wir schließlich balladenartige Lieder, die die österreichische Lyrik der dreißiger Jahre entscheidend bereicherten. So zählt das *Lied vom einfachen Menschen* zu den überzeugendsten Gestaltungen zerbrochener Hoffnungen, um ebenso wie *Willst du, zerlumpter Geselle ...* in den „tief entmenschten Städten“ dennoch eine realistische und menschenwürdige Alternative anzuzeigen.

Die Straße und der Asphalt spiegeln, um mit Anton Kuh zu sprechen, eine Wirklichkeit, die sich für ihre Authentizität verbürgen kann. Sie überzeugt, weil sie, anders als im verlogenen Heimatbegriff der ‚Staatspreisdichter‘, die Schauplätze und Stimmungen nicht zu „Spaziersteigen der Phrase“ erniedrigt, sondern ihre gesellschaftlichen Gegensätze aufrecht erhält, kontrastiert und dialektisch begreift. In den Natur- und Wanderbildern liegt demnach eine Spannung, die auch gesellschaftlich höchst brisant ist, z. B. im zeitgeschichtlich deutbaren ‚Winterbild‘ im *Wanderlied* - „... Die Erde liegt im Leichenhemd / Und war einst jung und bunt ...“ oder in der Perspektive des Vagabunden Paul in *Wenn der Himmel grau wird*: „... Der Mensch erwacht in seinem Leid / Zum Mord und zum Gebete. / Der Atem einer kranken Zeit / geht keuchend durch die Städte ...“

Aber schon im *Kometen-Song* weist Soyfer gerade durch die widerspruchsvolle Charakterisierung der Erde auf die Alternativen hin. Es ist die Verwirklichung durch Arbeit - angedeutet in den Bildern der ‚goldenen Saaten‘ und des ‚Maschinengedröhns‘ - die den Kontrast von „in Armut und in Reichtum grenzenlos“ überführen kann in eine Zukunft, die ‚herrlich und groß‘ sein könnte. Analog dazu lautet die Antwort auf die Frage, ob „zwischen Himmel und Hölle“ nicht ein Stück Erde für den ‚zerlumpten Gesellen‘ existiere, daß sich ‚Heimat‘ nur durch Arbeit gewinnen lasse:

„ *...Die Heimat, mein Wandergeselle, / Wird einem nie geschenkt. / Drum nimm dir Pflug und Spaten / und halte dich bereit ...“*

Und sogar in seinem Vermächtnis, im *Dachaulied*, verknüpft sich die konkret erfahrene alltägliche Erniedrigung durch Zwangsarbeit mit der Hoffnung, in einer zukünftigen freien Verwirklichung in der Arbeit eine neue Würde finden zu können:

*„... Einst wird die Sirene künden: / Auf zum letzten Zählappell! /*
*Draußen dann, wo wir uns finden, / Bist du Kamerad, zur Stell. / Hell wird*
*uns die Freiheit lachen, / Schaffen heißt's mit großen Mut. / Und die Arbeit,*
*die wir machen. / Diese Arbeit, sie wird gut ..."*

Verwendete Literatur

Jura Soyfer: Das Gesamtwerk. Hg. v. H. Jarka. Wien-München-Zürich 1980.
Ernst Bloch: Das Prinzip Hoffnung. 8. Aufl. Frankfurt/Main 1982.
Georg Lukács: Essays über Realismus. Werke Bd. 4. Darmstadt, Neuwied 1971.
John Lehmann: The Whispering Gallery. Autobiography I. London 1955.
Horst Jarka: Jura Soyfer. Leben, Werk, Zeit. Wien 1987.
Cesare Pavese: Saggi letterari. Torino 1951.
Robert Musil: Gesammelte Werke. Hg. v. A. Frisé. Reinbek 1978.
Alfred Pfabigan: Zu Jura Soyfers ,So starb eine Partei'. In: das pult. Nr. 71, 1984,
S. 64-67.
Rolf Schneider: Österreichs Büchner? In: Der Spiegel. Nr. 3, 1981, S. 159 f.
Ulrich Weinzierl: Opfer verlorener Zeiten. Die Wiederentdeckung Jura Soyfers.
In: Frankfurter Allgemeine Zeitung, 12. 9. 1981.
Anton Kuh: Luftlinien. Feuilletons, Essays und Publizistik. Hg. v. R. Greuner,
Wien 1981.

# Eine neue Reihe im Verlag für Gesellschaftskritik

## Antifaschistische Literatur und Exilliteratur - Studien und Texte

Mit dem Band "Theater und revolutionärer Humanismus" von Gerhard Scheit eröffnet der Verlag für Gesellschaftskritik eine neue Reihe, die sich der Literatur und Kultur des Exils und des antifaschistischen Widerstands widmet. Sie soll zweierlei verbinden: die Wiederveröffentlichung wichtiger Werke des Exils, die bislang links (oder rechts) liegengelassen wurden, und - in Form von Studien - das Nachdenken über die antifaschistische Literatur Österreichs als einen geschichtlichen, thematischen und ästhetischen Zusammenhang.

Der Zeitpunkt, den abgerissenen Ariadnefaden der antifaschistischen Kultur wieder aufzunehmen, scheint günstig. Nach den verschiedenen Veranstaltungen und Medienereignissen des Gedenkjahres 1988 dürfte eine gewisse Sensibilität für die Phänomene der verdrängten Vergangenheit in der Öffentlichkeit entstanden sein. Zum anderen verstärken sich aber auch die gegenläufigen Kräfte, die jene demokratischen und kulturellen Perspektiven des Antifaschismus, etwa das österreichische Nationalbewußtsein, wieder zurücknehmen wollen.

An eine Einschränkung auf die Periode 1934 bis 1945 ist nicht unbedingt gedacht, ebensowenig an eine Einschränkung auf österreichische Schriftsteller. Doch muß der Schwerpunkt zunächst auf diese Gebiete gelegt werden, da wohl auf ihnen der Nachholbedarf am größten ist. Auch sollen Theater, bildende Kunst und Musik nach Möglichkeit einbezogen werden.

Nach der vorliegenden Studie zu Jura Soyfer und dem Lyrikband "Das siebte Wien" des in New York lebenden Frederick Brainin wird das Programm der Reihe für die nächsten Jahre von zwei Projekten bestimmt: eine Berthold Viertel-Studienausgabe in vier Bänden und eine zweibändige Darstellung der österreichischen Exilliteratur mit einer Bibliographie aller Autoren, die vertrieben und/oder verfolgt worden sind (insgesamt 750). Die Viertel-Studienausgabe bringt mit den essayistischen Schriften 1928-1953, den autobiographischen Fragmenten, den Gedichten und den Briefen zu einem großen Teil Texte, die bisher nur in Exilzeitschriften veröffentlicht oder nur im Nachlaß zugänglich waren. Sie verfolgt damit das Ziel, den Essayisten, Lyriker und Theatermann Viertel überhaupt bekannt zu machen.

# WESPENNEST

## zeitschrift für brauchbare texte und bilder

Nr. 63  136 Seiten  öS 100,–

Nr. 66  88 Seiten  öS 100,–

# WESPENNEST

Nr. 64  122 Seiten  öS 100,–

Nr. 69  120 Seiten  öS 100,–

Abonnement 4 Hefte: öS 250,– (Ausland + Porto).
Bestelladresse: Rembrandtstraße 31/9, A-1020 Wien.

## KULTURJAHRBUCH 1

Wien 1982, ISBN 3-900351-15-3, 340 Seiten, öS 240,-/DM 36,-

AUS DEM INHALT: Was sind Verkehrsformen?/ Alternative Kultur in Wien / Zur Repräsentation von Frauen in den österreichischen Berufsorchestern / Schwarze Jazzmusiker zwischen Kommerz, Widerstand und Resignation / Historische Großausstellungen: Überlegungen zu einer erfolgreichen Gattung / Zur Situation der österreichischen Schriftstellerinnen / Kritische Anmerkungen zur Kultur des Tourismus.

## KULTURJAHRBUCH 2

Wien 1983, ISBN 3-900351-29-5, 384 Seiten, öS 190,-/DM 30,-

AUS DEM INHALT: Vom Umgang mit "gebrauchten Stadtvierteln" / Zum Kulturbegriff eines autonomen Projekts / GAGA - ein bürgerliches Medienereignis / Hasan und Katibe feiern Hochzeit / Das Museum - kultureller Dienstleistungsbegriff? / "Die Türken vor Wien" 1983 / Stiefkind der Schulmusikerziehung: Politische Bildung / Hans Weigel und die Wirklichkeit oder Es gab keinen Brecht-Boykott / Notizen zur Situation der österreichischen Autoren und Verlage / Stellenweise Selbstausbeutung: Etwas zu den Autorenverlagen.

## KULTURJAHRBUCH 3 - "Ästhetik und Geschmack"

Wien 1984, ISBN 3-900351-39-2, 146 Seiten, öS 138,-/DM 20,-

Der Band untersucht in einer Reihe von essayistisch gestalteter Beiträge die Funktionen von Ästhetisierungen, von Argumentationen, die sich auf "das Schöne" berufen und von Geschmacksurteilen. Der Band enthält Beiträge über den Geschmacks-Begriff, die Ästhetik des Chefzimmers, Fotoästhetik, Pornofotografie und einen "Woidviatla Fümemocha" und vieles andere.

## KULTURJAHRBUCH 4 - "Über das Schreiben"

Wien 1985, ISBN 3-900351-53-8, 166 Seiten, öS 168,-/DM 24,-

"Ein Jahrbuch über die Mühsal einer Kulturleistung."

(Gustav Ernst)

# VERLAG FÜR GESELLSCHAFTSKRITIK
### Kaiserstraße 91, A-1070 Wien, Tel. 0222/96 35 82

## KULTURJAHRBUCH 5
### Kaiserforum, Museumsinsel, Kulturpalast
Ein neues Museum als Jahrhundertchance?

Wien 1986, ISBN 3-900351-63-5, 176 Seiten, öS 172,-/DM 25,-

Dieser Band setzt dort an, wo die bisherige Diskussion über die Einrichtung eines Kultur- und Ausstellungszentrums in den ehemaligen Hofstallungen (dem "Messepalast") aufhört bzw. wo sie sich nie bewegt hat. Diese war und ist geprägt von einem Kulturbegriff, der vor allem elitäre "Kunst"-Museen kennt und höchstens von "modernen" Einflüssen wie Massentourismus und Kommerzialisierung des Kunstbetriebes Notiz nimmt.

## KULTURJAHRBUCH 6
### Gramsci, Pasolini.
### Ein imaginärer Dialog
Wien 1987, ISBN 3-900351-72-4
152 Seiten, öS 172,-/DM 25,-

Der Philosoph und Revolutionär Antonio Gramsci und der Schriftsteller und Filmregisseur Pier Paolo Pasolini sind zugleich Gesprächspartner und Diskussionspunkt in einer Reihe von Essays, die zentrale Fragen der Kultur und Politik betreffen.

## KULTURJAHRBUCH 7 "Essen und Trinken"
Herausgeber: Manfred Chobot, Hubert Christian Ehalt, Rolf Schwendter

Wien 1988, ISBN 3-900351-93-7, ca. 240 Seiten, ca. öS 228,-/DM 33,-

Philosophische, anthropologische und kulturgeschichtliche Aspekte des Essens und Trinkens - ein Kulturjahrbuch über die Essenskultur.

Mit Beiträgen von Bernhard C. Bünker, Manfred Chobot, Christian Feest, Roland Girtler, Irmgard Eisenbach-Stangl, Thomas Rothschild, Roman Sandgruber, Rolf Schwendter, Herbert Wimmer und anderen.

## VERLAG FÜR GESELLSCHAFTSKRITIK
### Kaiserstraße 91, A-1070 Wien, Tel. 0222/96 35 82

**Stefan Riesenfellner**
## Der Sozialreporter
**Max Winter im alten Österreich**

Wien 1987, ISBN 3-900351-67-8, 278 Seiten, öS 228,-/DM 33,-

Mit Geschichten spannende Geschichte schreiben - nicht immer und nur wenigen gelingt diese Synthese, denn dazu bedarf es der Kunst des Sozialreporters. Egon Erwin Kisch hat sie beherrscht, Günter Wallraff führt sie immer wieder vor, begründet und zur ersten Vollendung gebracht hat sie ein österreichischer Journalist: Max Winter (1870-1937).
Zum ersten Mal wird nun sein Werk umfangreich vorgestellt und analysiert. Winters Sozialreportagen haben ja um 1900 schon erobert, was heute die neue Geschichtsschreibung entdeckt: den Alltag und die Erfahrungsgeschichte der Betroffenen. Er wollte die sozialen Mißstände öffentlich machen, kontrollieren.

**Franziska Tausig**
## Shanghai-Passage
**Flucht und Exil einer Wienerin**

Biografische Texte zur Kultur- und Zeitgeschichte, Band 5
Wien 1987, ISBN 3-900351-65-1,
154 Seiten, öS 168,-/DM 24,-

Eindringlich schildert Franziska Tausig die verzweifelten Versuche, 1938 aus Österreich ausreisen zu können - irgendwohin. Durch Zufall bekommen sie und ihr Mann zwei Schiffspassagen nach Shanghai.
Der Zufluchtsort Shanghai, der Krieg in Shanghai, Blicke in das Leben der Emigranten im Getto unter japanischer Kontrolle - aufgezeichnet von einer Frau, die zunächst nur durch ihre Fähigkeit, Apfelstrudel und Sachertorte zu backen, überlebte. Die unprätentiöse Lebensgeschichte einer Vertriebenen aus Österreich, die erst 1947 zurückkehren konnte.

# VERLAG FÜR GESELLSCHAFTSKRITIK
**Kaiserstraße 91, A-1070 Wien, Tel. 0222/96 35 82**